爸爸全知道（上册）

[波] 沃伊切赫·米克乌什科／著
[波] 托马什·萨莫伊利克／绘
丁杨忠／译

山东科学技术出版社
www.lkj.com.cn

图书在版编目(C I P)数据

爸爸全知道 : 全2册 / (波) 沃伊切赫·米克乌什科著 ; 丁杨忠译. -- 济南 : 山东科学技术出版社, 2016.7

ISBN 978-7-5331-8300-4

Ⅰ. ①爸… Ⅱ. ①沃… ②丁… Ⅲ. ①家庭教育 Ⅳ. ①G78

中国版本图书馆CIP数据核字(2016)第137445号

爸爸全知道（上、下册）

[波] 沃伊切赫 · 米克乌什科／著
[波] 托马什 · 萨莫伊利克／插图
丁杨忠／译

主管单位:山东出版传媒股份有限公司
出版者:山东科学技术出版社
地址:济南市玉函路16号
邮编:250002　电话:(0531)82098088
网址:www.lkj.com.cn
电子邮件:sdkj@sdpress.com.cn
发行者:山东科学技术出版社
地址:济南市玉函路16号
邮编:250002　电话:(0531)82098071
印刷者:北京盛通印刷股份有限公司
地址：北京市经济技术开发区经海三路18号
邮编:100176　电话:(010)52249888

开本:889mm × 1194mm 1/16
印张:13
版次:2016年7月第1版第1次印刷

ISBN 978-7-5331-8300-4
定价:86.00元(全2册)

目录

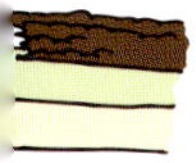

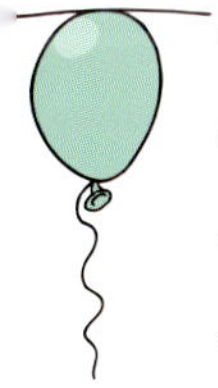

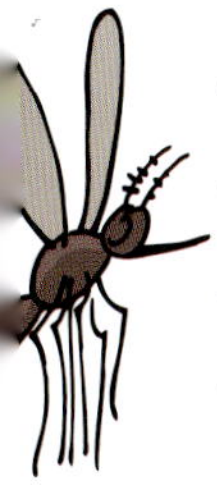

为什么要写这本书？这本书写给谁看？

爸爸，你真的打算连我挨老师批评的事情都要写到书里吗？”卡茨佩尔担心地问道。

“对啊。”我坦然承认道。

“什么？那全世界就都知道了？！不要啊，我不同意！”

“卡茨佩尔，你就同意了吧……”我恳求他道，“毕竟，这本书绝对不会被全世界所有人都读到，所以你不用太过担心……”

确实如此，这本书的确不是写给全世界所有人的，它面向的是充满好奇心的孩子与他们的家长。如果这本书能得到他们的青睐，我将会无比高兴。而且我相信，这本书可以成为全家人一起了解世界的良师益友。我之所以能有这样的信心，是因为我自己也有切身经历。

多年以来，我一直从事科技记者这一职业。在给报纸杂志撰写文章时，我会努力将最新的科研成就介绍得简洁有趣。我意外地发现，我在这方面的才能在家里同样有用武之地。我的两个淘气孩子——伊达和卡茨佩尔，已经发展到凡事都能问出一大堆问题的地步。他们对世界有着天生且又充满趣味的好奇心，就好像探险家一样，迫不及待地想要去了解周围的世界，去体验不可思议的探索历程。伊达和卡茨佩尔的问题充分体现了他们细致的观察和强烈的求知欲，让人着实惊讶。许多时候，我不得不向身边的科学家们求助，还要花上几个小时来查阅书籍和网络，才能最终找到正确的答案。我想到，我处理的这些科学问题可能对别人也同样有用。于是，我就开设了一个叫作“为什么”的博客，在上面记录我们的故事。我在博客里描写了各种不同的场景。在这些场景里，当孩子们的好奇心被激发出来，提出问题问为什么时，我会竭尽所能给出最准确的答案，而不是胡编滥造地去敷衍孩子。

博客获得的关注远远超过了我的预期，我也因此多次被电视台、电台、通讯社邀请过去谈论我的博客。马尔蒂科出版社也相信，我博客里的文章是用来出书的很好素材。

我要做的就只剩下去说服伊达和卡茨佩尔，要让他们相信，哪怕是将他们不那么光彩的故事记录到纸上，都是一件很有意义的事情。无论是在轻松或者严肃的场合，荣耀或者羞耻的时刻，和谐或者不那么和谐的氛围，对这个世界的好奇心无处不在。因此，我很希望孩子们能够同意我发表这些故事，哪怕是挨处分的那件事。

“那好吧。”卡茨佩尔叹了口气，“我同意就是了。”

所以，我诚挚期待您来阅读这本书！同时，阅读本书时，我还强烈推荐您留意欣赏托马什·萨莫伊利克为本书绘制的插图，这些插图使得许多复杂的科学问题变得简单易懂。我都无法想象，要是没有了这些插图，这本书会是什么模样。

最后，我强烈建议您亲自去了解世界、亲近自然，那必将会是无比有趣的经历！

灰尘是怎么来的？

我完全没有想到，能够在孩子们的床底下发现这么多东西。那里的东西五花八门，简直应有尽有！

我刚帮卡茨佩尔和伊达挪开了沙发，让他们能够清理房间的各个角落。这个时候，问题就暴露出来了，已经很久没人打扫过他们的床底下了。我们在床底下发现了伊达最喜欢的玩具蜥蜴、几枚硬币、卡茨佩尔的各种玩偶的部件、几支蜡笔、一些积木以及不少不知名的小零件。不过，与盖在上面的厚厚的灰尘一比，这些都不值一提了。如此多灰尘日积月累，看起来就像猫趴在那里一动不动。孩子们面对这么多灰尘也感觉很惊讶。不对，我应该说，他们看着很着迷。他们干脆也不打扫了，直接聚精会神地观察起灰尘来。灰尘的存在就像一个秘密，真的需要我们深入探讨一番。玩具或者蜡笔的存在很容易解释清楚。可我们都没有往回带过这些灰尘，那床底下的一大堆灰尘究竟是怎么来的？大家心里都有同样的疑问，最后还是卡茨佩尔问了出来："这些灰尘是怎么来的？"

要弄清这一点，首先必须要知道灰尘是什么。灰尘是一种很特别的混合物，它的成分比最神奇的灵药还要复杂。灰尘是由各种成分结合形成的固态颗粒，其中以土壤微粒（即泥土）最多，植物花粉和真菌孢子也不少。此外，因为人体表皮不断脱落，灰尘中还有相当一部分是我们人体的死皮细胞。当皮肤基底新的皮层形成后，表面旧的皮层就会逐渐脱落。在灰尘里还可以找到我们自己的毛发、动物的皮毛、纸屑、衣物丝线以及家里其他东西上脱落下来的细小部分。在所有这些颗粒中间，还生活着一种叫作螨虫的微小生物。螨虫以脱落下来的人的表皮和小型有机物残骸为食，因此在灰尘当中它们可以享用真正的大餐。当它们吃饱了，就会排泄粪便。这些粪便会与其他灰尘颗粒进行混合。螨虫的粪便对患有过敏症的人危害很大。这些人无法忍受灰尘以及灰尘里面螨虫的滋生，就会因此生病。

像华沙这样的大城市里，灰尘会威胁到我们每一个人。城市里的灰尘中，不仅有土壤微粒、花粉和表皮，还有汽车尾气和工厂排放的烟气中的有毒物质。遗憾的是我们无法避开灰尘。灰尘的颗粒特别微小，所以很容易飘浮在空气中。飘浮在空气中的灰尘下落得极其缓慢，哪怕一丝细微的风就又可以将它们再吹起来。空气中的灰尘不计其数，无论我们多在乎干净整洁，仍然可以在我们的屋子里发现灰尘。它们会慢慢地堆积到书架、橱柜和地面上，并最终在上面形成一层厚厚的灰。

不过，这绝不意味着打扫卫生根本没用！打扫卫生还是有用的。当我与伊达和卡茨佩尔最终一起将絮状灰尘从床下清理掉后，我们更加确信打扫卫生非常有用，不仅如此，我们还暗下决心，以后家里再也不养这些"猫"了。

土壤微粒
动物的皮毛
人脱落的表皮
人的头发
衣服的丝线
纸屑
Gazet
花粉
种子植物的雄性繁殖器官
真菌孢子
螨虫及其粪便
真菌增殖用的微小细胞

我们为什么会打嗝？

当伊达从嘴里发出极为不雅的打嗝声之后，她马上很有礼貌地说道："噢，对不起，我打嗝了。"

我只是叹了口气，批评她并不合适，因为她毕竟道歉了。不过我也不能对这种行为置之不理。

稍等片刻后，我说道："伊达，当你感觉要打嗝时，记得要捂住嘴巴。如果实在忍不住打嗝了，要向别人表示歉意。"

我也不确定我的这些建议能否起到作用，培养良好习惯的过程总是异常困难。我很希望孩子们能养成良好的餐桌礼仪，可他们并不是每次都能做到。有时他们就做不到，就比如这次——没过一会儿卡茨佩尔很大声发出打嗝声，在他之后伊达又打了一次嗝。他们也太肆无忌惮了！我真的生气了。孩子们似乎也察觉到了，于是他们马上就问道："爸爸，我们究竟为什么会打嗝啊？"

嗯，问题不错，将我的怒气巧妙地化解掉了。因为这个问题，我们将话题从良好举止转移到了科学问题上。另外，我也不是十分清楚我们打嗝的原因。在开始寻找答案的时候，我遇到了一个非常生僻的词——吞气症。吞气症的意思就是过多地吞咽空气，而这也是导致我们打嗝的主要原因。我们吃东西太快、边吃东西边说话以及吞咽大块食物，都会导致我们打嗝。另外，嚼口香糖、用吸管喝东西、喝碳酸饮料也都会导致打嗝。我们喝下可乐或者橘子汽水后，气泡还是会止不住地往上冒。有时候，吃完蔬菜和水果也会打嗝。

当胃里的气体聚集到足够多时，就会形成气泡。气泡一路向上，最后到达口腔里。途中它会经过食道，并导致学名为食道上括约肌的部位进行振动，而上括约肌的振动就是打嗝时发出不雅声音的罪魁祸首。在打嗝时，我们闭上嘴巴，就可以不发出声音了。同样的，我们用手捂住嘴巴也可以。要避免打嗝，我们就要学会安静吃饭，不多闲聊，而且得细嚼慢咽。

由此可以看出，包括餐桌礼仪在内的良好举止，并不像一些孩子认为的那样仅仅是大人强加的无理要求。

这个称为**吞气症**！
一定要表示歉意……

我们什么时候会吞咽空气？

当我们吞咽大块食物的时候

当我们一边吃饭一边说话的时候

当我们吃得太快的时候

河狸为什么要伐树？

伊达先数不下去了，卡茨佩尔还在硬着头皮接着数。当数到五十的时候，他也数不过来了。

华沙附近的绿河边上有许多树，将它们的确切数量数清已经超出了孩子们的能力范围。绿河里总是可以看到被去掉了树皮和树枝的树干，树干上典型的咬痕明显无误地表明是河狸弄断了这些树干。孩子们在沿途拾起河狸咬后遗落的小木片，并仔细观察上面的牙印。我们都很好奇，河狸究竟为什么要这么做？

在孩子们读到的童话故事里，河狸砍伐树木去修建水坝。的确，河狸喜欢用树干或者树枝去加固水坝，而且它们也会利用木头去搭建自己居住的巢屋。可在这绿河边上，既没有水坝，也没有巢屋，所有的树木都浮在水面。

20 多年前，当我还是个孩子的时候，人们认为河狸必须生活在适宜的地方。这个地方必须宁静平和，还必须清溪流淌，所以，河狸只适合生活在波兰东北部的苏瓦尔什钦斯纳地区。那里是丘陵地形，清溪流淌，人烟稀少，除此之外的其他地方都已经没有河狸了。所幸后来人们纠正了自己的错误，他们积极采取行动拯救这种啮齿动物。首先，波兰科学院在位于马祖尔湖区的实验站里建立了河狸养殖场。随着养殖规模扩大，河狸也开始被逐步放生。先是放生到波兰东北部，后来逐步扩大到全国范围。河狸被冒险放生到很多河流存在污染的平原地区，不过这种冒险最终得到了回报，河狸拯救行动取得了巨大成功。今天，无论是在山间还是平原，也不管当地水流清澈与否，到处都可以看到河狸，甚至是当地的人类活动都不会严重干扰到河狸的生活。

河狸能够根据环境调整自己的生活习惯。如果不具备条件，那它们也就不会去筑坝建屋。河狸居住在单个洞穴里，而不是错综复杂的许多洞穴里。然而，正如我们在绿河边看到的那样，河狸并没有放弃砍伐树木。虽说砍伐了这么多树，河狸可不仅仅是为了用它们来做建筑材料。是的，你可能想不到，河狸还会用这些树木来做食物储备。虽说河狸最爱的食物还是柔嫩的水草，但它们也很喜欢吃树木的嫩皮、枝叶以及韧皮部（位于树皮内侧的树干活跃层）。要得到这些美味，河狸必须将整棵树砍倒。它会将自己喜欢的部分咬下来，其他部分丢弃掉。这个过程中，河狸将树枝也当成过冬的食物储备起来。

整个故事讲下来，孩子们记得最牢的还是拯救波兰河狸的伟大行动。他们脑海里想象着捕捉、放生、运输和保护这些动物时的场景，觉得意义特别非凡。所以，当我们从森林里回去时，虽然已经很疲惫了，但他们还是对这趟出行念念不忘，这时卡茨佩尔忽然说：“等我长大了，我也要从事拯救河狸的工作。”

这实在是个很棒的工作，不是吗？

利用什么搞建设？
树枝
搜集什么
来过冬？
树枝

人为什么会放屁？

因为卡茨佩尔今天在学校里的粗鲁表现，真可以称得上是特别糟糕的一天。通常情况下老师都会原谅他的不当行为，不过这次却显得特别生气，这次他实在是太过分了。在与家长的联系簿中，老师写道：“卡茨佩尔上课时的表现就像在上厕所一样。”就这一句简单的评语，让我心里忐忑不安，不知道发生了什么。还好，卡茨佩尔很快就承认了，他解释道：“同学们讨论屁的时候，我就放了一个屁……而且放得非常响。”

“是在上课的时候？”我追问道。

“是的。”他羞愧地承认了。

我严厉训斥了他，并告诫他在公众场合的这种行为非常不妥。不过刚训斥完，卡茨佩尔就问我：“屁是怎么来的啊？”而我不得不去告诉他答案。毕竟，培养良好的习惯与了解人体的奥秘并不冲突。

屁的形成是由于寄生在人体肠道里的细菌完成的，而这样的细菌有成千上万之多！我们要庆幸这些肠道细菌的存在，因为我们需要它们。人体的消化系统无法消化所有的食物，那些未能分解的部分就要交由肠道细菌来处理。这些微生物将食物的剩余部分改造成我们身体可以消化的简单化合物，同时它们也借机获得生存所需的能量，我们和肠道细菌因此都能从中获益。

不幸的是，在这个过程中，细菌会分泌多种气体。其中部分气体会由血液吸收，不过绝大部分气体则需要排出肠道。不然的话，气体进入肚子，我们就会感觉不舒服，有时甚至会是难受的腹胀。从肠道将气体排出体外的最短路线就是肛门。从肛门释放出来的肠道气体，就是俗称的屁。它的主要成分是没有任何气味的二氧化碳。另外，氢气和甲烷气体也不少，这些气体也没有气味，但是与二氧化碳不同，它们都是易燃气体。如果可以大量收集的话，通常屁是可以点燃的。

让肠道气体声名狼藉的是其中具有挥发性的硫化物，它们虽然不多，但是已经足以向空气中散发出恶心的气味。这其中名气最大的要数散发臭鸡蛋气味的硫化氢，名气稍逊的硫化物气体还有甲硫醇和二甲基硫，它们的气味就像烂白菜味。

肠道里形成的气体量，取决于我们吃的食物种类。如果我们吃水果和蔬菜这样的健康食物，气体产生得就更多。最有利于形成气体的是卷心菜以及蚕豆、豌豆、芸豆和小扁豆这样的豆类。正如所看到的这样，肠道气体产生是无法避免的。我们可以做的仅仅是减少它的量。这种情况下最好的措施就是适量的体育锻炼。

屁是可以点燃的，这是卡茨佩尔对我所有解释中印象最深刻的一点。我听说他还向他的同学说起过这一点，幸好他没有尝试在课堂上对此进行验证，老师的家长联系簿中再也没有出现关于这个话题的任何评语。

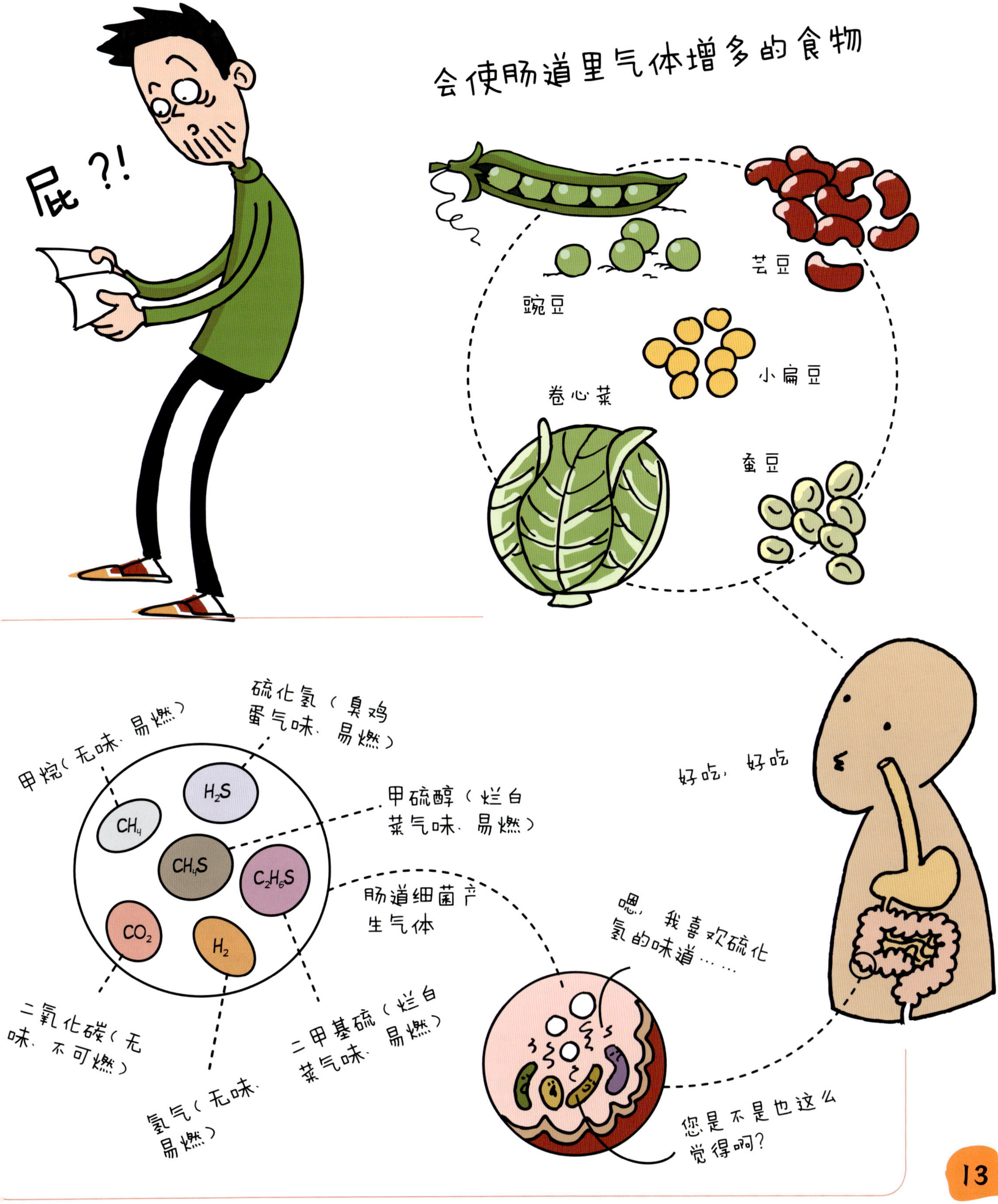
屁？!
会使肠道里气体增多的食物
豌豆
芸豆
小扁豆
卷心菜
蚕豆
好吃，好吃
甲烷（无味、易燃）
硫化氢（臭鸡蛋气味、易燃）
甲硫醇（烂白菜气味、易燃）
H_2S
CH_4
CH_4S
C_2H_6S
CO_2
H_2
肠道细菌产生气体
嗯，我喜欢硫化氢的味道……
二氧化碳（无味、不可燃）
氢气（无味、易燃）
二甲基硫（烂白菜气味、易燃）
您是不是也这么觉得啊？

为什么牛奶里的麦圈会互相吸引？

牛奶泡麦圈可能不是最好的早餐，但它肯定是孩子早上赶往学校之前可以最快准备好的早餐之一。将牛奶热一下，把麦圈倒进去，这样就大功告成了，而且孩子们也非常喜欢这样！

至少通常情况下是这样。一天，他们意外地吃得慢吞吞的。只见他们用汤匙在牛奶里搅着，不时敲击碗壁，并进行观察。

“爸爸，你看。”卡茨佩尔终于向我解释道，“这些麦圈在互相吸引。它们干的时候不会这样，只有倒到牛奶里面才会这样。难道它们中间有磁铁？”

“但愿它们里面没有磁铁。”我答道。

“你看，它们有的还吸到了汤匙上，还有的吸到了碗壁上。”卡茨佩尔接着解释说。

我从他手里接过汤匙，然后慢慢在牛奶里进行搅动。“确实是这样。”我对他的观察结果做了确认。

这件事确实很奇妙，我也就此咨询了不少专家。首先，我知道了没有磁铁藏在麦圈里。这一现象与“表面张力”这一科学术语有关。水分子作为牛奶的最主要成分，非常喜欢彼此接近并极力粘在一起。处于液体中间的水分子会被它周围的分子所吸引，处于液体表面的水分子，由于它的上方没有水分子，所以也就没有来自上方的吸引力，于是，它们就会被液体吸引到里面。不过它们无法被挤压到液体深处，于是就在液体表面形成一种拉紧的弹性薄膜。因此，牛奶里的麦圈或者是水里的昆虫，虽然不会沉入水中，却也只能相对自由地维持在液体的表面。然而，物体周围的水面会略微抬升发生倾斜。这个时候，表面张力就开始作用到它们上面。因为表面张力均匀作用在物体周围，所以是平衡的状态。这个物体，我们这里指的就是麦圈，会大致停留在原地。

如果一个麦圈旁边出现了第二个麦圈，情况马上就不一样了。围绕着每个麦圈的倾斜抬升的牛奶表面在两个麦圈之间进行连接，其结果是形成一个高于碗内其他牛奶的更为平坦的共同表面。在液面更加平坦一侧的表面张力更强——注意，这一点很重要！这样，第一个麦圈被推向第二个，第二个同时也被推向第一个。从表面上看就好像两个麦圈粘在了一起，实际上是液体的表面张力使它们彼此贴近。

同样的现象在碗的边缘和汤匙周围也可以观察到。这些地方的牛奶表面也是倾斜并且稍微抬升的。如同牛奶里发生的那样，如果麦圈的移动导致液体表面结合，力的结构发生变化，弯曲幅度稍小的抬升液面会将麦圈拉向另一个物体。基于同样的原因，河里的枝叶等杂物会依附到突出的岩石或者植物枝叶上。

孩子们经常上学迟到让人感到奇怪。早上的麦圈实验耽误了他们很多时间。而解释这种现象，花费的时间就更多了。

还好，麦圈是没有磁性的

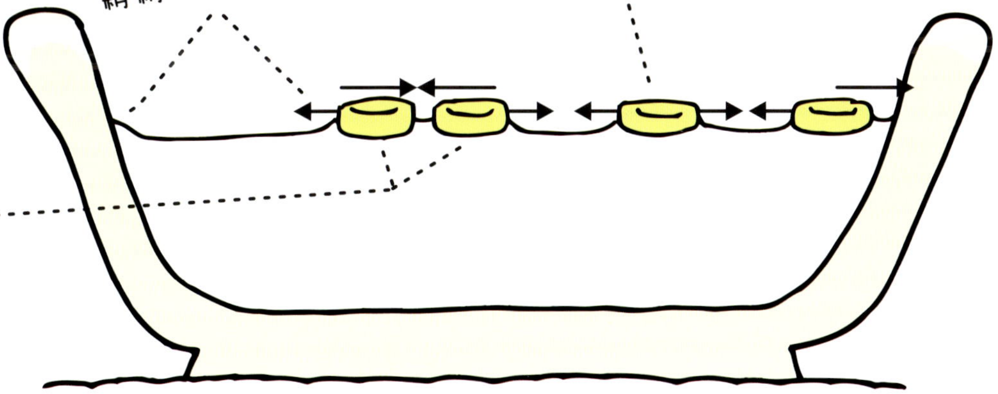

奇怪，我明明没这么摆放树枝……肯定又是表面张力在搞怪。

雨是哪里来的？

又在下雨！

我们全家去爱沙尼亚的度假旅行一直是在下雨。因为这个原因，我们不得不改变旅行计划，大量时间只能在屋檐下度过。我们要么去参观景点，要么就泡在室内泳池里。其中也有那么几次，我们坚定地出去徒步穿行了一些线路。好像是为了褒奖我们的勇气和毅力，雨竟然也停了。

风大雨急，波罗的海的海水不断涌向爱沙尼亚的海岸线，海水因此上涨了不少。我们计划穿越的最精彩线路也都变成了一片汪洋。不过我们没有泄气——脱掉鞋子，卷起裤腿，然后迈入水中前进。海鸥在我们四周鸣叫，鱼儿从我们脚下游过，而我们勇往直前，一直走到一个看起来水很深的地方才停下来。我决定上前一探究竟，发现水居然已经到了我的腰部以上！那孩子们怎么办？

“喂，卡茨佩尔，伊达，你们要不要试着穿过去？”

他们高兴得都蹦了起来。于是，他们迅速换上了泳衣，抓住我的手，然后就和我一起向前走。妈妈有些紧张，不过没等多久，她也跟了上来。最深的地方水位已经到了孩子们的腋下！他们稍显出害怕，不过相比而言，冒险精神明显占了上风。

涉水走完全程之后，孩子们虽说已经疲惫不堪，但他们还是急切地想要知道雨是哪里来的。一切都要从蒸发说起。当阳光强烈照射时，江河湖海甚至包括土壤里的液态水都会有一部分变成气态，即水蒸气，水蒸气随着热空气一起上升。空气温度越高，水蒸气通常也上升得越高。不过，上升得越高，压力和温度也就越低。因此，空气温度会逐步降低，当温度低到某一点时水蒸气又会重新变成液态水。而要开始这个过程，需要一定的刺激。最常见的刺激物包括盐或者冰的微观晶体、火山灰或者沙尘的微粒，有时甚至可以是工业污染物。初级极其微小的水滴会围绕着它们形成，这些微小的水滴构成了我们在地面上看到的云。这些高高飘在我们头顶上的小水滴，不断地发生碰撞并通过这种方式相互合并，形成越来越大的水滴。当水滴足够大时，就会以雨的形式落到地面上。当空气炎热干燥时，云里的水甚至都不能到达地面。它们会在下落的过程中汽化后，又重新以水蒸气的形式回到云里。不过，这种现象我们在爱沙尼亚度假期间没有遇到。

哎呀，怎么又下雨了。

当水滴变得足够
大时，就会落下来
水滴相互合并
水蒸气围绕着凝
结核进行凝结，
从而形成云
水蒸气与热空气
一起上升
阳光使水升温气化

为什么云层的底部是平的？

最近我们一家人时常看起来很古怪。时而我们会停下汽车，下车后抬头望一望云，然后评价道：“平的，真的是平的。”时而我们会一起坐在家门口，眼睛盯着天空看。有时我们还会要求朋友描述一下他们头顶上涌动的云层的形状。

这一切都要归到卡茨佩尔身上。有一天他问道：“爸爸，为什么云层的底部是平的？”说实话，我从来没有注意过这一点。通常情况下，云都是被描绘成浑身毛茸茸的小羊羔。于是，我就开始检验卡茨佩尔说得是否正确。后来，全家人都参与了进来，甚至还包括了一些朋友。最后，我不得不承认，大多数云的底部确实是平的。这究竟为什么呢？

经过长时间的搜寻，我最终找到了答案。首先需要提的是云究竟是怎么形成的。正如我在“雨是哪里来的？”这一篇里写的那样，阳光强烈照射，江河湖海里一些液态水气化成水蒸气。水蒸气与热空气一起上升。越往上升，周围的温度越低。当到达一定高度，温度低到使得水蒸气又变回到液态。这时，它就以极其微小的水滴形式留在空中，于是形成了云。水蒸气凝结的高度，就是一道看不见的界限。云里的微小水滴哪怕就是下落一厘米，反过来就变成了水蒸气。如果之后水蒸气再上升，就又变成了液态的小水滴。水滴因此就能一直维持在这个界限之上，而不能到这个界限下面去。这就是为什么绝大多数云的底部是平的。但是从平坦的底部往上，因为没有那么严格的上方界限，云就膨胀展开形成各种各样稀奇古怪的形状。

我给孩子们解释完之后，他们就立马开始描绘天上的云。他们已经不再创作毛茸茸的小羊羔了，他们画的云上面是乱蓬蓬的，而下面是平整的。你看，这就是科学对创作的影响。

艺术家们，你们向孩子们学学吧！

当水蒸气上升到凝结点之上，就又变成云的一部分了。
当云里微小的水滴落到这条线以下，就会变成水蒸气（或者是雨）。
云的底部是平的！
平的，真的是平的！

酵母菌是怎样迅速生长的？

一进屋，我就闻到一股浓烈的酒精味。这股气味是从卡茨佩尔的房间飘出来的。我很紧张地走进他的房间，看到在房间的窗台上有一个碗，酒精味就是从那里飘散出来的。当时我就明白发生了什么，老实说，我心里感觉就像一块石头落地了。

说起这个小插曲的起因，还要提到我们之前一起做比萨这件事。当时，我们得到了一份简便的烹饪说明，里面提到要往面团里添加酵母，然后静置在一个温暖的地方，等着酵母生长起来。这一点竟把孩子们给迷住了。

“究竟什么是酵母菌？它们是怎样迅速生长的？”孩子们问道。

不要急，不要急，一个一个地问！首先，酵母菌是一种单细胞的真菌。因为它们总是单细胞的形态，所以没法像森林里的蘑菇一样有漂亮的子实体。微小的酵母菌细胞要在显微镜下才能观察到。酵母菌通过芽殖的方式产生新的个体，酵母菌细胞上面会长出凸起的小芽，小芽能够缓慢成长。当小芽长到一定程度时，便会从母细胞上分离出来并开始独立生存。在适宜的条件下，酵母菌甚至每 20 分钟就可以这样繁殖一次。

不过，并不是酵母菌的快速繁殖递增导致了面团松软。恰恰相反，导致这一结果的是酵母菌进食，而不是繁殖。面粉中富含糖分，而糖分也是酵母菌的主要食物，它们从糖分中汲取生存所必需的能量。其实，我们人类也是一样，氧气与糖在我们体内结合发生反应，最终形成二氧化碳和水。酵母菌在发酵过程中会产生能量，而这其实就是来自无氧状态下糖分的分解，伴随这一过程的同时会产生大量二氧化碳。酵母菌吃得越多，生成的二氧化碳就越多。气泡在紧致的面团里扩散开来，从而使面团变得松软并且体积变大。这就是我们常说的发面。如果不是因为有二氧化碳，面团就会非常紧致，而不会变得松软多孔。

听了我讲述的酵母的故事后，卡茨佩尔特别兴奋，他想去验证一下这些真菌是不是真的生长得这么迅速。于是，他准备做一个实验。他将一些酵母溶解到装有温水的碗里，然后加入几勺糖并进行了充分的搅拌。因为酵母喜欢温暖，所以之后他就把碗放在了窗台的暖气片上，很快，碗里居然真的有了不少气泡。几天后整个屋子里开始散发出酒精味。不过我忘了补充一点，酵母菌发酵的结果，除了产生二氧化碳，同时也会产生酒精。因此，酵母菌除了可以用来制作面包，同时也可以酿造啤酒、红酒和白酒。而卡茨佩尔的窗台上刚好就发生了这么一个过程。

“卡茨佩尔，你非法酿酒了！”我告诉他。

“这是怎么一回事？”他惊讶地问道。

“这就是大人在家里酿的烈酒。”我解释道，“它们通常没有经过很好的净化提纯，对健康非常有害。”

“我真的酿酒了？太棒了！”卡茨佩尔看起来对自己的做法非常满意。还好，过了一会儿，他就把碗里的东西倒进了厕所里。

我们来观察，酵母菌是如何工作的

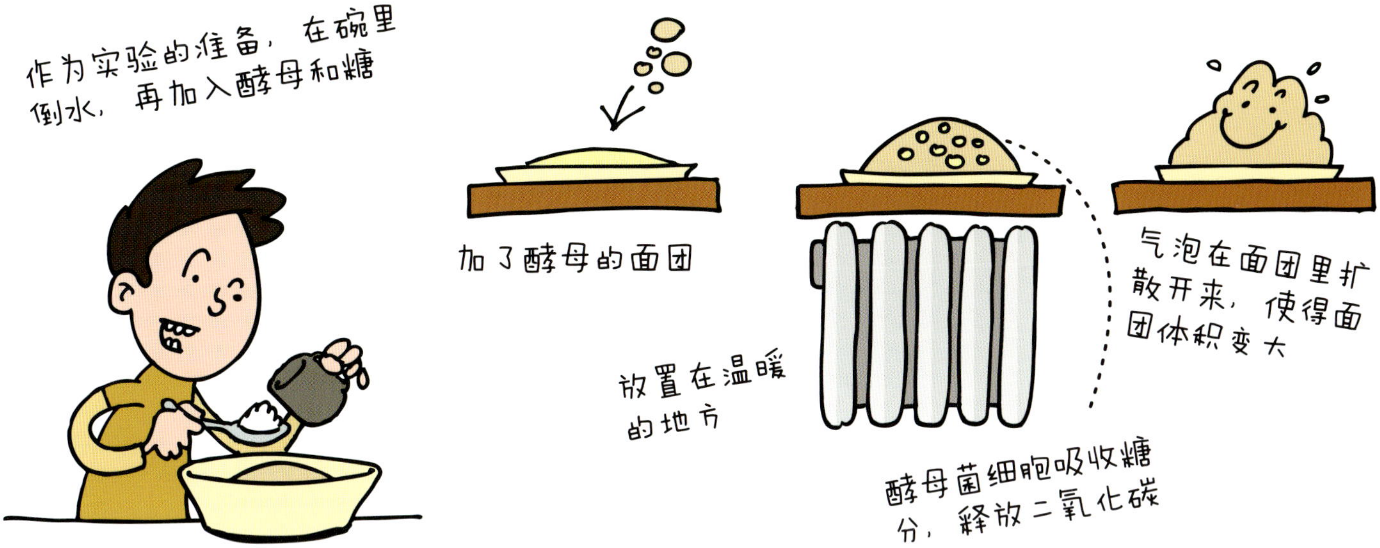

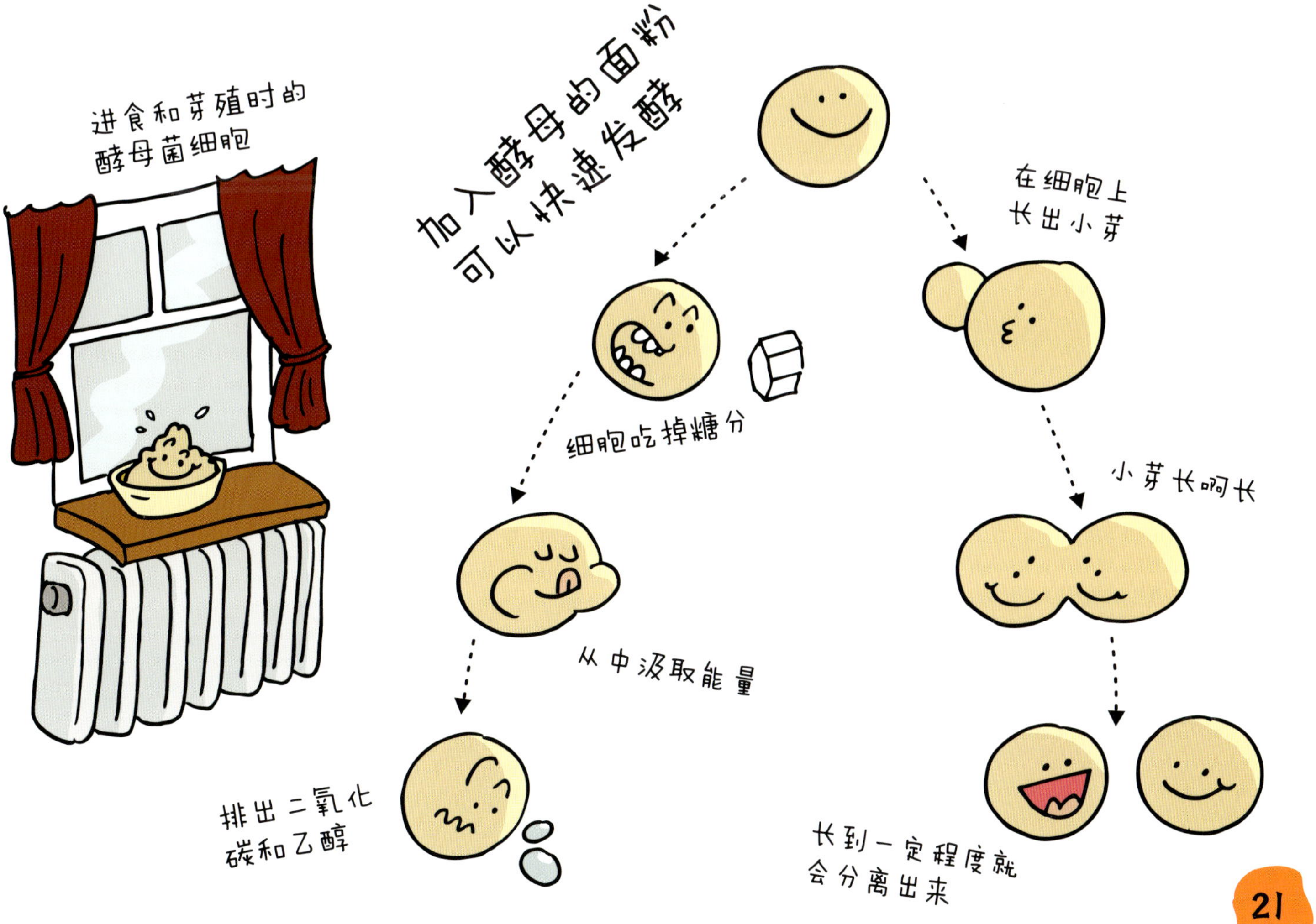

为什么气球会吸到天花板上，而头发又会吸到气球上？

屋子里飘满了气球！

在屋子里走动时得特别注意，因为一不小心就可能砰的一声把气球踩爆！所有这些都是因为伊达的生日。为了准备伊达的生日聚会，妈妈带着她去了一趟商店，买回了一堆聚会所需的东西。不过，她们也买回了一些多余的东西，就比如 225 根饮料吸管。

"我们真的买了 225 根吸管？可我们就只买了一盒而已……"伊达振振有词地说道。

说回到聚会所需的东西，其中就包括三盒气球。还好，这次每盒不是 225 个，每盒就只有 10 个气球。要是气球上没有字的话，一切原本应该挺顺利的。气球的包装盒打开后，我们发现每个气球上都有"两岁生日快乐"的祝福语。两岁！！！伊达这次要过的是七岁生日。当看清气球上的字后，伊达急得都哭了。之后，她试图用记号笔将二改成七，当发现连这个方法也行不通时，伊达彻底绝望了。

看到这一幕，我于心不忍，就又重新买了一批气球——这次挑的气球上都是不带字的。于是，家里面就剩下了 30 个气球派不上用场，而之后这些气球变成了一系列惊奇事情的起因。

"爸爸，爸爸，气球粘到了天花板上！"孩子们一边冲向我时，一边嚷道。

"嗯，知道了……"我应付了一句，然后头也不抬地继续在电脑前工作，不过心里还是很怀疑他们又要出什么新花样来。屋里的气球是我们用嘴吹大的，所以气球里面充满的都是我们吹进去的空气。如果再加上气球自身橡胶材料的重量，整体就会比周围的空气要沉，所以绝对不会飘起来粘到天花板上。要出现这种情况，只能是气球充了比空气轻的气体，比如氦气、氢气或者干脆就是加热的空气。

"爸爸，气球真的粘在了天花板上！快来，快来啊！"孩子们显得特别固执。

事情看来要严肃对待一下了。孩子们是不是吹大了气球，还在上面粘了胶水？要是这样，天花板看起来得是什么样子啊？我离开了电脑，满怀焦虑地跑到了客厅里。气球看起来真的粘到了天花板上，不过还好，不是用的胶水、焦油、油漆之类会弄脏天花板的东西。孩子们将手里的气球往上抛，气球没有飘落下来，而是直接粘到了天花板上。

"为什么气球会粘在那里？"卡茨佩尔和伊达兴奋地问道。

静电引力

"这是由于静电引力。"我回答道。

"经典引力？"卡茨佩尔惊讶道。

"进店引力？"伊达同样惊讶道。

"静——电——引——力。"我一字一顿地重复了一遍。

"说起电，电流是流动的电。这里的电是不移动的，就是静态的。电子微小到连显微镜都无法观察到。电子带有负电荷，电流就是电子的涌流。在静电现象中，电子从一个物体上转移到另一个物体上。当一个绝缘体带上正电荷，另一个绝缘体带上负电荷，两个绝缘体就会相互吸引。而且，带电绝缘体还会吸引纸屑、头发和衣服，看上去就像它们特别着急想要抓住各种不同的材料——就像我们的气球一样，它甚至想要抓住天花板。"

我把气球从天花板上取了下来，然后给孩子们展示如何使它带电，只需要将气球在衣服或者布料上摩擦几下就可以使它带电。为了证明摩擦过的气球确实带了电，我把它拿到伊达的头顶上，她的几缕头发立刻就被吸向了气球的方向。然后我们又试着把气球粘到天花板上，尝试几次之后也成功了。后来，我们如法炮制，又给天花板上的气球找了"小伙伴"。就这样，孩子们玩得不亦乐乎。

静电引力作用效果

电视机上落了灰尘

为什么无线电波是一种波？

“那边的那位先生有这样一个按钮，如果按了的话，声音就没有了。”卡茨佩尔兴奋地说道。

于是我就对他说道：“您按一下试试！”

他回答道：“我不能按。”

我问：“为什么呀？”

他说：“你想想看，如果按了会怎样？”

“如果按了会怎样？”我机械性地重复了一遍，“电台如果没有声音的话，那就什么都没法收听到了。您说得很有道理，不能按这个按钮。”

上面这段对话发生的起因是我被邀请参加一个电台节目。起初我不同意，因为刚好那天伊达和卡茨佩尔的妈妈出去了，就我一个人在家照看他们。我不可能把他们丢在家里没人照顾。

“那您把孩子们带过来，到时我们来照看他们。”电台的那位女士执意邀请我去参加节目。

我于是接受了邀请。当我坐在电台演播室里的时候，孩子们交由电台的人去照看。之前联系我的那位女士带着孩子们一个房间一个房间地进行参观。伊达和卡茨佩尔充满了好奇，对电台主持人调音台上的每个按钮的功能都问个不停。

他们知道用这个方法准可以使我注意到他们。于是，我决定给他们讲解一下电台是怎么工作的。借助电台的各种设备，我参加的访谈被转换成无线电波，之后发射器会将无线电波发送到全市。如果有人想要收听我们的节目，就可以打开自己的接收器，调谐后捕捉这些无线电波，设备再反过来将无线电波转变成声音。

孩子们安静地听着，没有讲话，看起来好像理解了。可实际上，他们进行了更深入的思考，回家后他们问我：“爸爸，为什么无线电波是一种波呢？”

我一时愣在那里，因为我也不知道如何回答。如果是普通的波，我们都很容易理解。当我们搅动水面或者挥舞丝带的时候，可以看到一个接一个波动。而实际上水和丝带都没有移动，它们只是在上下波动，从而形成了波。专业点说，波动不是物质的移动，而是能量的传递。

不过，无线电波不是一般的波，它属于电磁波的范畴。电磁波还包括光、（微波炉的）微波、（医生通过照射来观察我们骨头的）X 射线。电磁波可以传递能量，而且也是通过“上下波动”来向前传播。电磁波甚至能够在真空中进行传播！但是既然真空是空无一物的空间，那么问题来了，电磁波的能量是通过什么传播的？在这种情况下，什么东西可以替代那些传递普通波的丝带或者水？

要知道，这个问题曾经困扰了科学家们许多

无线电波工作原理

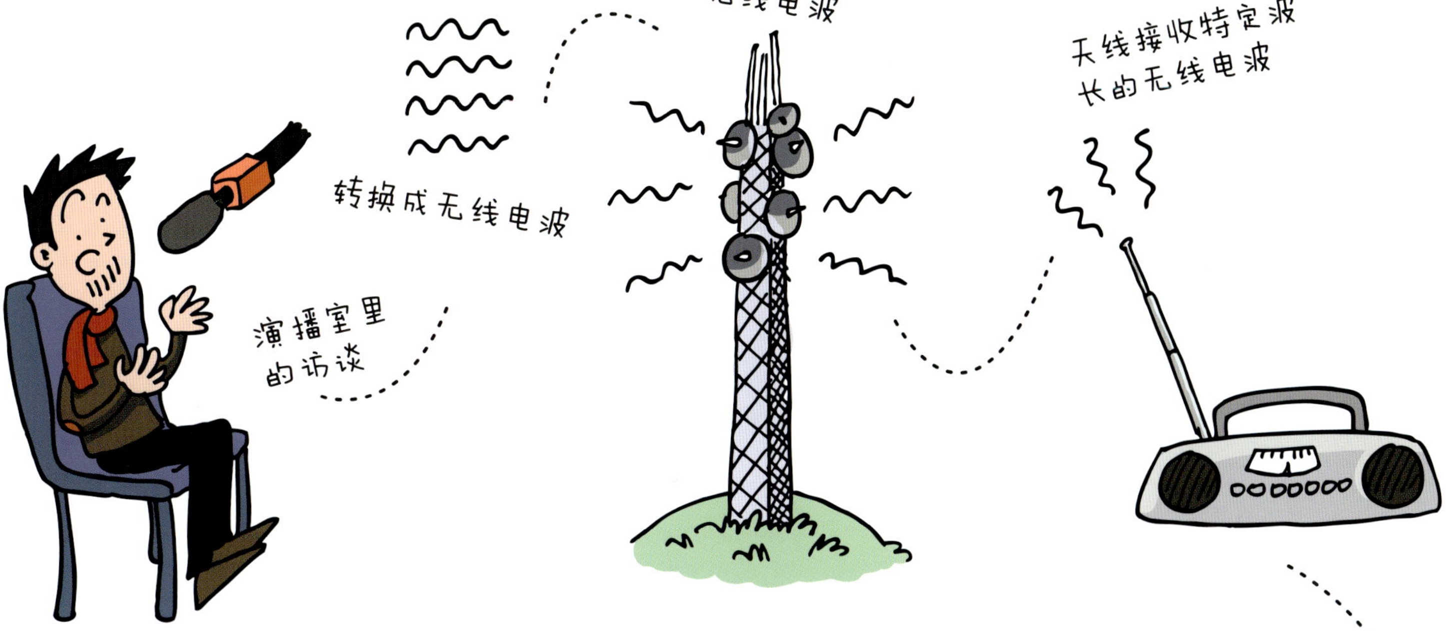

年。以前人们甚至认为，整个世界都充满了一种能够传递无线电波和其他电磁波甚至是光的神秘物质，并给这种物质取名为以太。他们认为，这种物质必定是非常轻、非常坚硬的固体，而且到处存在，甚至真空中都不例外。当波通过以太传递时，以太应该进行弹性振动。解释听起来很有逻辑，但实际上是错误的。人们通过严密的实验进行验证，实验结果显而易见，以太并不存在。

无线电波是怎么传播的，特别是它在真空中是怎么传播的？在二十世纪最伟大的物理学家艾尔伯特·爱因斯坦出现之前，这个问题一直悬而未决。爱因斯坦证实了真空并不是绝对的空无一物，真空中确实没有任何物质，没有任何以太，但是散布着电磁场形式的能量。按照爱因斯坦的理论，能量也是物质的一种形式，因此电磁场也可以形成由发出者传递到接收者的“上下波动”。

我知道，这听起来有些不可思议。坦率说，我对以太论被证明是错误还感到挺可惜的，我想电台主持人也是这么想的。时至今日，波兰的电台主持人还是会说“在以太波中”，而不是说“在电波中”。对此，我丝毫不觉得惊讶。

为什么我们会起鸡皮疙瘩？

卡茨佩尔病了，感觉难受，而且发烧了，他蜷缩在被子里瑟瑟发抖。这时，他注意到自己手臂上出现类似轻微皮疹的东西——鸡皮疙瘩。尽管已经萎靡不振，但他还是忍不住问道：“爸爸，这些鸡皮疙瘩有什么用？”

没用，完全没用。鸡皮疙瘩源于毛囊底部肌肉的收缩，并导致了汗毛竖起。在皮毛厚实的动物身上，皮毛直立有利于获得更多的空气，并可以形成抵御寒冷的隔离层。所以，在外面寒冷的时候，鸡皮疙瘩可以帮助进行保暖。

另外，因为动物毛发竖起的话，可以使体型显得更高大，所以鸡皮疙瘩还有自我防卫的作用。食肉动物看到这么“大”的猎物，可能会因为害怕而放弃进攻。而在与对手竞争食物或者配偶时，这么做也有助于在气势上压倒对手。

不过，这些对人类来说已经不需要了。我们的汗毛又短又细，已经无法帮助我们抵御寒冷或者是恐吓对手。所以，鸡皮疙瘩是几百万年前，我们毛发浓密的祖先留给我们的遗产。他们的毛发发挥的作用就和今天的猴子、鹿和山猫一样，后来，我们祖先的毛发逐渐变成了可有可无的汗毛。在进化的过程中，我们失去了这项能力，而鸡皮疙瘩则成为祖先留给我们的众多纪念物之一。

一些科学家指出，鸡皮疙瘩有时对我们还是有用的。当我们感觉恐惧、愤怒或者喜悦的时候，鸡皮疙瘩的出现可以使别人知道我们的情绪。不仅如此，据说它甚至会助长这些情绪。

不过，汗毛已经起不到抵御寒冷的作用了。就像卡茨佩尔，如果生病后感觉体寒，就不能指望汗毛了，而是应该把被子盖好。

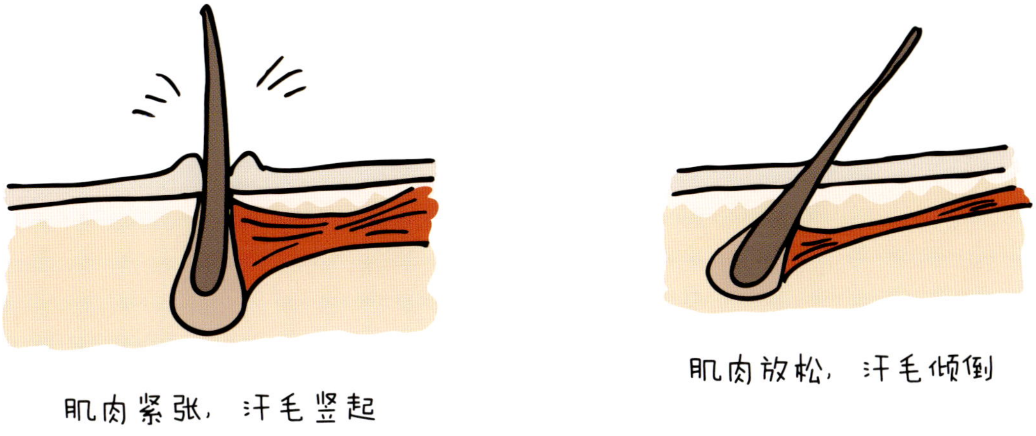
肌肉紧张，汗毛竖起
肌肉放松，汗毛倾倒

鸡皮疙瘩有什么用？

正常情况下，
毛发倾倒
冬天的时候，毛发
竖起，形成保温层
攻击对手时，毛发竖
起，体型会变得更大

电脑游戏有害吗？

我们现在可不可以玩一会儿电脑？求求你了，就玩一会儿。”孩子们向我央求道。

如果我一答应，他们就会开始玩游戏，之后再把他们从电脑旁支开就难了，他们总是会说：“再等一会儿，让我们玩完这一关。”

我想了一下说：“好吧，一会儿就一会儿吧。”然而，这一会儿的时间变得出奇地漫长。最后我生气了，直接关了电脑。孩子们变得特别沮丧，甚至都要哭出来，因为“已经快玩到下一关了，这下又得从头再玩了”。适度游戏，不沉迷其中，既需要我来教导，也需要孩子们理解。对于伊达和卡茨佩尔提出的电脑游戏是不是真的有害这个问题，现在正是进行回答的最好时机。

电脑游戏确实是既有好处，也有坏处。我们不妨从电脑游戏的好处说起。首先，它可以开发孩子同时执行多项任务的能力。定期玩电脑游戏的孩子与其他同龄的孩子相比，能够快速在画面中观察到多出一半细节。而且，他们还可以更快地处理信息，并同时跟踪多个目标。他们也更容易在不同的事项中进行切换，视觉智能也会开发得更好。美国有研究表明，玩游戏更多的孩子，英语和自然科学等学科的成绩更好。还有就是，孩子学习使用电脑，长大后也非常有用。现在已经很难找到一份不需要用到电脑的工作了。所以，越快学习电脑操作越好。

可惜的是，电脑游戏也有它的灰暗面。长时间坐在电脑前的孩子，可能会有健康问题。同一块肌肉连续进行重复的动作，比如说点击鼠标或者操作游戏手柄，会导致拇指、腕部、肘部、颈部以及背部疼痛。久坐的生活方式以及缺乏锻炼会导致肥胖，进而会患心血管疾病甚至是糖尿病；连续盯着电脑屏幕也极易导致近视。如果孩子长期玩游戏，睡眠不足，还会导致上课注意力不集中的问题。最后一点，也是家长们最苦恼的一点，就是各种游戏人物充斥在孩子们的脑子里，小玩家们不断地讨论游戏中的人物，关心他们的命运，一有机会就想着回到游戏里面。而本该让孩子们充满好奇心的现实世界，对这些孩子来说就突然变得枯燥无趣了。

我必须承认，我也难辞其咎。孩子们充满好奇地向我提出成百上千的问题，而我的答案却越来越缺乏趣味，我内心也深感歉意。那么究竟应该怎么做，才可以使电脑游戏的益处发挥出来，却又不会导致各种问题？

首先一点，小于4—5岁的孩子最好不要坐到电脑前。更大一些的孩子需要对“什么时候可以玩”和“可以玩多久”有明确的限制。需要密切关注他们，及时发现他们脱离现实的最初迹象。然而，任何时候都不应该放弃和孩子一起探索自然和人体的奥秘，因为它们也很有趣，甚至比游戏更加有趣！

事实上我们也是这么做的。卡茨佩尔和伊达依然可以玩电脑，但是只能在规定的时间里，而且需要在完成家庭作业以后才可以。同时，我们也会组织亲近自然的野外旅行，一起看书，一起思考准备小实验。虽然时不时也会为他们能在电脑前玩多久而争执，但是相比以前已经好多了。

自然和实验的世界才是真正的美妙！

电脑游戏的
好处和坏处
好处
坏处
同时追踪
多个目标
注意力不
集中
PRESS START
BUTTON!
英语成绩
更好
肥胖和心
脏疾病
数学成绩
更好
近视

为什么我们说话的时候不能进行呼吸？

伊达和卡茨佩尔可以一直说个没完，有时我听都会听累了。所幸，他们需要时不时停下来缓口气，而这竟也让伊达感到好奇。

“为什么我们说话的时候不能进行呼吸？”她问道。

“真的不能吗？”我思考道。

于是我们开始对此进行核实。的确如此，只有当空气从肺部呼出时，我们才能正常说话。当我们吸气的时候要尝试说话，就变得异常艰难。我们练了很久，甚至是在上学的路上都不放过，一路上那些匆忙赶路上班的行人都用诧异的目光看着我们。一段时间下来，我们也逐渐熟练起来，不过依然很困难，而且非常非常累。我们这样发出来的声音听起来特别奇怪。

为什么呢？这是因为我们在说话时，实际上是声带和喉、舌、牙齿运动引起的空气振动。我们呼气需要的能量少，所以呼气的时候说话也更加容易。将空气从肺部呼出更加容易控制，还有一个直接原因，那就是呼气的时候不用担心窒息。所以，我们可以平缓地呼出空气，并且可以进行适当控制，从而发出声音。而当我们吸气时，由于肺部是空的，会不自觉地想要尽快吸入新的氧气来防止窒息。如果我们执意坚持的话，肯定也能够在吸气时说话。不过，我们的语速会变得非常快，效果也不好。所以包括波兰语在内的世界上绝大多数语言都是只在呼气时才可以讲。而吸气时，需要暂停片刻再说话。

不过，也有语言是在吸气时发出声音进行说话！这其中，最有名同时也是最奇特的要数南部非洲的科伊桑人了。他们利用将空气从口腔吸入肺部时的各种吸气声进行说话，也就是说他们在吸气时说话。对欧洲语言的使用者来说，要进行模仿非常困难。

吸气声引起了伊达的浓厚兴趣。她甚至问我，她可不可以去学习这种“吸气语言”。她当然可以去学，我一点都不会介意。只是，哪里才能找到老师来教？

人类的发音器官

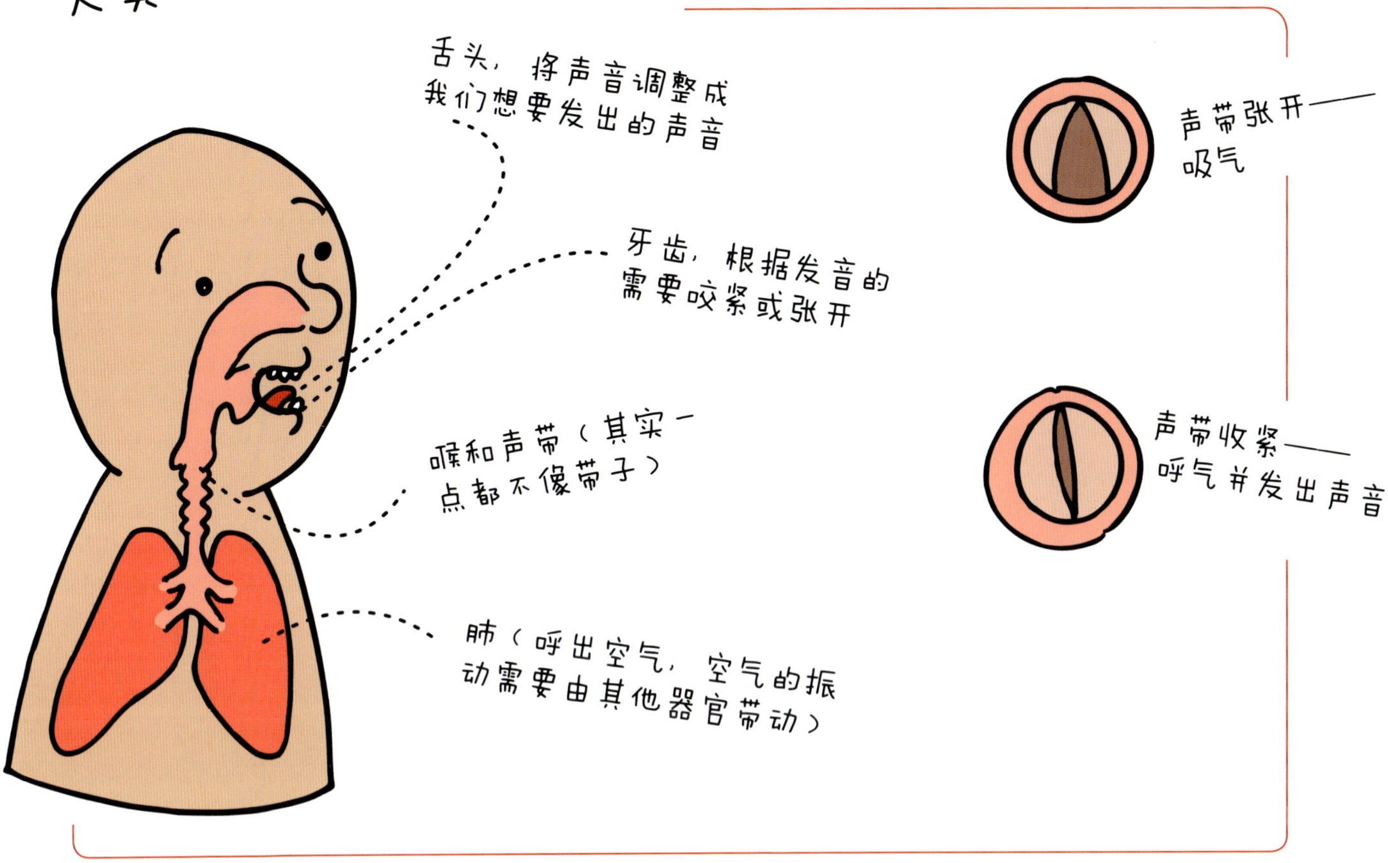

南部非洲的科伊桑人利用空气从口腔吸入肺部时的各种吸气声来进行说话。

如果舌头断了会怎么样？

卡茨佩尔不知何故吃东西的样子很奇怪，我察觉出一定发生了什么，不过无法断定究竟发生了什么。

就在这个时候，卡茨佩尔问道："爸爸，如果我把自己舌头弄断了，那会怎么样？"

"你哪里疼？"我试着揣测道。

"没有。"可能觉得心虚，他又补充道，"好像有那么一点疼。"

"你咬到自己舌头了？"

"嗯……"

"伤得厉害吗？"

"还好，不是特别严重。"

我看到他确实伤得不是很严重，不过，他的问题我还得进行回答。舌头是由弹性肌肉构成的，它灵活得简直都可以打结了，所以舌头是不可能断的。

卡茨佩尔对我的这个答案并不信服："如果我咬到或者割到了舌头，那会怎么样？"

这已经是很严重的问题了。它确实有可能发生，而且会特别难受。舌头是血液灌注最多的器官，如果被咬到的话，通常都会出血。舌头受伤的话，还不能缠绷带，因为唾液会把所有的绷带都湿透。舌头上的神经分布极为密集，因此被咬到后，我们会感觉特别疼痛。舌头的疼痛和肿胀还会使说话和吞咽变得困难，有时还会出现舌头在嘴里有塞不下的感觉。

好了，这些不好的东西说这么多就够了，它其实也有好的一面。首先一点，舌头受伤后愈合的速度很快，所以如果咬到或者割到舌头，就直接由它去好了，顶多就是一段时间吃东西不太方便。如果伤得严重的话，要向外科医生求助。

不过，我还从没见过把自己舌头咬到需要去医院进行缝合的孩子。这不，卡茨佩尔已经在津津有味地吃着晚饭了。他细嚼慢咽，吃得比以前小心多了，看起来就好像他忽然变得举止优雅得体了。

这么说来，他这次咬到舌头还真是一件好事。

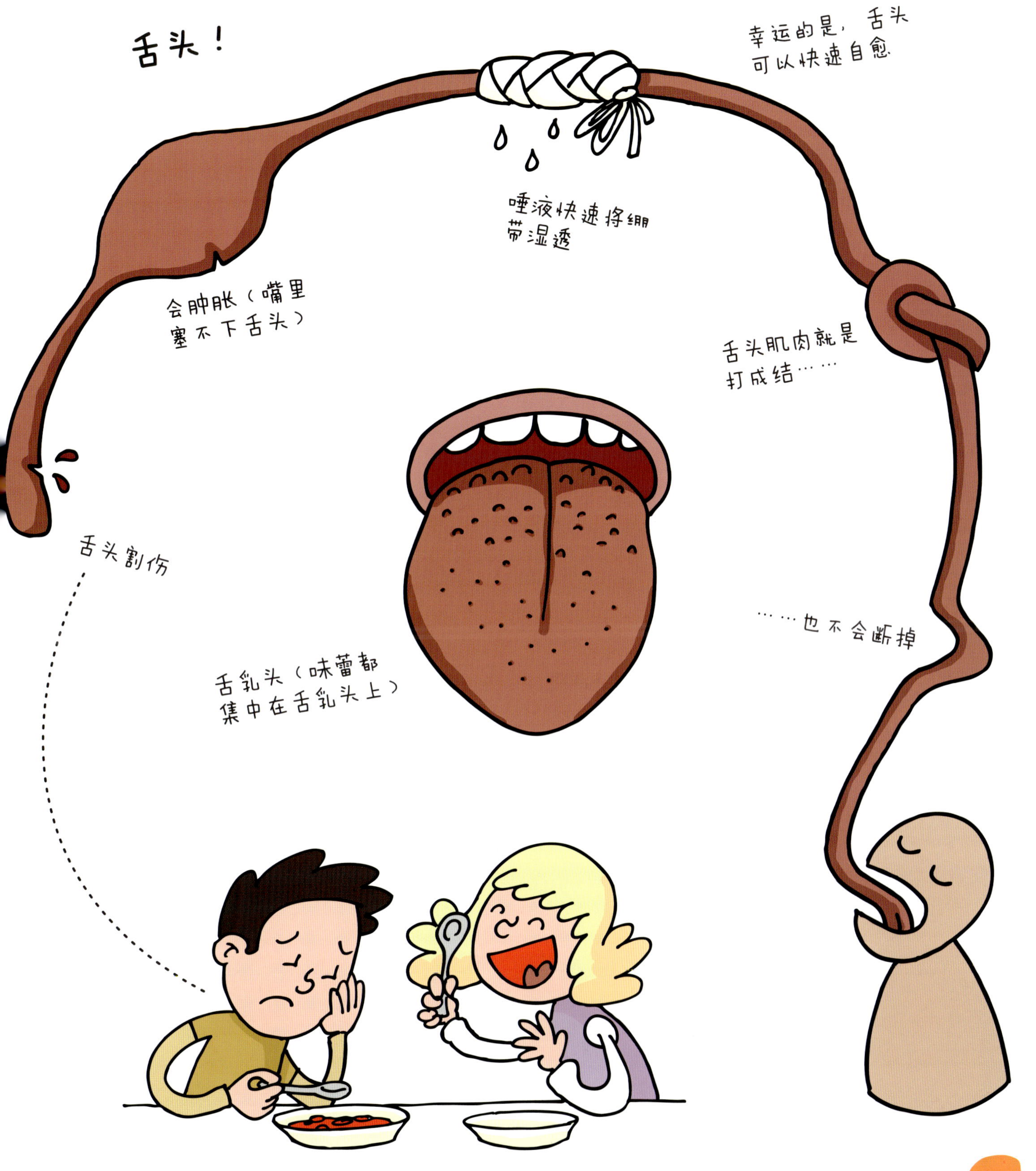
舌头！
幸运的是，舌头
可以快速自愈
唾液快速将绷
带湿透
会肿胀（嘴里
塞不下舌头）
舌头肌肉就是
打成结……
舌头割伤
……也不会断掉
舌乳头（味蕾都
集中在舌乳头上）

山上的石头从哪里来的？

假期的时候我们去了下贝斯基德山区，在那里待了一周时间。按照卡茨佩尔的说法，其中有两天时间我们过得很奢侈——逛街购物，买冰激凌和威化饼干吃，而且有时一连吃好几个。剩下的五天我们在山间小路上徒步穿行。一路上，孩子们走得很卖力，表现也不错。每当遇到横穿而过的小溪时，孩子们就会马上停下来。溪流是孩子们最喜欢的玩耍地方，因为哪怕是伊达口中的“迷你”小溪，可以玩耍的道具也特别丰富。孩子们在水中搭建各种小水坝，或者干脆拿起石头往水里扔，一边扔还一边喊：“小心，别被水溅到！”哎呀，真的被水溅到了！

当我们继续出发的时候，已经稍显疲惫了，我们当中时不时有人会被绊倒。卡茨佩尔还不忘评价道：“书里面的人物都是被树根绊倒，而我们是被一块块石头绊倒的。”当我们到达山顶后，孩子们就坐下来用地上的碎石玩游戏。之后，我们还需要从中挑些石头放到包里带下山，携带这么沉的东西下山可不是一项轻松的工作。

当孩子们玩得有点累了的时候，他们问道：“爸爸，山上的石头是从哪里来的？”

首先需要解释一下，石头是构成地球的坚硬岩石的碎片。石头基本上随处可见，只不过，平原上绝大多数岩石都深埋在沙层或者土层下面。在孩子们常去的马佐夫沙河和博德拉夏河流域，石头通常埋在淤泥和沙子里。而山上的情况则恰恰相反，石头都散落在地面上。首先，山上由坚硬岩石构成的地面经历过显著抬升。这是因为地球并不平静，它的上层表面分裂成巨大的板块，而且这些板块始终都处于运动当中。这个运动的过程，虽然缓慢到我们无法察觉到，但是极其重要。有些地方，板块分离开来，在板块之间形成了缝隙，大量炽热的熔岩就从缝隙中涌出。而在另外一些地方，板块相互挤压，导致大陆表面发生褶皱隆起，这些褶皱隆起就被称作山。下贝斯基德山区属于喀尔巴阡山脉，它是由亚欧板块与非洲板块相互挤压形成的。而喜马拉雅山，这座世界上最高的山脉，则是由印度板块和亚欧板块相互挤压形成的。

岩石抬升起来，在各种破坏性的自然力强烈作用下，岩石会破裂成小块，即石头。与平原相比，高处的风更加凛冽，气温也更低（霜冻气候盛行）。不过首先一点还是高处的雨水更多，而且雨水汇入河流的速度会比平原快得多。湍急的水流冲击力强劲，会将泥沙和较小的石头一起冲走，所以能在山上留下的一定是较大的石头。平原地区水流平缓，裹挟的泥沙很容易沉到水底或者形成小岛。

对于我的解释，孩子们并不是十分信服。我们一路上经过的溪流都清浅狭窄，所以他们怀疑并不是湍急的水流卷走了石。

在我们离开之前的那天夜里，下起了瓢泼大雨，这雨一下就是好几个小时。当早上我们收拾好准备出发的时候，已经找不到那些熟悉的溪流了。前一天还是清浅平静的溪流，一夜之间就变成很深的湍急河流。大量泥沙被水流从山上裹挟下来，原本清澈的水流也因此变成了黄褐色，而唯一抵抗住水流冲击的，就是那些石头。

要长久立于山上，就必须像岩石一般坚硬。这下孩子们彻底信服了。

山上的石头是
哪里来的？
山是怎么形成的？
大陆板块
相互挤压
大陆表面形成褶皱
隆起（即形成了山）
大陆板块
大陆板块
山间的流水裹挟着石
块，将其带到山下并磨
圆（这样就形成了卵石）

为什么会有蚊子？

哎呀，怎么到处都痒！伴随着一场暴雨，夏天来临了，暴雨过后接踵而来的就是让人窒息的炎热。这样的天气特别适合蚊子，成群结队的蚊子都出来了，发出烦人的嗡嗡声。

伊达和卡茨佩尔刚好去了爷爷奶奶在皮利查河边的小园子。河边的情况更糟，一到晚上蚊子就蜂拥而至。我们装了纱窗，以防夜里被蚊子烦人的嗡嗡声吵醒。白天的时候我们会喷洒灭蚊剂。这样做多少起了些作用，不过我们还是被蚊子叮得很痒。在遭受过这些会飞的吸血者的袭击之后，孩子们很自然地问道："为什么会有这些讨厌的蚊子？"

一方面我们可以说不为什么。动物和植物的存在虽然都有各自的原因，但都不是"为了什么"。简单来说，它们出现在地球上之后就开始为生存而斗争。之所以能存活至今，是因为它们很好地适应了环境。它们学会了获取食物、躲避天敌、繁衍后代并将基因传递给下一代。这作为它们存在的理由就已经足够了。至于说我们不喜欢它们，那只是我们自己的问题。

这个问题还有另一个答案，而且它也不违背先前的解释，亿万年来自然界都是共同进化的。动物、植物和微生物之间既有竞争，也有协作，既有尔虞我诈、弱肉强食，也有亲密无间、精诚合作。于是，一个复杂的关系网就形成了。就拿蚊子来说吧，雄性蚊子靠吸食花蜜为生，并由此将花粉从一株植物带到另一株植物。雌性蚊子靠吸食动物和人类的鲜血为生，可谓"嗜血成性"。有时，它们还会携带病毒（不过这在国内极少发生，所以不用担心）。蚊子是包括蝙蝠和鸟类在内很多动物的食物。一只雌性蚊子可以在水里产下 200 个卵，所以蚊子的幼虫数量极多。蚊子幼虫靠吃腐败物质和各种微生物为生，所以越是陈腐的容器，越利于蚊子幼虫繁衍。同时，蚊子幼虫也是很多水生动物喜爱的食物，如果将蚊子幼虫丢进水族箱里，就可以目睹到鱼类是如何贪婪地向它们猛扑过去的。

如果我们消灭了所有的蚊子，那么整个自然关系网就将会遭到破坏。鱼类、鸟类和蜘蛛就会挨饿，而且还会影响到植物花粉的传播，所以蚊子灭绝的结果是灾难性的。当然，蚊子是很烦人，它们嗡嗡的叫声会让我们心神不宁。我们当然有权利保护自己，但我们也应该记住蚊子对自然界的意义，不能将它们赶尽杀绝。况且，如果不叮咬我们，它们看起来其实还是挺可爱的。我建议你们好好观察一下它们。

蚊子的生命周期

成年蚊子是燕子等的食物
蚊子幼虫靠吃腐败物质和微生物为生
蚊子的幼虫和蛹是鱼类和水中捕食性昆虫的重要食物
蚊子幼虫从卵里孵出
蚊子的蛹
蚊子在水里产下多达 200 个卵
雄性蚊子靠吸食花蜜为生并借此给花授粉
蚊子成虫
雌性蚊子需要吸食新鲜血液才能产卵

人体由什么造血？

“看，伤口多深啊！”卡茨佩尔把受伤的手指给我看。“都伤到骨头了，血管也切开了，血都是往外喷的！”他捂住眼睛哭诉道。

我不知道是该拍拍他的头安抚一下他，还是该提醒他不要说得这么夸张。是的，他的手指是伤到了，而且流了一点血，不过不像他说的那样血往外喷。手指伤了肯定会痛，不过骨头没被伤到，血管也没被切到。他关门的时候将手指放门框上被夹到了，那滋味肯定不好受。手指一痛，他就开始胡思乱想，然后越想越觉得手指痛。不过还好，我很快就用创可贴把他的伤口包扎好。卡茨佩尔在床上躺下，稍稍平复了一些。这个时候，他的探索精神又回来了。

“爸爸，”他低声问道，“人体由什么造血？真的是骨头吗？”

这还得从头说起。血液由被称为血浆的液体和悬浮在其中的细胞构成。细胞有三种：红细胞、白细胞和血小板。红细胞最多，它有两项职责。第一项是将肺内的氧输送给全身各个细胞，身体才能进行呼吸。但是在呼吸的过程中会产生多余的二氧化碳，所以红细胞的第二项职责就是将全身器官产生的二氧化碳收集到肺部，之后我们就可以将二氧化碳呼出。

白细胞是我们身体的防御部队，它们会与企图控制身体的病菌做斗争。白细胞比红细胞少得多，但是种类很多。每种白细胞都有各自不同的方式来对付入侵者。

第三类血细胞是血小板，它的作用是愈合伤口。血管或者动脉一旦受损，血小板就会立刻到达伤口并对伤口进行修补，这样血液就不再流出来。

虽然三类血细胞的外形和功能各不相同，却都是在同一个地方生成的，这个地方就是填充在骨头内部的骨髓。不过也不是所有的骨髓，只有红骨髓才能生成血细胞。红骨髓内的特殊细胞可以根据需要分化为白细胞、红细胞和血小板。

孩子的大部分骨头里都是红骨髓。成人的大多数红骨髓都会转变成不能生成血细胞的黄骨髓，仅在脊柱、肋骨、胸骨，以及臂骨和腿骨的一些部分内保留有红骨髓。

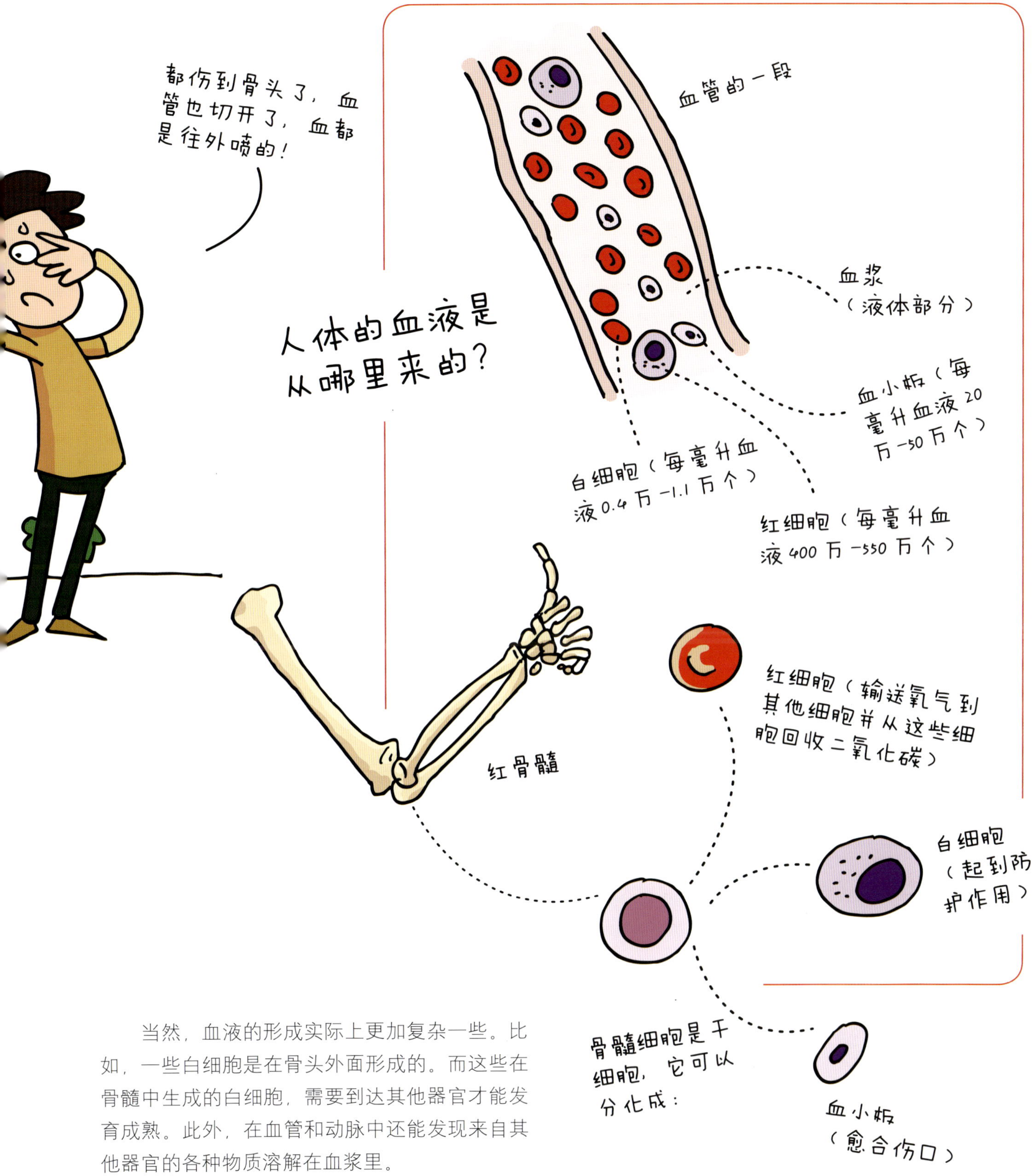

当然，血液的形成实际上更加复杂一些。比如，一些白细胞是在骨头外面形成的。而这些在骨髓中生成的白细胞，需要到达其他器官才能发育成熟。此外，在血管和动脉中还能发现来自其他器官的各种物质溶解在血浆里。

综上所述，卡茨佩尔是对的，人体是由骨头来造血的。好样的，真棒！

为什么树叶会从树上掉落下来？

哎呀，处理落叶的工作好繁重啊！这是卡茨佩尔的家庭作业，他需要将枫叶的叶肉去除，只留下叶脉。

课本里有这项工作的具体步骤，前几步并不像想象中那么难。首先是收集一些树上掉落下来的枫叶，再将其放在氢氧化钠溶液（一升水配一勺氢氧化钠）中煮半个小时，然后用水进行冲洗，之后将其放在纸巾上晾干。在这之后就是最艰难的步骤，孩子们要十分小心地用牙刷将叶肉从树叶上刮除。如果牙刷力度过大，树叶就会被扯碎；如果用力太小，叶肉就刮不下来。前几次尝试都失败了，还好我们准备的树叶够多，几次尝试下来，孩子们变得越来越熟练。就在他们辛苦工作的时候，他们依然不忘追问我，树叶究竟为什么会从树上掉落下来。

冬天对树木来说是艰难的时候，黑夜漫长以及光线不足使得树叶中养分的制造变得困难，低温可以使树叶内的水分冻结，从而使细胞遭到破坏。不过树木最怕的还是干旱。没错，就是干旱！寒冷的天气里树根从土壤吸收水分会遇到很大困难，因此树木必须节约宝贵的水分。流失水分最多的就是树叶，确切说，是树叶表面被称作“气孔”的小孔。如果树木能够在秋天的时候掉落树叶，冬天的时候就不会遭受水分缺乏的威胁。松树、云杉和冷杉则是例外，它们的树叶反而可以防止水分流失。它们的针状树叶表面很小，气孔更是细小，而且覆盖着厚厚的保护层。因此，尽管冬天里针叶树的针叶不会脱落，它们也不会遭受缺水之苦。

落叶树别无选择，为了避免干渴而死，它们必须掉落树叶。而在这之前，植物会汲取树叶中宝贵的营养物质，夏天可以利用阳光进行光合作用的叶绿素会被分解掉。如果叶绿素没有了，光线会破坏树叶组织以及过冬的养分储备。为了避免这种破坏，树木会制造出红色素。红色素既可以拦截过量的光线，又可以中和树叶中生成的有毒成分。这就是为什么秋天的树木有如此浓烈的色彩。

当树木从树叶中最终获得了最宝贵的营养成分后，树叶就将从树上脱落。脱落的过程是从叶柄基部开始的，那里是一层很小的细胞。这些细胞依靠一种植物“胶”相互连接。秋天的时候，树木会将这种“胶”溶解，这样细胞就不再相互连接，变得很容易分离开来。这时，只要一阵微风，叶柄就会断掉。我们在秋天的时候去森林里做过验证。当时我们走到一棵树下，它的树叶已经呈现出黄色、褐色或者红色。随后，我们捏住树叶稍一用力，叶柄就断了，树叶也就随之留在我们的手里。

对了，我还要夸奖一下孩子们，他们极为出色地完成了去除枫叶叶肉的家庭作业。卡茨佩尔还因此得了优秀！

树叶的故事

怎么得到叶脉？将枫树的落叶放在氢氧化钠溶液（一升水配一勺氢氧化钠）中煮半个小时，冲洗，晾干，再用牙刷将叶肉从叶子上刮除

为什么老人头发会变白？

好吧好吧，我头上是有几根白头发了，但是真的有那么多吗？！

伊达问我，为什么老人头发会变白。一开始我没想明白她为什么会问这样的问题，我只是让她画一个满头白发的人。当我看到她的画时，都吓了一跳——画中的男人和我差不多一个年纪，于是我就认为她画的是我。不过我真的没有那么多白头发！

“爸爸，我画的不是你。”伊达注意到我奇怪的举止，安慰我说，“你也不穿那样的鞋！”

我真的没有注意到鞋。不管怎么说，她画的人有着一头漂亮的白发。他所有头发都是白的，也就差不多有 10 万根白头发，因为人的头发数量平均就这么多。头发是人体当中没有生命的那一部分。白色是头发的原始颜色，头发基部的活性部分含有色素细胞，它们会给生长的头发染色。最常见的头发颜色是黑色，非洲、亚洲、美洲和澳洲的大多数人都是黑色的头发。与此形成鲜明对比的是，欧洲土著以及他们的后裔就显著不同，他们的头发大多是各种较浅的颜色，比如金色、红色、棕色。

不过不管头发是什么颜色，早晚这些颜色都会逐渐失去。当人变老的时候，色素细胞也会死亡。没有色素细胞给头发染色，头发就变白了。头发变白是一个逐步发展的过程，因为机体不会将头发已染色部分的色素移除。如果头发继续生长，那就会有两种颜色——靠近头皮的一部分是白色的，而另一部分还染着颜色。新长的头发将会是完全的白色。

当白头发出现后，就很难再去关注其他颜色，这就像我看到伊达画中的那个人时那样。不久之后，我终于知道她为什么要问这个问题。

“因为爷爷的头发是花白的。”她简单解释道。

爷爷肯定也不是画上的那个人，因为他也不穿那样的鞋！

头发构造

（人类平均有10万根头发）

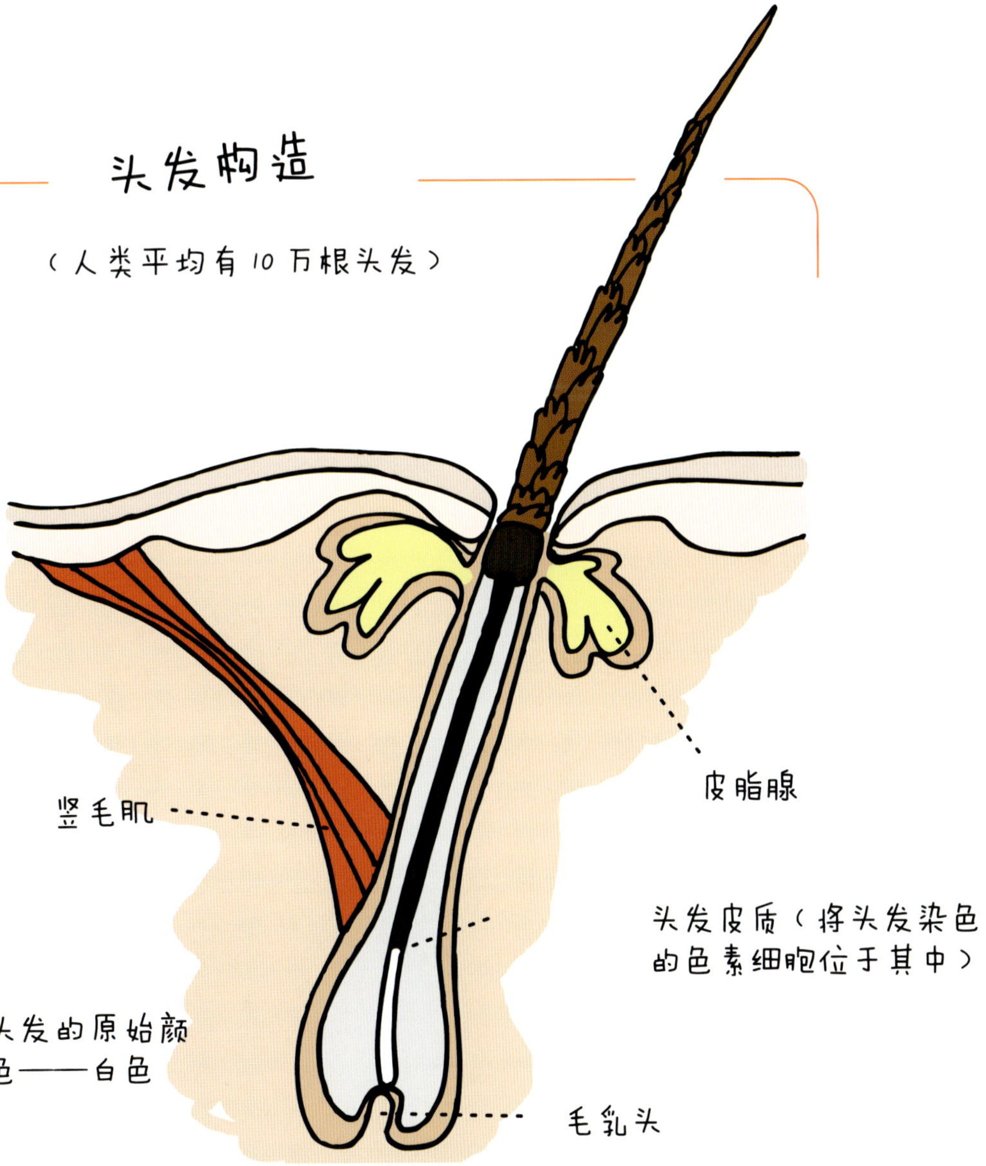

为什么森林里会有枯树？

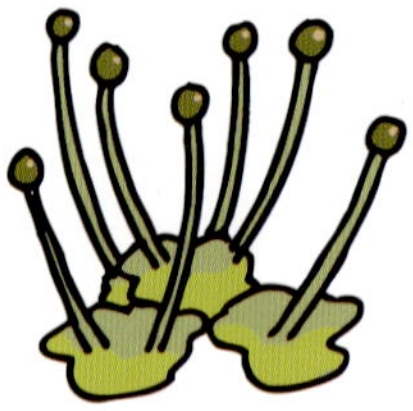

“女士们，先生们，我是超级猴子！”伊达双手挂在树枝上，嘴里还在嚷着。她的身子荡来荡去，然后一松手，嗖的一下跳到地上。还没等完全站好，她就又开始往树上爬，准备超级猴子接下来的飞跃。这棵树的生机失去了大半，看上去已经奄奄一息。我们在去森林里游玩的路上遇到了这些树。它们因为遭受大风或者病虫害倒了下来，把我们前进的路给堵得严严实实，于是我们不得不想办法从它们的上面或者下面穿过去。孩子们选择了第三条路径，他们直接爬到了树上。说起来，像他们这样在树上窜来窜去还确实挺能锻炼身体的。

卡茨佩尔还是一如既往地小心翼翼，他只是在树干的低处徘徊。伊达就不一样了，她直接爬上了高处的树枝，在那里开始玩“超级猴子”的游戏。卡茨佩尔看了下他姐姐，终于也忍不住要上去和她比试一番。他开始慢慢地爬向树的上部，不过他突然在树干上一滑，然后一屁股摔到了地上。他遗憾地没能爬到树顶，于是索性就开始观察起身旁的树干。

“这是什么啊？”他嚷着问道。

枯树上面一片生机盎然。我们首先注意到的是长在树皮上叫作黏液菌的胶状球形物。黏液菌是一种奇特的生物，它们一生中大多数时间都保持着块状胶体的形态，并且可以移动来寻找诸如细菌、原虫、单细胞藻类、孢子之类的食物。只有当它们想要散播自己的孢子时，才会迁移到更加干燥与明亮的高处。这个时候就到了观察它们最好的时机。

在黏液菌旁边我们看到了地衣。当然，它不是一种生物，而是藻类和真菌的共生联合体。藻类利用阳光、空气和水制造养分，真菌则保护藻类并提供适宜藻类生长的空间。由于它们互利合作，所以诸如在裸露的岩石、树皮这样极其恶劣的环境里它们都能够生存。“地衣里的藻类和真菌就像能够互相帮助的好朋友。”卡茨佩尔评价道。事实上，它们的关系并不总是这么和谐，真菌强迫藻类为自己工作的情况时有发生。这时，它们的友谊就结束了，取而代之的则是奴役。最后，我们在树干上发现了许多真菌，它们长着颜色深浅不一的菌盖，至少得有好几个品种，而且很可能更多。

与我们看到的表象不同，枯树在森林里发挥着极其重要的作用，它们是森林中数以千计的物种的家园。除了我们已经看到的真菌、黏液菌和地衣外，还包括昆虫、蜘蛛等等。这些生物接下来又成了鸟类的食物。其中有一些动物还在枯萎的树干中构筑巢穴。倒下的枯树枝丫以及树干凹陷的地方可以给蟾蜍、蝾螈和小型哺乳动物提供保护。同时，这些枯树还可以留住雨水，从而使森林不会很快变干。此外，它还能保护土壤和植被免遭破坏。

伊达和卡茨佩尔还发现了枯树的一个重要作用，那就是用来玩“超级猴子”的游戏。看到后来，连我也按捺不住，爬上树枝，然后奋力一跃。伊达看后钦佩不已，喊道：“哇，爸爸，你是超级超级大猴子！”

谁在依靠枯树生存？

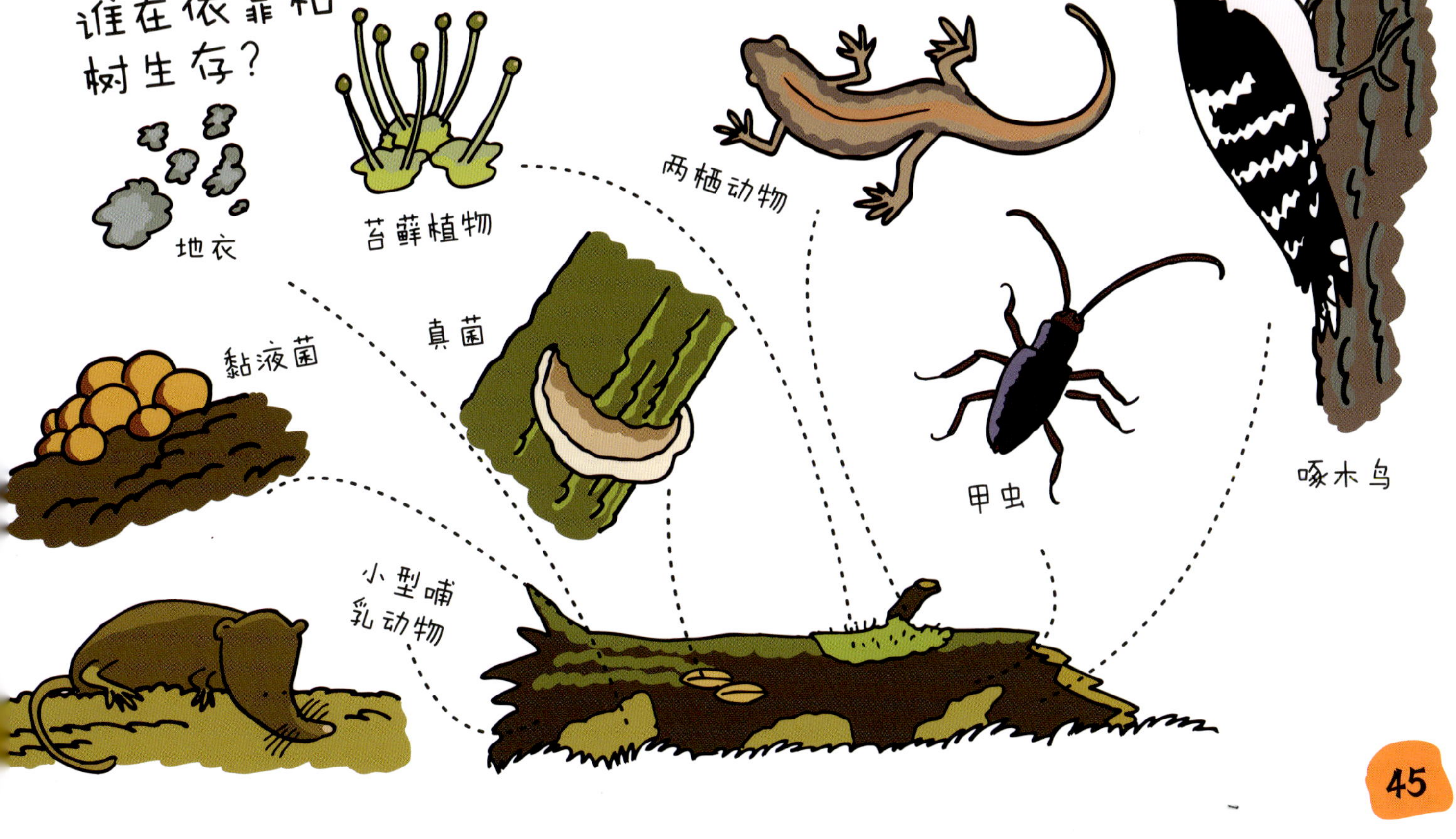

为什么蜂蜜有益健康?

“再给我来点糖……”伊达请求道。

又是甜食……伊达非常喜欢吃糖果、巧克力、棒棒糖之类的各种甜食。虽然她也知道多吃甜食不利于健康，但是一遇到甜食她就忍不住吃个不停。少量的甜食当然是有益健康的，但是一旦过量就不健康了。吃完甜食，残留在口腔里的糖分会导致蛀牙细菌滋生。过多吃甜食还会导致肥胖，并进而患上血管疾病和糖尿病。因此，吃甜食需要节制，不能想吃多少就吃多少。伊达也尝试管住自己的嘴，少吃甜食。就比如这次，她甚至给自己准备了个小勺来吃糖，而不是直接把糖往嘴里倒。我们也为她准备了蜂蜜，来满足她对甜食的需求。

蜜蜂用从花中采集的花蜜酿制蜂蜜。它将采集到的蜜液贮存在蜜囊里。蜜蜂的蜜囊里可以贮存成百上千朵花的花蜜。在转化酶的作用下，蜜囊里的复合糖被转化成简单糖。当蜜蜂感到蜜囊里无法贮存更多花蜜的时候，就会返回蜂巢，将花蜜交给工蜂。工蜂会将这些花蜜贮藏在蜂房的巢室里。巢室里的花蜜由于水分蒸发变得黏稠，最终形成了蜂蜜。蜂蜜作为蜜蜂的食物，喂养蜂巢中的蜜蜂幼虫和工蜂。当然，有一部分蜂蜜是为过冬储存的，这样蜜蜂就可以在没有花蜜可采的季节里生存下去。因为蜂蜜既美味又健康，所以深受人们喜爱。

“那为什么说蜂蜜有益健康呢？”伊达好奇地问道。

这肯定不是因为蜂蜜像水果和蔬菜一样含有维生素和矿物质。当然，蜂蜜中确实也含有维生素B、维生素C、铁和钙，但是它们的含量极少，无法体现出蜂蜜对健康的益处。作用稍大的是所谓的抗氧化剂，简而言之，它是一种能够清除我们体内有害物质的化合物。根据科学家研究，蜂蜜里最有价值的是它里面所含的酶。因为有酶的存在，蜂蜜才具有了抗菌特性，并且能够抑制病原微生物生长，甚至抑制蛀牙细菌滋生。感冒时服用蜂蜜的话，可以摧毁感染咽喉的微生物。不要小瞧了蜂蜜，它比一些药物的止咳效果还要好。孩子睡前服用蜂蜜的话，可以免受咳嗽侵扰，睡一个安稳的好觉。但是要注意，蜂蜜不能给未满一周岁的婴儿服用。另外要注意的一点是，不要把蜂蜜加到热茶或者热牛奶里，这是因为酶在温度高于50摄氏度时会遭到破坏。没有酶的话，蜂蜜也就失去了抗菌的特性。所以，我们在将蜂蜜加到饮品里时，饮品温度要适中，不能太烫。

研究人员推荐蜂蜜还有一个原因是蜂蜜里所含有的简单糖。我们的身体更容易吸收简单糖，它们可以快速地进入血液，然后一路到达肝脏、心脏和肺部。而如果是巧克力或者棒棒糖的话，它们含有的是复合糖，我们的身体处理起来就困难得多。蜂蜜能够代替糖果，正是基于这些严谨的科学依据。不过遗憾的是，伊达还是更喜欢吃巧克力……

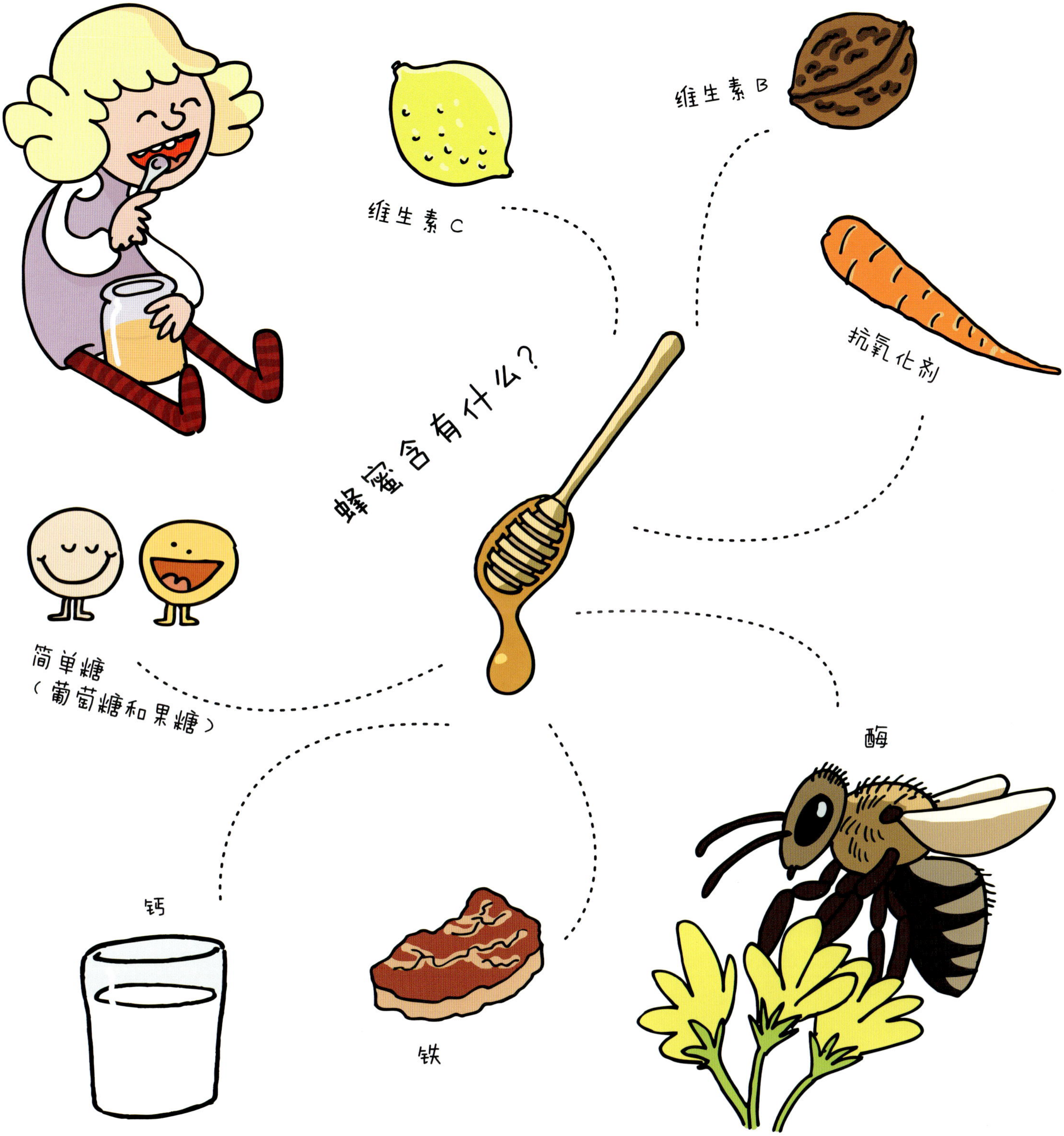
蜂蜜含有什么？
维生素 C
维生素 B
抗氧化剂
简单糖
（葡萄糖和果糖）
酶
钙
铁

蚂蚁吃什么？

好吧，好吧，我承认，这次是我的主意，不关孩子们的事情。

当我们经过长途跋涉，疲惫不堪正要下山的时候，一队在路上横穿过去的森林红蚂蚁吸引了我们的注意力。我突发奇想，在石头上倒了几滴苹果汁，然后蚂蚁们就真的立刻向石头的方向进发过来。之后我又捏碎饼干撒在了蚂蚁行进的线路上，很快卡茨佩尔和伊达就开始模仿我，而且是很有创意地模仿。他们倒了更多果汁，把饼干弄碎了和果汁掺在一起，然后撒得到处都是。

蚂蚁们也不生我们的气，恰恰相反，它们对我们的这种实验看起来很高兴。有几只蚂蚁在一摊黏稠的苹果汁前面停住了，它们先进行了观察，然后稍加试探后就开始喝起来。蚂蚁聚集得越来越多，而果汁却在缓慢地持续减少，那些喝过果汁的蚂蚁就返回到队伍里，继续向蚁丘进发。不过在我们看来，它们的行进速度放缓了许多。

不过它们肯定比处理饼干屑的蚂蚁要轻松，因为廉价的黄油饼干带给蚂蚁的是真实的激动。它们一发现饼干的价值，就立刻组织起来将饼干运回蚁丘。

对于那些最小的饼干屑，它们搬运起来得心应手，不过在收集大一些的饼干碎片时就有些困难了。这时，一只蚂蚁的力量显然不够，需要开始进行团队合作。它们不吵不争，先是一只蚂蚁抱住饼干碎片，然后是第二只、第三只、第四只，直到它们能够一起将食物往蚁丘方向挪动为止。看着小蚂蚁们一副齐心协力的样子，孩子们不由得问道，如果不是有这些饼干的话，蚂蚁靠什么生存？

红蚂蚁在树木之间修建巨大的蚁丘，它们的食物来源非常多元化。首先，它们喜欢吃甜食，所以饼干和苹果汁都是它们喜爱的食物。在自然条件下，森林里当然不会有这种美食，所以它们从吸食植物汁液的蚜虫和介壳虫这样的昆虫那里获取糖分。植物中通常蛋白质含量很少，糖分很多，因此蚜虫和介壳虫会将多余的糖分以液滴的形式排出体外。这种含糖的液体被称为“蜜露”。蚂蚁非常喜欢这种甜食，为了它们，蚂蚁会像牧羊人守护羊群一样去守护蜜露的制造者，并同任何企图吞噬蚜虫的入侵者做斗争，无论它们是贪吃的瓢虫，还是掠夺成性的草蛉。

对于蚂蚁来说，只有糖分还远远不够，它们还需要蛋白质。它们会从巢穴附近的树木中获取蛋白质。这时它们也不挑，哪棵树的蛋白质多就找哪棵树。当森林遭受毛毛虫侵袭时，红蚂蚁会把毛毛虫搬回蚁丘去吃掉。如果蚁丘旁边刚好有死的老鼠或者鼹鼠，红蚂蚁会把它们吃得精光，最后只剩下骨头。

最新的研究表明，工蚁很可能仅靠以蜜露为主的甜食就可以生存。那些被小心运回蚁丘的肉类，主要是供蚂蚁幼虫和蚁后食用。

这一点我们没法去验证，因为我们在山上观察到的红蚂蚁只是处理了饼干和果汁。

蚂蚁靠什么生存？
工蚁向蚜虫要“午餐”吃——工蚁轻拍蚜虫，蚜虫排出甜的蜜露供工蚁舔食。
它们也吃肉：它们不会错过死老鼠
以及更加肥嫩的毛毛虫
蚂蚁保护蚜虫免遭瓢虫袭击

种子会呼吸吗？

一天，伊达和卡茨佩尔说服妈妈给他们买了豆子。他们决定要把豆子种到土里进行培育。我特别支持他们的这一想法，夸奖了他们，并为他们感到骄傲。之后不久厨房里的锅碗瓢盆就都失踪了，一些容器被孩子们填进了土，另一些则用湿纱布盖着，而豆种则被撒得到处都是。

“它们什么时候可以发芽？”孩子们问道。

“需要几天时间，也可能会更久一些。”我耐心地解释道。

“要发芽了吗？”一个小时后伊达又问我。

“我已经说过了，要过几天。”我开始不耐烦了。

“可已经几天了……”

“还要再过几天。”我又重复了一遍。

“那是什么时候呢？”伊达还是不依不饶地问我。

我的耐心到了极限，这时卡茨佩尔又遇到了新的问题。

他指着豆子担心地问道：“这些种子怎么样了？”他生怕它们在窗台上冻着了，所以还特地盖了起来。但是之后他又担心没有空气的话，它们会窒息。

“爸爸，种子到底要不要呼吸？”他问道。

首先需要解释一下什么是种子。植物的生命周期相比人类或动物要更复杂一些。它们会产生雄性和雌性的生殖细胞，差别在于雄性细胞位于成熟花朵内雄蕊溢出的花粉粒内部，而雌性细胞则位于花朵中间雌蕊的内部。当花粉粒里的雄性细胞和雌蕊里的雌性细胞相结合，胚胎就开始发育。然而，与动物相比，胚胎的发育有时是停止的。当围绕在它周围的组织转变为种皮和胚乳，种子就形成了。种子的外面还会形成果肉和果皮。不过，无论有没有果实，种子都会变成它内部幼嫩植物的一种储存间，使得里面的幼嫩植物能够存活得更久并且可以被风、水或者动物携带到新的地方。因为植物不像动物那样可以自己去开疆拓土，所以需要用这种方式来传播种子。种子的这种旅行往往充满艰辛。虽说种子内部的胚胎需要消耗胚乳并且进行呼吸，但是因为这个过程极其缓慢，所以种子可以存活很多年，而胚胎待在种子里也可以一直存活。只有当种子遇到温度和湿度都适宜的环境条件时，胚胎才会加快生长速度。此时，胚胎呼吸会加快，消耗胚乳，并且开始萌芽，逐步长出根茎和叶子。当植物转绿后，它就能够依靠光、水、二氧化碳和矿物质自己制造养分了。我们、种子以及绿色植物自身呼吸所需的氧气就是这个过程的废弃产物。绿色植物也无时无刻不需要呼吸，只不过它们制造出的氧气要比它们消耗的量更多。

“这就是说，种子是这么呼吸的：呼……”卡茨佩尔深吸了一口气，然后努力屏住呼吸，之后再缓缓地呼出。

“还要再缓慢些。”我说，“要比这还要慢很多很多。”

卡茨佩尔松了口气。他捂住了豆子，不再担心它们会因此窒息了，这些空气已经够它们如此缓慢地进行呼吸了。

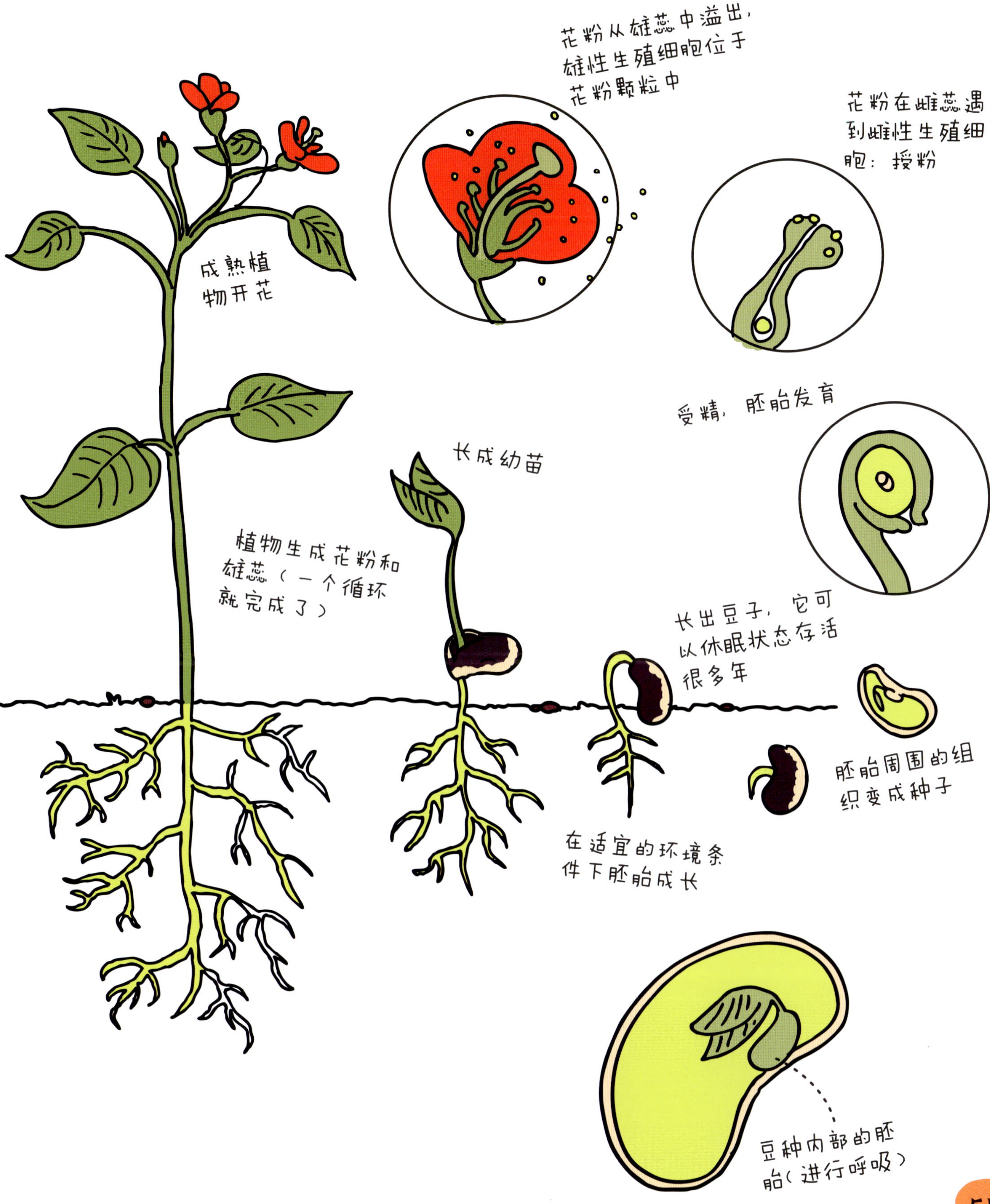

花粉从雄蕊中溢出，雄性生殖细胞位于花粉颗粒中
花粉在雌蕊遇到雌性生殖细胞：授粉
成熟植物开花
受精，胚胎发育
长成幼苗
植物生成花粉和雄蕊（一个循环就完成了）
长出豆子，它可以休眠状态存活很多年
胚胎周围的组织变成种子
在适宜的环境条件下胚胎成长
豆种内部的胚胎（进行呼吸）

为什么要给鸟儿戴上脚环？

这经历太难忘了！我都不知道是怎么开始的了，也许是从童年的梦想开始的。我小时候热衷于观察鸟类，喜欢拿着双筒望远镜追着它们跑，并试着猜测那是哪种鸟。当我 14 岁的时候，我决心参加一次给鸟儿戴脚环的活动，以便能够近距离地观察鸟类。我向格但斯克附近的一座鸟类观察站写了一封信，申请参加活动。不幸的是，我被拒绝了，原因是我年纪太小了。

这些遗憾在 20 年后得到了弥补。我得知，作为波兰规模最大并且是历史最悠久的鸟类戴环活动的“波罗的海行动”正在招募志愿者，而且这次活动的志愿者年龄不限！

我提出了申请，不久之后就获得了通过。我这次把孩子们也带上了，他们和妈妈住在离“波罗的海行动”基地不远的一个农场里。他们天天来我的营地，还定期会去看看捕鸟网。有时是我陪着他们去看，有时是由在这里工作的科学家们带着。因为他们年纪太小，还没法独自将鸟儿从网里面取出来。取出鸟儿的时候要特别小心，不然就会伤到它们。当大人们把鸟儿从网里取出来放到棉布袋里后，孩子们就会把它们接过来送回基地。在基地里孩子们将鸟儿交给专门给它们戴脚环的工作人员，这些专业人员会对鸟儿进行测量、称重，并给它戴上脚环。之后，他们会把鸟儿再交还到伊达和卡茨佩尔的手里。孩子们在这之前已经通过了专门的训练，掌握了如何将鸟儿握在手里才能保证不伤到它们。他们小心翼翼地接过鸟儿，仔细地观察过之后，伴随着呼呼的振翅声，鸟儿就被他们又重新放归大自然。通过这样的经历，他们认识了知更鸟、金翅雀、蓝山雀、大山雀和画眉。第一次有这样的经历真的非常奇妙！不过他们就此提出的问题也是非常多，多到都没办法数清楚！这其中最重要的一个问题是，鸟儿为什么要戴上脚环？

首先，我们通过这种方式可以知道鸟儿的迁徙线路。原来很简单，每一只被捕到网里的鸟儿都会戴上一个带有唯一编号的脚环。如果之后这只鸟被第二次捕获，依据它的脚环编号，就可以知道它是从哪里飞过来的。知道鸟类的迁徙线路本身也是一件非常有趣的事情。首先一点就是可以使我们更好地保护鸟类。在迁徙的过程中很多鸟儿会死亡，这是因为夏天的时候它们生活在自然保护区里，而冬天的时候它们的生存环境会相对恶劣很多。为了让这个物种存活下去，我们不仅要关注它的避暑地，还要关注它的越冬地，甚至是关注它的飞行线路。假如没有给鸟儿戴脚环的话，要做到这些必然会非常困难。

给鸟儿戴脚环还有其他好处，特别是在诸如“波罗的海行动”这样的活动期间。几乎每一只鸟都会被测量、称重、检查脂肪组织的厚度和羽毛的长度。通过这种方式，科学家们可以采集到大量的数据。这些数据可以帮助我们更好地解释很多问题，比如鸟类如何能够飞越如此之远的距离。几十年的数据也可以反映出一些物种定期的数量变化情况，比如这几年数量多了，过几年数量又少了。由此我们就可以知道，这个物种数量的减少究竟是意味着物种有濒临灭绝的危险，还是仅仅就是大自然的规律性变化。据此我们可以做出评估，决定是否需要采取行动来进行保护。

就这样忙活了好些天后，卡茨佩尔和伊达觉得有些厌烦了。基地刚好就在海边，于是后来他们干脆不去看捕鸟网，改去海边的沙滩上玩耍了。不过回到华沙以后，他们两个就又哭着求我，让我下次一定还要带他们去给鸟儿戴脚环。

噢
志愿者
用这种方式将鸟握在手里
我们在这里会进行……
波兰给鸟戴脚环的专门人员
称重和测量
给鸟儿戴上有唯一编号的脚环
放归自然
许多公里以外
噢
小鸟啊，我待会查一下你的编号！
哦，这只鸟是从波兰飞来的啊！
法国给鸟戴脚环的专门人员

火焰里什么东西在噼啪作响？

注意啦，恶龙要来袭击了！”卡茨佩尔一边挥舞着手中那根一端烧得通红的木棍，一边喊道。幸运的是“恶龙”没有撕咬任何人，反而失去了生机，渐渐死去。

卡茨佩尔觉得很扫兴，于是走到篝火边打算重新把木棍的一端点燃。伊达此刻正坐在篝火旁兴致勃勃地把树叶串到树枝上。她还解释说，要把它们串好放在火上烤，直到最后我也没搞明白她为什么要这么做。虽然看起来她把叶子烤得很到位，不过也没见她去尝尝烤得好不好吃。

不管怎样，孩子们被篝火吸引住了。事实上，只要坐在篝火旁，凝视着跳动的火焰就已经很有意思了。甚至伊达和卡茨佩尔有时也会停下他们层出不穷的花样，静下来观察火焰。火焰噼啪作响，火花闪烁，不时还会有火星迸裂，孩子们竟也看得入迷了。

有一天，孩子们没有去拿木棒捅火堆，而是向我发问：“爸爸，火焰是什么？火焰里有什么东西在噼啪作响？”

篝火或壁炉里发生的都是木材燃烧的过程，也就是说，木材中的化合物与空气中的氧气迅速发生化合反应。这一反应的结果是以发出光和热的形式产生大量的能量。换句话说，燃烧木材可以取暖和照明。热空气比冷空气轻，它会裹挟着煤粉、木屑、各种气体以及篝火中其他轻的物体一起上升。上升的时候依然是在发光发热，在我们看来就是火焰。在这个过程中它会距离燃烧的木材越来越远。最后，当能量失去了，即变冷变暗了，火焰也就消失了。

要理解火中什么东西在噼啪作响，就必须要知道木材细胞里含有水、精油和树脂。燃烧产生的高温会使这些物质变成气态。与之前液态时相比，水蒸气或者其他气体体积会增大，因此受热的木材细胞中的压力也会相应变大。当压力达到一定值时，细胞壁就会突然一下裂开。气球充气过多后会爆炸与这个原理是一样的，而且两种情况下我们也都可以听到爆裂声。但是因为木材细胞要小得多，所以发出的声响也要低得多，我们听起来就觉得是在噼啪作响。

细致观察噼啪作响的篝火很有趣味，火焰也确实充满了吸引力。让人好奇的是，它究竟为什么会有这么大的吸引力？

火中发出噼啪
声的过程
噼啪！
木材细胞像充
气过多的气球
一样破裂
木材细胞包含水、
精油和树脂
燃烧的木头
它们加热后变成气
态时体积要比之前
液态时体积增大

黄蜂在哪里过冬？

“爸爸，快来，我们看看黄蜂在做什么！”孩子们喊道。

他们的话让我回想起，夏天的时候我曾经和孩子们一起观察过一个蜂窝。那些黄蜂将蜂巢筑在了孩子们的爷爷奶奶放置在乡下菜园里的蜂箱里，我很欣赏黄蜂的这个主意。当我得知后，就立刻去了那里，将蜂箱的盖子打开。不过，孩子们显得有些害怕。

“万一黄蜂蜇你怎么办？”他们问道。

我笑了，这不已经是冬天了嘛！

“那么黄蜂在哪里过冬？”孩子们接着问道。

我可能要先介绍一下这里的主角——黄蜂。黄蜂家族数量庞大，通常我们所说的“黄蜂”可以分为极为相似的两种：常见的黄胡蜂和德国黄胡蜂，两种黄蜂生活方式类似。它们的蜂巢中有一个负责产卵的蜂王以及众多雌性工蜂，工蜂负责照顾蜂王的后代以及寻找食物。两种黄蜂都喜欢从花蜜到水果等一切甜食。为了寻找甜食，它们可以落到果盘里，飞进糖罐里，甚至会去舔勺子上的蜂蜜。但是因为黄蜂的幼虫需要用肉类喂养，所以黄蜂也都具有攻击性的另一面。正因为如此，工蜂会孜孜不倦地捕猎其他昆虫。我曾亲眼看到黄蜂熟练地捕捉到一只苍蝇，这一幕给我的印象特别深刻！

工蜂的另一项任务是建筑蜂巢。我们经常可以看到黄蜂停在木头上，就比如说，栅栏的尖木桩上。黄蜂会拼命用上颌刮掉木头的外层，然后将其磨碎并与唾液混合，最后通过这种方式黄蜂就制成了一种糨糊。实际上，这种糨糊其实和纸浆没有什么区别。它们就是用这种糨糊黏合形成蜂巢。据说，黄蜂通常会把蜂巢建在地下，建在啮齿动物废弃的洞穴内，这样的地方很难被发现。我们能找到的蜂巢基本都是建在空心树里或者阁楼上，再或者就像伊达和卡茨佩尔爷爷奶奶的菜园里一样，蜂巢被建在了蜂箱里。

整个春夏两季黄蜂都在忙着扩建自己栖身的地方，直到夏季快要过去的时候，黄蜂才开始交配。这时，雄蜂和具有生育能力的年轻雌蜂从蜂巢里飞出来后，就再也不会回到母巢。雄蜂在交配后不久就会死亡。受精的雌蜂躲在树木的缝隙、房屋的阁楼上或者屋檐下面，等待春天到来。它们所离开的那个蜂巢，也在冬天到来之前彻底消亡，没有一只工蜂可以熬到来年。因此，冬天的时候这个纸质的建筑是空的。也正因为里面空无一物，所以我才可以取下来仔细观察。虽然如此，我得承认，在我将蜂巢从蜂房里取出来的时候，为了以防万一，还是先仔细检查了一圈，看看是否还有迷路的黄蜂在里面。自然总能创造出惊喜，就比如黄蜂。它们随着人类一起来到澳大利亚和新西兰定居，在全新的环境里它们的习性也改变了。因为那里的冬天不是那么寒冷，春天也会有昆虫，年轻的雌蜂在完成交配后还会回到蜂巢。所以那里的蜂巢里的蜂群不会像我们这里一样是一年一拨，而是会延续很多年，而且蜂巢里面会有几个蜂王同时产卵。这样，蜂巢的长度往往可以达到 4 至 6 米，宽度可以达到 2 至 4 米。蜂巢变得如此巨大，就像一个真正的堡垒！

我们从蜂房里取出来的蜂巢，虽然和南半球的蜂巢没法相比，但真的也比我们原先想象的要大得多。

黄蜂的生存方式

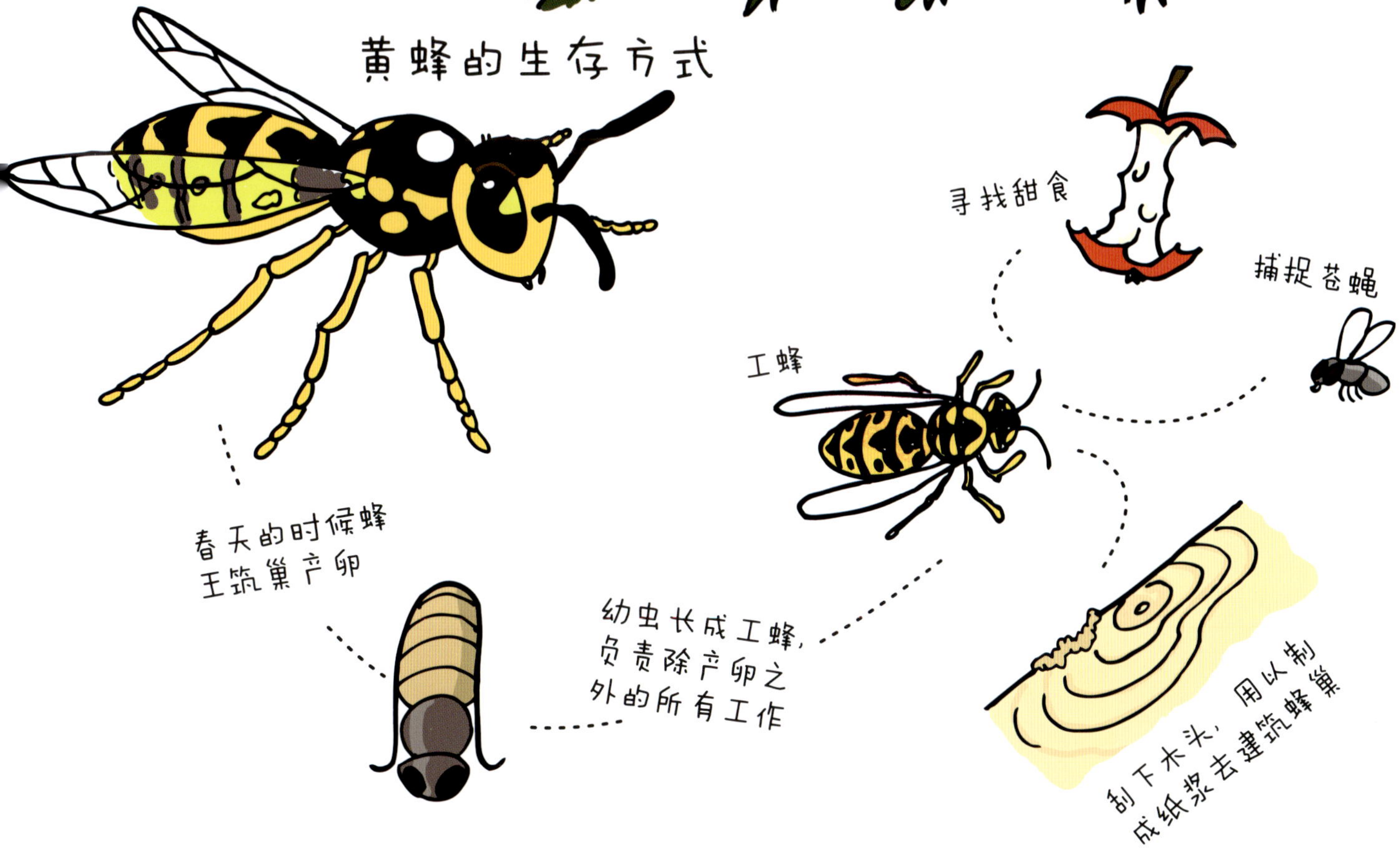
寻找甜食
捕捉苍蝇
工蜂
春天的时候蜂王筑巢产卵
幼虫长成工蜂，负责除产卵之外的所有工作
刮下木头，用以制成纸浆去建筑蜂巢

指甲是什么做的？

当看到卡茨佩尔的指甲，我抱怨道：“你的指甲太长了！”

“怎么这么长还不剪？不对，等一下……”我仔细一看，发现他的指甲上有小白斑。这让我不由得有些担心。

“哎呀，你该不会是缺乏维生素吧？！”我说道。因为卡茨佩尔不喜欢吃蔬菜和水果，所以很有可能是这个原因。如果能劝得动他的话，首先要让他多吃苹果和黄瓜。那些我喜欢吃的胡萝卜、菠菜、生菜，只有在我的强烈要求下，卡茨佩尔才会勉为其难地尝一点。即便如此，他吞咽的时候还是双眼紧闭，表情痛苦……

说回到指甲，我还是有些担心这些小白斑。我不放心自己的记性，于是开始查阅资料。确实，不良的饮食习惯导致的缺锌会使指甲出现白斑。不过这种情况下的斑点要大得多，而且还会伴随着许多更严重的症状，比如掉头发或者免疫系统功能削弱。有些疾病或者是过敏症也会导致指甲出现类似的变化，这个时候，它只是症状之一，而且并不是最主要的症状。卡茨佩尔还有其他孩子指甲上的这种小白斑，通常只不过是轻微碰伤的结果。我得强调是轻微碰伤，比如说，手指可能戳到墙上了。要是被锤子砸到了，那就不是轻微碰伤了。

指甲受到磕碰的话，在我们视线看不到的地方，它的组织结构会失调，而且也可能会有气泡进到里面。不过，可能要过上几周时间，指甲上才会显现出变化。而到这个时候我们自己几乎都忘了之前曾经磕碰过。所以可以说，指甲上的白斑相当于不太严重的身体瘀伤。

在我试图进一步解释的时候，卡茨佩尔打断了我：“既然这样，那么指甲是什么做的？”

指甲是我们身体表皮的产物，部分表皮细胞由于被一种称为角蛋白的蛋白质堵塞住而逐渐萎缩。它们聚集形成坚硬的结构并被排到体外。形成坚硬平滑的结构层就是指甲。因为指甲是透明的（如果不算小白斑的话），所以我们可以透过它看到皮肤和血管。正因为如此，指甲在我们看来就是粉红色的。

表皮生成了角蛋白，我们人类的头发，还有动物的毛发、爪和蹄的形成也是类似的方式。所有这些结构都是没有生命的，并且一生都在生长。动物采用自然的方式不断消磨爪和蹄，而我们人类必须自己剪掉指甲和头发。所以，在和卡茨佩尔谈完之后，我就立刻将指甲钳给了他。他一定要好好修剪一下自己的长“爪子”！

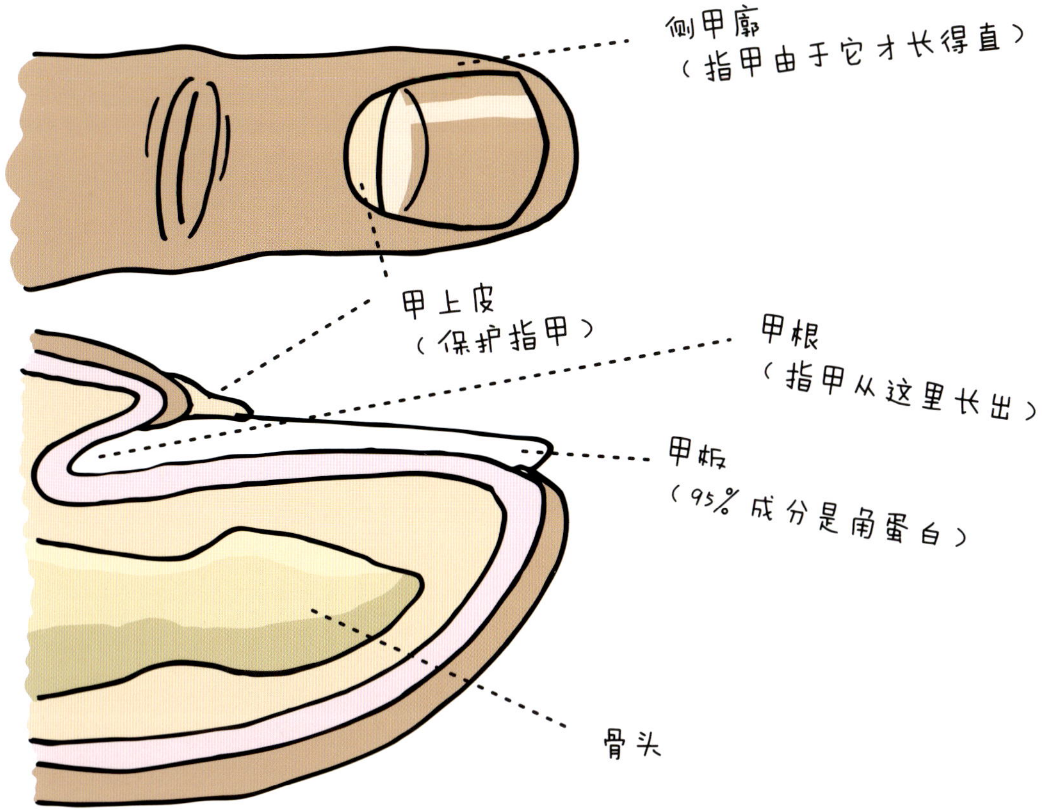

角蛋白生成的其他表皮产物

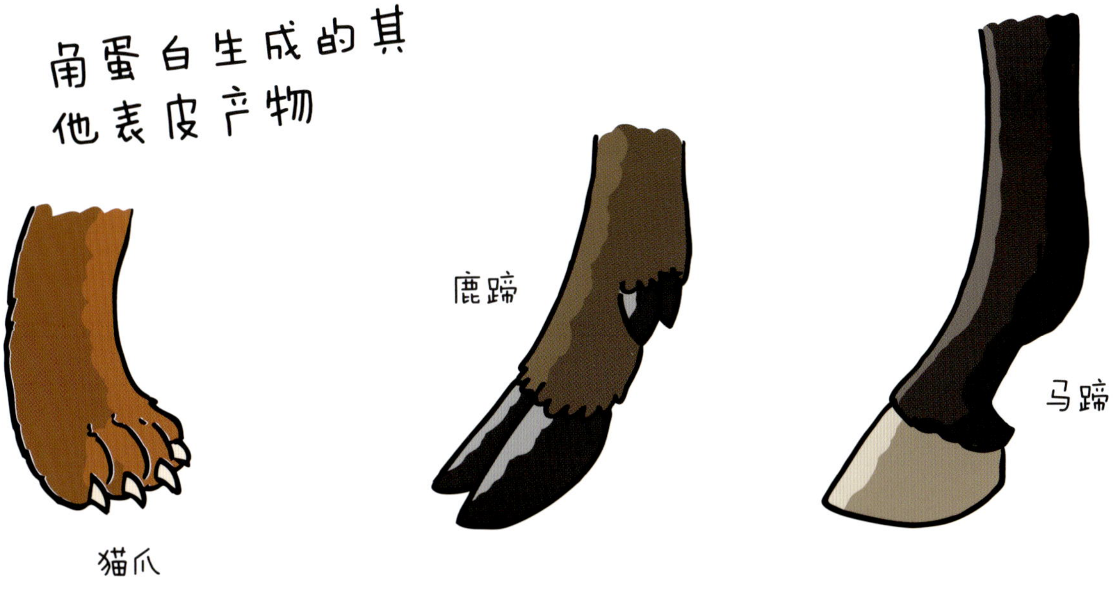

为什么没法触碰到彩虹？

手机响了，我刚刚意识到自己已经身在千里之外了。可是即便离家如此之远，我的手机还是接到了一条来自波兰的短信。短信里写道：“孩子们问，为什么没法触碰到彩虹？”

问题是他们在去爷爷奶奶郊区菜园的路上提出来的。因为伊达和卡茨佩尔的妈妈没有驾照，而我刚好又不在家，所以这次他们决定乘公交车过去。不过这一路并不顺利，他们从家里出发去车站在路上花的时间比预计的多了很多。不仅如此，还偏偏下起了暴雨，背包因此变得异常沉重。由于到得迟了，他们又在车站等了好久才等到车。好不容易上了车，马上就又陷入了堵车当中。这个时候，他们浑身湿透，既疲惫又焦急。

幸好坏运气没有维持很久。当堵车过去后，他们的衣服干了，人也休息得差不多了。这个时候已经雨过天晴，太阳也出来了，而且前面还出现了彩虹。虽说车是向着彩虹的方向行驶，可是始终没法接近彩虹。这个时候，他们就决定发短信来问我。

要理解为什么触碰不到彩虹，首先需要知道，我们理解成白色的阳光实际上是各种颜色的混合。我们可以借助棱镜把阳光的这些颜色分解出来。棱镜是由玻璃、塑料或者其他透明材质做成的多面体，它的密度要大于空气。白色光线进入棱镜会发生折射。这其中，白光的各个组成部分，即各种颜色，折射的角度都略有差异。这样，白光就被分解成彩色的光谱。

水滴也是小的棱镜。当有阳光照射到下落的雨滴时，白色的光线射入水滴当中，之后便分散成不同颜色的光线。水滴还有一个区别于玻璃棱镜的特点——当射入水滴的白光被折射分解成各种颜色后，水滴的后壁会起到镜子的作用，将彩色光线再反射回来。在反射的过程中，彩色光线再次进行折射，这样从水滴里出来后光线就更加分散了。如果我们背朝太阳看雨的话，我们的眼睛只能看到个别雨滴的部分彩色光线。这其中，位于最高处的一定是红色，中间是绿色，再往下是蓝色。在这几种颜色之间，还有彩虹的其他几种颜色。完整的彩虹是半圆形的，而我们就位于这个半圆弧里面，而且总是在中间。这是因为我们的眼睛只能接收到位于一定距离的雨滴反射的光线。我们身旁的人看到的光线就是从其他的雨滴反射回来的，因此他们也位于他们自己看到的彩虹里。所以，我们每个人看到的都是各自独有的彩虹。当我们想要接近彩虹并向彩虹所在的方向移动时，就看不到之前的彩虹了，而是看到一个新的彩虹。无论我们走多久，看到的彩虹离我们始终是一样的。而且，即便看起来一模一样，我们看到的彩虹也始终是不同的。正因为如此，彩虹没法被触碰到。

当我回到波兰之后，我向孩子们解释了这一切。其实，就算我当时和他们一起在公共汽车上，也不认为他们能够理解光的特性。

当他们最终到达之后，伊达只简单评论了一句：“我没想到乘公交车去爷爷家会这么远！”

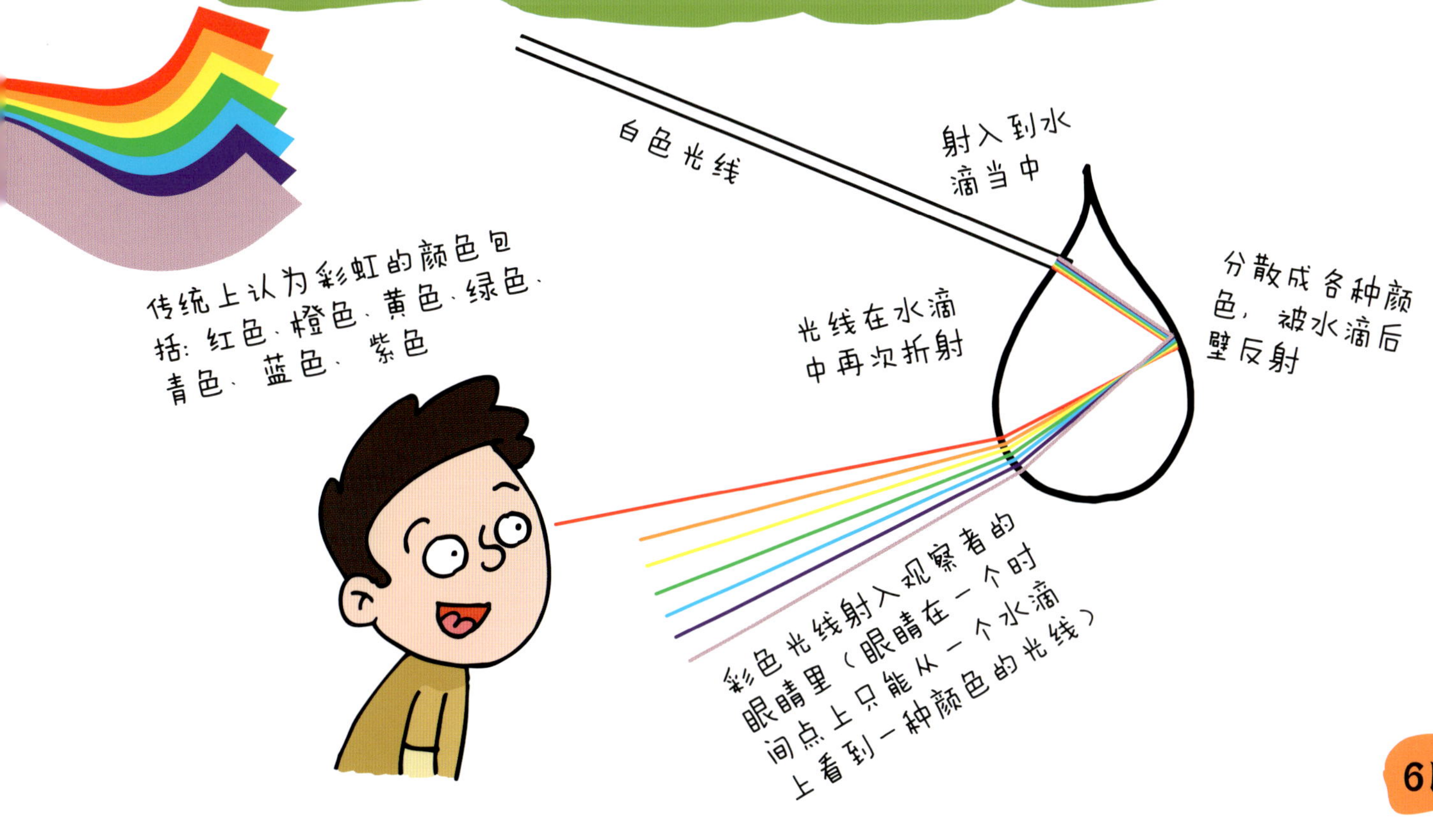
白色光线
射入到水滴当中
分散成各种颜色，被水滴后壁反射
光线在水滴中再次折射
传统上认为彩虹的颜色包括：红色、橙色、黄色、绿色、青色、蓝色、紫色
彩色光线射入观察者的眼睛里（眼睛在一个时间点上只能从一个水滴上看到一种颜色的光线）

为什么鱼在冰面下不会冻僵？

我们冒着严寒去了距离孩子们的爷爷家不远的一处砾石坑，想去查看一下坑内冰层的结实程度。夏天的时候坑里面全是水，大量青蛙和蝾螈在里面繁衍生息。食肉的蜻蜓幼虫和甲虫则在暗中埋伏，等待着蝌蚪到来，这一切着实有趣。可是冬天的时候是什么样子的呢？

我们决定去一探究竟。砾石坑里的池面已经冻住了，但是我们看到冰面下正有一群鱼从我们的视线中溜走。其中一些鱼慌不择路，游进了浅滩，陷在冰面和底下的淤泥之间动弹不得。不久，我们又注意到水里有几只很大的水生甲虫。

孩子们和妈妈一起盯着这些生物许久，最后他们三个人一起问我："为什么鱼在冰面下不会冻僵？"

首先需要明确一点，"冻僵"这个词在这里的情况不能照字面去理解。我们人类与狗、马、鸽子一样，都是恒温动物，这意味着我们的体温保持恒定——我们人体是36.6摄氏度。轻微的温度波动就会对人体的健康产生威胁，如果上升或者下降几摄氏度就会危及生命。所以说，如果一个人掉进冰冷的水里，往往只能坚持十几分钟就会死去。这时我们可以说是人"冻僵"了。当然，这样说其实还是不准确，因为这时人其实还没有被冻住，只是体温降得太多导致身体停止了工作。

但是鱼类，还有青蛙、昆虫一类动物，就不是恒温动物，而是变温动物。它们的体温会自然地发生变化，而且变化幅度非常大，通常体温都是接近外界环境的温度。幸运的是，它们的身体适应了这种变化。当身体变冷时，它们会减缓新陈代谢。这时，这些动物的行动会变得缓慢，进食也相应减少，但是不会危及它们的生命。

因此，生活在冰下对它们来说并不是威胁，甚至可以说比在陆地上还要轻松。在外面的话还会有严寒冰冻，而冰下的温度虽然低，但好歹也在0℃以上。水在4摄氏度时最重，所以水的底部可以维持在这个温度。这就给水里的"住户们"提供了一个良好的居住条件，它们可以安稳地在水底等待春天到来。

当然，除非是极其严寒的冬天，整个水池都会变成冰块。这时，冰块逐步凝结扩大，留给动物的生存空间就会越来越少，最终真的可能全部被冻住。当然，这只是可能，而不是一定。比如，俄罗斯的科学家就发现一种名为葛氏鲈塘鳢的鱼类甚至可以在完全冻结的湖里度过冬天。它们将自己保护在冰层的孔穴里——这些孔穴呈半球形，直径2米，里面充满空气、水和碎冰块。研究人员推测，葛氏鲈塘鳢向水中释放了能够防止结冰的物质。不过他们还没有发现这种物质，所以这种推测目前还没有科学根据。现在已知的是，一些南极鱼类的体内含有这样的防冻物质。当它们冰冷的身体里生成冰晶时，就会有特殊的化合物附到冰晶上并阻止这些冰晶进一步发展。通过这种方式，哪怕是温度低于0℃，这些鱼类也能保护自己免予被冻住。

这个砾石坑里的鱼显然没有这么出色的抵御冰冻的能力。几天后，冰层更厚了，冰面上还覆上了一层厚厚的雪。至于里面的那些鱼和甲虫怎么样了，我们就不得而知了。

可能真的都冻僵了？

冰面下的生活
冰
4摄氏度的水
（因为最重，所以沉到底部）
池底的生物
没有冻僵

为什么茅膏菜要吃昆虫？

我想我们可能迷路了。我记得这里应该有条路通向格巴池自然保护区，可是我现在却找不到了。

“找到了，在这里！”我兴奋地嚷道。

这里确实有一条路。虽然现在这条路上已经杂草丛生，路旁还立着一块生锈的信息牌。记忆中我上次来这里的时候才十多岁，所以这一切都解释得通。从森林深处延伸到这里一个不深却充满魅力的湖泊，四周则是宽阔的沼泽湿地。那里就是我们此行的目的地。一路上不时有蚊虫骚扰，不过最后我们还是走到了。可惜的是，由于水位降低，湖泊已经变成了一个烂泥潭。不过，幸运的是，我们要找的东西还在这里。环绕水潭的泥炭藓还在，而作为我们此行目标的食虫植物，就生长在这些泥炭藓上。这种食虫植物叫作茅膏菜。在潮湿的苔藓上，数量众多的茅膏菜展开它们密布着红色腺毛的黏性叶片，等待着猎物到来。茅膏菜叶片上的腺毛可以分泌出露珠状的甜味液体，腺毛的颜色、形状和香味无一不在吸引着昆虫到来。当这些昆虫禁不住诱惑落到了叶片上，悲剧就开始上演了。因为甜液有黏性，所以昆虫被粘住了就无法挣脱。随着昆虫不停挣扎，腺毛会逐渐向昆虫聚拢，从而使得昆虫不可避免地越陷越深。与此同时，腺毛会分泌出多种化合物来逐步溶解昆虫的身体。昆虫就这样逐渐被溶解成液态供植物吸收。当有价值的部分被消化吸收后，叶片会再次伸展开来，露出吃剩下的残渣任凭风吹雨打。

孩子们发现了不少这样的陷阱。已经有粘到叶子上的苍蝇陷了进去。其中一个陷阱里甚至出现了一只体型很大的昆虫。茅膏菜的周围有不少蚂蚁在爬来爬去。孩子们很好奇这些蚂蚁会不会也掉入这黏黏的陷阱当中。果不其然，有一只蚂蚁掉进去了。不过，不同于苍蝇，在与腺毛进行了一番激烈搏斗之后，蚂蚁最终成功地逃脱出来。这个时候，伊达问道：“爸爸，为什么茅膏菜要吃昆虫？”

对于这个问题，食虫植物就应该捕食昆虫绝不是正确的答案。首先要了解一些基本的信息。植物和动物的生存都需要能量，但它们的能量来源是不一样的。动物通过吞食其他生物获得能量，比如它们会吃草或者捕食其他动物。不管如何，它们必须从食物中获得能量。植物则不一样，它们会在光合作用中给自己制造养料。植物制造养料必需的三种成分是光、水以及空气中的二氧化碳。同时，植物还需要少量的其他营养物质，特别是要从土壤中吸收氮和磷。土壤中含有的氮和磷越多，土壤就越肥沃。

茅膏菜和其他植物一样可以制造养分。只不过沼泽湿地里营养物质太少，而没有营养物质的话，茅膏菜就难以生长。正因为如此，为了弥补营养成分不足，茅膏菜才会去捕食昆虫。它们捕食昆虫并将其消化吸收的目的仅仅是为了获取氮和磷。没有任何证据表明它们会像动物一样通过吞食其他动物来获取能量。

茅膏菜食虫的习性让伊达和卡茨佩尔很着迷。我想，要是其他孩子可以观察茅膏菜的话，他们一定也会非常开心。只是，这些孩子还会有机会来观察吗？随着适合茅膏菜生长的沼泽湿地逐步消失，茅膏菜正变得越来越少。如果格巴池湖以现在这个速度继续干涸下去，茅膏菜生长的这片沼泽湿地最后终将消失。如果它真要消失了，那无疑将是一件让人特别遗憾的事情。

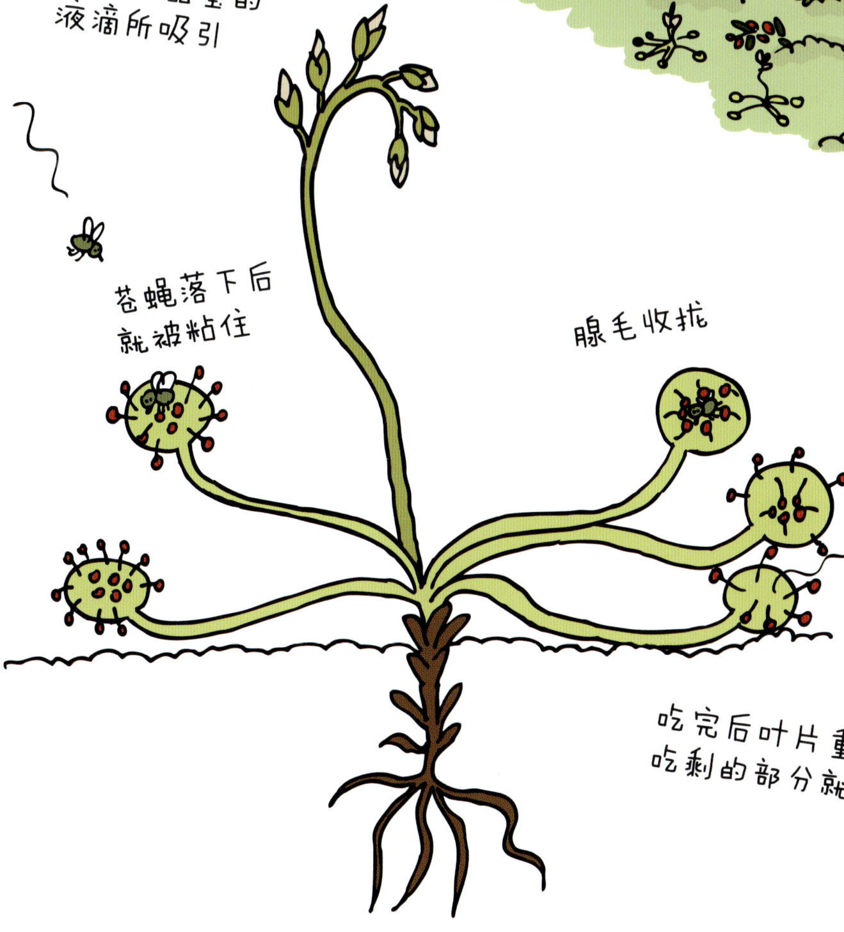

生长在肥沃土壤里的茅膏菜
因为微量元素充足，不需要
捕食昆虫，也不会去食肉。

石蚕蛾是怎么筑巢的？

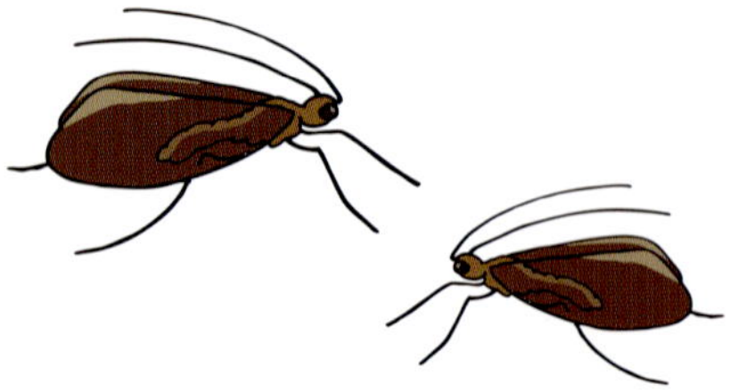

爸爸，爸爸，快来看我发现了什么！”卡茨佩尔手里拿着一个褐色的东西跑了过来。“这是石蚕蛾的巢壳。”他接着嚷道，“告诉我呢，石蚕蛾是怎么建造它的？”

虽说知道石蚕蛾的人不是特别多，但它们确实非常有趣，也是我们最喜欢的动物之一。石蚕蛾非常常见，很容易就可以观察到。周末我们在华沙附近的绿河边游玩时总能够看到它们。实际上，在波兰应该几乎所有的淡水里都可以看到石蚕蛾的身影。我们只需要耐心地观察河流、湖泊或者水池的底部，不一会儿就可以看到由枝叶、沙粒、贝壳和植物的碎片黏合形成的鞘状物，这个小鞘就是石蚕蛾幼虫栖身的小屋。当幼虫发育成熟，便会破茧羽化，变成会飞的成虫。

绿河的水位经常会有起落，所以，石蚕蛾的幼虫忽然出现在河岸上的情况时有发生。我们发现的时候石蚕蛾早已不见，只剩下地上的一堆空巢壳。既然石蚕蛾用不上这些巢壳了，我们刚好可以把它们收集起来。我们以前真的曾经收集过，当时卡茨佩尔还把它们藏在了他自己的房间里。这次刚好被他找了出来，还特地拿过来给我看。

建造一个这样的巢壳要从吐丝结网开始。之后石蚕蛾会在搭建的网状结构上“砌砖”。石蚕蛾筑巢材料的选择，既取决于它们的基因，也会根据周围情况合理地就地取材。生活在溪流里或者湖岸边的石蚕蛾种群使用沙、石或者蜗牛壳碎片之类较重的材料进行筑巢，而生活在小水池附近的石蚕蛾则更愿意使用植物的枝叶。有一些石蚕蛾会将材料切成方块，然后再小心翼翼地进行安装。有的石蚕蛾会建造连它们自己搬不动的大型巢壳。这种巢壳往往大到可以让它自己在里面自由地转身。另一些石蚕蛾的巢壳则很窄，它们可以方便地带着自己的巢壳进行移动。在行动的时候，它们的腹足和带钩的臀足会牢牢抓紧巢壳，只有头部和长着几对前足的身体前部暴露在巢壳外面。一旦察觉到危险，它们甚至可以完全躲到巢壳里面。还有一些石蚕蛾，只搭网不“砌砖”。和蜘蛛一样，它们在网里行动自如，并且会用网捕捉小动物来喂养幼虫。有些带巢壳的石蚕蛾也会捕猎，还有一些仅仅依靠水底的植物和食物碎屑就已经足够了。

石蚕蛾的巢壳类型繁多。这个世界上目前已知的石蚕蛾已经超过 1 万种，据估计还有超过 4 万种石蚕蛾有待人们去发现和命名。而至今为止，在波兰生活着 280 种石蚕蛾。

观察石蚕蛾是一件很有乐趣的事情。我特别喜欢看着那些枝叶和砂石构成的巢壳在水中移动，卡茨佩尔和伊达也是一样。

石蚕蛾的巢壳

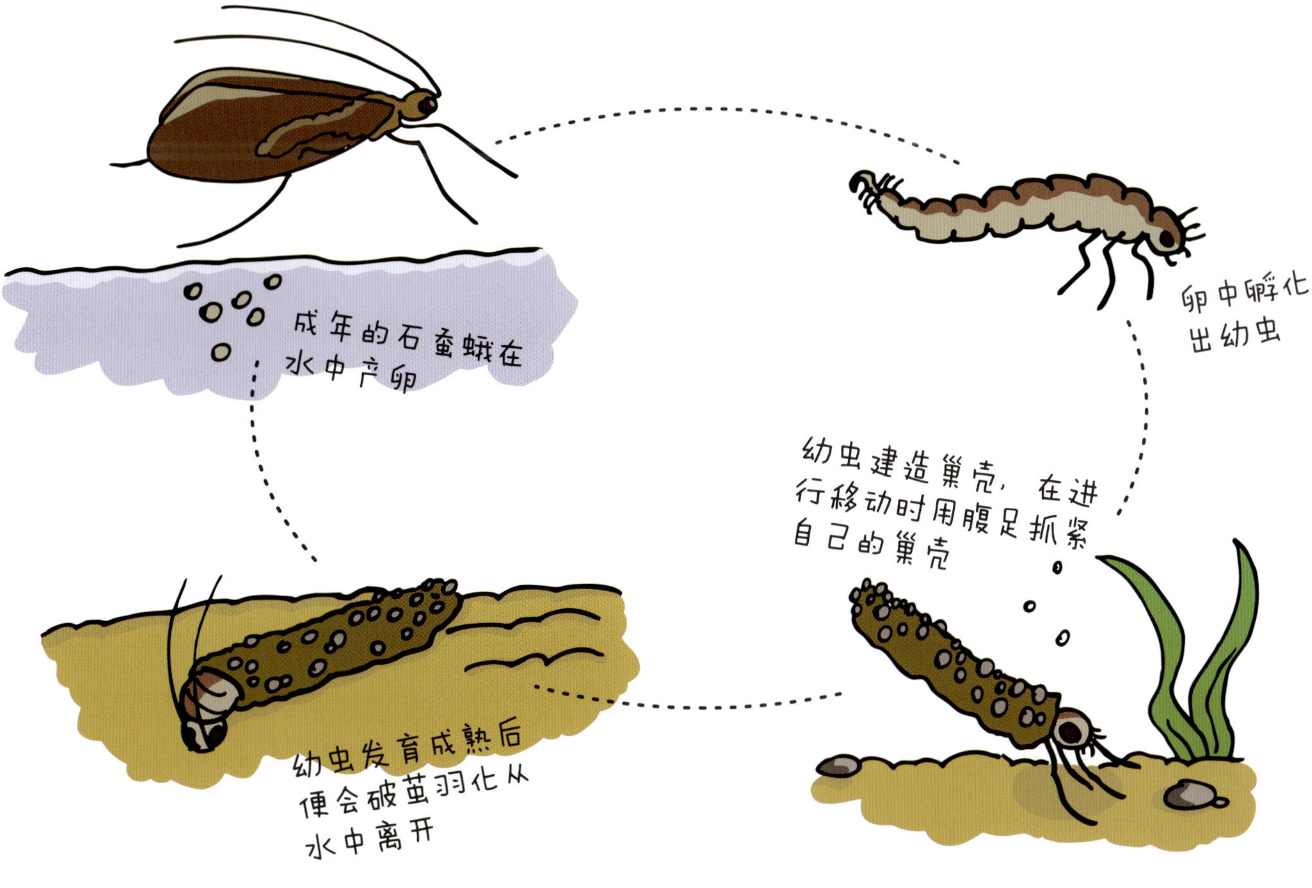
成年的石蚕蛾在水中产卵
卵中孵化出幼虫
幼虫建造巢壳，在进行移动时用腹足抓紧自己的巢壳
幼虫发育成熟后便会破茧羽化从水中离开

为什么所有的东西都会变凉？

在我的一再催促下，伊达终于从浴缸里出来了。

“再过一会儿，再过一会儿！”每当我催她的时候，她都这么嚷着回答我。

最后，我实在受不了了。她究竟要在浴缸里坐多久？我冲进浴室，冲她吼道，一分钟内出来，否则后果自负。

“洗好了，洗好了。”她不耐烦地回答道，“不过麻烦再给我倒杯水。你看，昨天我倒的温水，今天就已经冷了。奇怪，这是为什么啊？”

“因为它凉下来了，”我没好气地答道，“所有的东西都会变凉！”

卡茨佩尔刚好听到了，他从自己房间里远远地嚷着问道：“为什么所有的东西都会变凉？”

好吧，这真是一个好问题！曾经很长一段时间，人们只会说，这个物体是冷的，那个物体是暖的。如果两个物体相互接触，一个物体会变暖，另一个物体会变凉。最后，它们的温度会变得一样。但是，这是为什么呢？要搞清这个问题，就必须首先弄清如何测量温度。关于这一点有过很多种提议，不过最终大多数国家都采用了安德斯·摄尔修斯的提议。根据他的提议，水的凝固点为 0 度，水的沸点是 100 度。

要理解温度是什么，就必须要了解物质的结构。每个物体都是由各种分子构成的，这些分子始终处在不停地运动当中。它们运行得越快，这个物体的温度也就越高。当两个物体发生接触，它们的分子就会碰撞并传递自身能量。一个物体的分子运动速度加快，它的温度就会升高。另一个物体的分子运动速度减慢，温度也随之下降。因此，如果我们把一杯热水放在空气较冷的浴室内，水分子就会和空气分子发生碰撞。因为空气分子更多，同时它们会从热水中获得能量。其结果是，浴室里空气温度上升，但上升幅度可以忽略不计，与此同时，杯子里的水可以明显感觉到变凉。

事实上，到这里只是一半答案。我们知道了通过这种方式热量可以从一个物体传递到另一个物体。但是为什么会发生这种传递呢？

这里遵循的是被称为热力学第二定律的物理学原理。根据这一定律，能量——我们这种情况下就是热量——会从能量多的地方逃逸出来，并向外界扩散。这一规律普遍适用。因此，无论是太阳、地核、热烙铁，还是一杯热水，如果有物体聚集了大量热量，那热量将会自发地逃逸出来。这就是为什么水会变冷，火会熄灭，动物会死亡，所有的东西都会变凉。

你看，浴室里的小试验把我们的思考带到这么远。

不久前刚倒的水
（温热的）
热水
昨天倒的水
（已经冷了）
热
分子横冲
直撞
摄氏温标
太阳内部的温度
闪电的温度
太阳表面的温度
地核的温度
温暖
宇宙飞船进
入地球大气
层的温度
水的沸点
分子变得活跃
人的体温
冷
水的凝固点
绝对零摄氏度
分子慢慢
吞吞

为什么同样的水温，不烫手，但却烫脚？

水哗哗地流个不停，伊达又在浴室里待了好久没出来。她不过是洗个澡而已，难道这次她又在进行什么新实验？

我向浴室望去，只见伊达坐在浴缸里，手里拿着淋浴莲蓬头。她将水一会儿淋到手上，一会儿淋到脚上，然后又淋到手上，就这样不停地变换来变换去，显得一副非常忙碌的样子。

“爸爸，爸爸！”她喊道，“你看呢！当水淋到手上的时候觉得是暖的，可要是淋到脚上就觉得很热。好奇怪啊，这是为什么呀？”

这实际上是我们通过被称为“感受器”的神经细胞末梢得到的触觉感受。比如我们的鼻子有嗅觉感受器，舌头有味觉感受器，眼睛有光感受器，皮肤有痛觉、触觉和温度感受器。我们现在最感兴趣的是最后一项，也就是温度感受器。温度感受器分为温觉感受器和冷觉感受器两种。当皮肤温度高于或者低于 36.6 摄氏度时它们会处于活跃状态。当温度降到 35 摄氏度以下时，冷觉感受器就开始活动。皮肤温度越低，冷觉感受器就越活跃，我们也就愈加敏锐地感到寒冷。但是需要注意的是，冷觉感受器最活跃的时候是在皮肤温度处于 20—30 摄氏度时，再冷下去的话它们的活力就会降低。低于特定阈值时它们就会彻底停止活动，这就是为什么手被冻僵后，就感觉不到寒冷。

当皮肤温度升高时，不难猜到，温觉感受器就会开始变得活跃。当温度达到 45 摄氏度时，它们最具活力，这时，我们就会感到非常炎热。皮肤温度继续升高的话，温觉感受器基本就不再活动，接着开始活动的便是痛觉感受器。这个时候，我们已经顾不上考虑我们到底感觉热不热了，我们想的是要尽快摆脱疼痛。

温度感受器并不是均匀地分布在皮肤上。有一些部位的温度感受器要更多一些，特别是面部、耳朵、鼻子、舌头、口腔、嘴唇、眼睛、手部和脚部。所以，我们的手掌比手臂对温度的感觉更强烈，脚比腿对冷热的感觉更强烈，耳朵比头顶对冷热的感觉更强烈。另外，我们的冷觉感受器比温觉感受器也要多出四倍！

感受器能够适应温度，所以随着时间的推移，我们的皮肤对冷热的感觉就会逐渐减弱。将手从凉水里抽出来放到温水里，或者反过来将手从温水里抽出来放到凉水里，都可以用来验证感受器能够适应温度——在适应了冷水的温度后，我们会觉得暖水特别温暖，而适应了暖水的温度后，就会觉得凉水特别冷。因此，同样的温度我们可能这次会感觉偏高，下次会感觉偏低。可能也正因为如此，才有了我们手和脚对温度的不同感觉，因为手通常都暴露在外面，所以适应了较低的温度；而脚大多数时候都藏在鞋袜里，所以适应性就没有那么好。

此外，皮肤血流量也起到一定作用。需要提醒的是，感受器不会对环境温度做出反应，只会对皮肤温度做出反应。皮肤温度可以随着流到皮肤的血而上升。一些人皮肤供血更好，因此热量可以更快地从他们的体内散发出来，但同时他们对冷的感觉会削弱。

我觉得，手相比脚总是更加活跃，因此供血更好，所以可能会更适应较高的温度，而相比之下脚的适应性要差一些。所以，同样的水温，我们的手感觉到温暖，而脚就会觉得太烫。

这一知识对缩短伊达待在浴室里的时间毫无帮助。可是，她真的是在里面做实验吗？

皮肤横截面

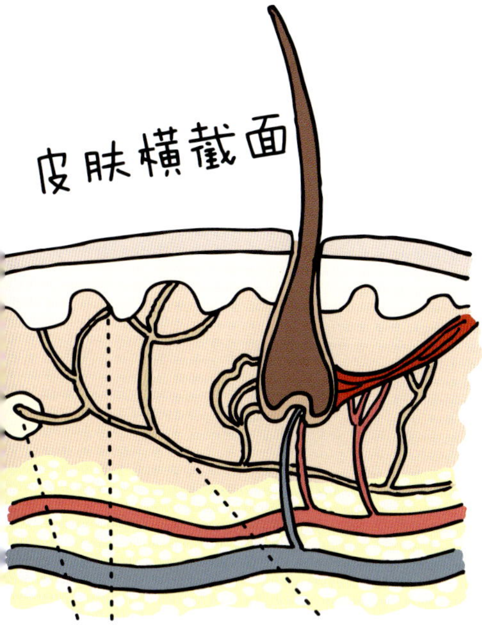

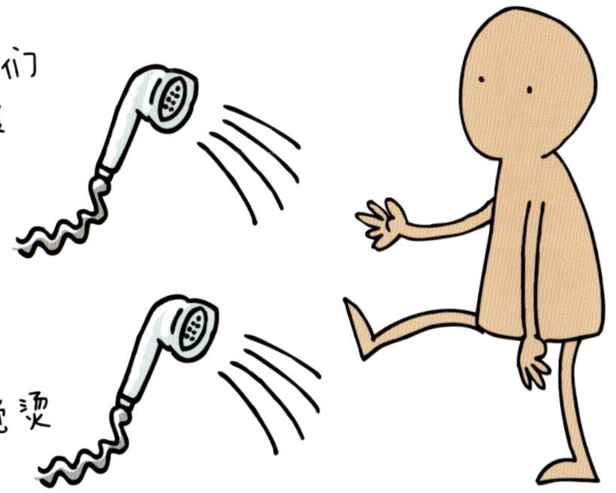

感受器在怎样的皮肤温度下活动

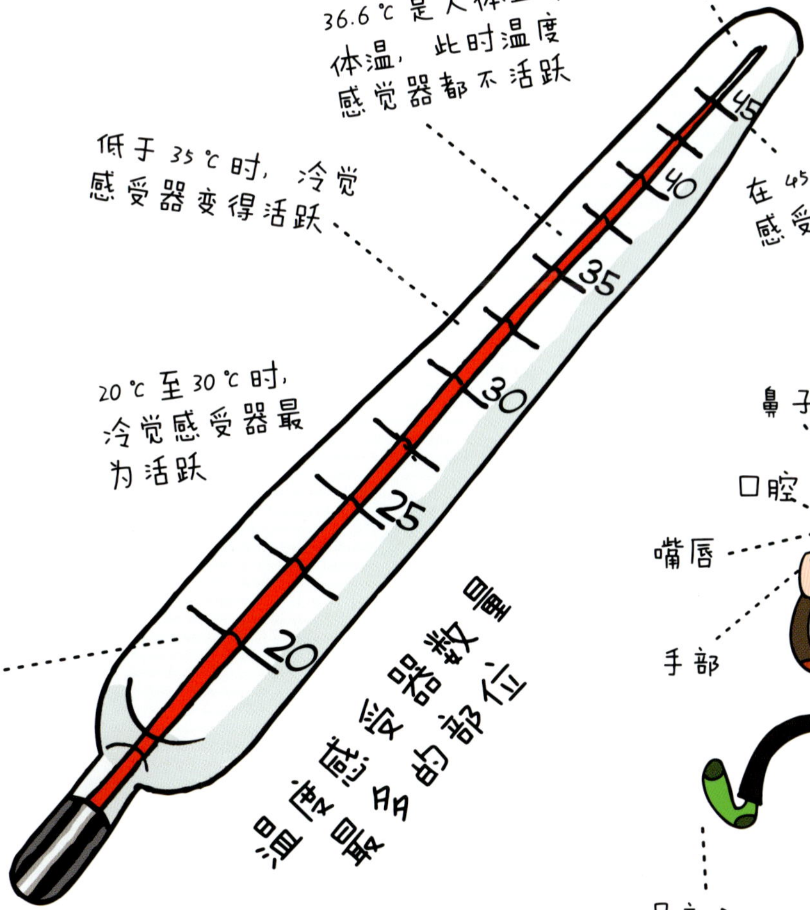

温度感受器数量最多的部位

疫苗是怎样发挥作用的？

不，我没骗卡茨佩尔！我从来没骗过他，只是在签字同意学校给他接种疫苗时，我没有说出全部真相而已。

我只说了：“待会儿你把这份声明带给护士阿姨。”

“这是什么声明啊？”卡茨佩尔询问道。

“这个是……”我话题一转，“快迟到了，抓紧去学校吧。快点！”

我还清楚记得一年前他在学校第一次接种甲肝疫苗时的情景，所以我很害怕告诉他全部真相。肝炎大多是由于吃了不干净或者没有煮熟的食物，从而导致病菌进入体内引起的。它的症状包括恶心、呕吐、腹痛、肌肉疼痛、皮肤瘙痒，有时还会损伤内脏。因此，我觉得应该让卡茨佩尔做一下预防。但是他非常害怕打针，一看到针头他就哭个不停。最后我陪他一起坐到医务室里，在他接种疫苗时把他抱住。所以我觉得，在他第二次接种这种疫苗时，除了这次我不能陪在他旁边之外，其他情况都不会有改观。

当我去接卡茨佩尔放学时，事实证明，我这次是大错特错了。

“我有疫苗了！”他兴高采烈地喊道，“喏，你看这里，注射疫苗留下的痕迹。”他说着就把肩膀露出来给我看。我看到那里不是打针后通常会有的红点，而是长长的一条线。

“这看起来好像护士的针头划的。”我担心地说道。

“可能是吧。”卡茨佩尔回答道，“不过我一点都没哭哦。现在我再也不会得肝炎了！再也不会生病了！”说的时候他显得特别开心。

我没想到他会是这样的反应，一时间我都不知道该说什么好了。

过了片刻，他问我道：“爸爸，疫苗是怎么发挥作用的啊？”

首先需要解释的是，我们的身体必须要能够识别危险的病菌。虽然我们的身体里有细胞战士组成的部队，它们会去绞杀被抗体标记的病菌，但是它们并不能消灭所有病菌。我们的身体天生就具有各种不同的抗体，每一种抗体能够识别一类敌人。当抗体遇到敌人就会对其进行标记，之后细胞战士就会去消灭这个敌人。对身体来说，这种情况意味着警报。抗体紧紧拖住敌人，病菌这时也会进行还击，也就是感染。我们体内会相应生成新的此类抗体。随着抗体越来越多，越来越多的病菌就会被标记和杀死。我们的身体就是通过这种方式来消灭敌人的部队。

问题是这个过程需要一定的时间。如果攻击我们的病毒和细菌数量很多的话，在足够的抗体产生之前，它们就会在我们的身体里扩散开来。这时，病菌就会控制我们的身体，引起身体不适的症状，甚至会伤害我们的一些器官，这就是生病。

在遭受到敌人此番破坏后，专门识别此类细菌和病毒的抗体部队会在我们的体内维持很久。抗体产生的细胞也都维持着高度警戒的状态。如果病菌再次来袭的话，还没等其开始大肆捣乱，就会被立刻识别并摧毁。这种情况下，我们自己甚至都注意不到这些。

疫苗厂商利用的正是这个自然过程。注射针剂里实际上是弱化或死去的病毒，抑或是病菌的挑选成分。它们不会导致疾病，却能引起身体警惕。身体会产生大量抗体，对这种细菌或者病毒进行标记。这样，之后很多年里我们的血液里都会有专门追捕此类敌人的抗体。如果体内的抗体遇到了入侵的活性病菌，它们就会粘上去迅速进行消灭，这样疾病也就无机可乘了。比如，如果我们对肝炎有了免疫力，就不会得肝炎了。

所以说，接种疫苗还是很有必要的。

你觉得刺痛
这是什么？
Oho!
警报！有病菌！
白细胞！快点过来！我已经标记好了入侵者！
左边—狠狠地揍
右边—打得它们满地找牙。
BAM
TRACH
左—砰；中—嘣；右—狠咬一口
左—胜利了！！！
右—我们随时待命。

为什么雪花看起来像星星？

寒假我们是在纳雷夫河畔度过的。在严寒将至之前，河水漫上来很多。不久，真正的寒冬来临时，河漫滩都结冰了。一眼望去，地平线上全是洁白的冰，显得特别漂亮，到处点缀着皑皑白雪。无论是漫步其中，或者是在冰上滑行，都非常有趣。

当中有一次，卡茨佩尔问我：“知道吗，爸爸，我今天看见雪花落到别人的后背上，那雪花看起来就像星星。喏，你看，得有这么大呢。”他一边说还一边比画给我看。

“啊，不可能这么大吧。”我很是怀疑。

“就是有这么大！”卡茨佩尔依然试图证明自己说的是事实，“而且是星星的形状。”

他想了一会儿，然后又继续刚刚中断的话题：“我觉得很奇怪，为什么雪花会是这个样子？”

要了解这个，就必须知道，当水变成冰时，水分子六个六个地相互结合，形成六角星形。肉眼当然不能看到单个图形。不过如果许多微小的六角星形排列在一起，就会形成我们能够看得到的块状。云层里发生的恰好也是这个过程。正如我在“雨是哪里来的？”这一篇里所写的那样，水蒸气，即气态的水，在云层里可以凝结成液态形式。如果温度低的话，就不转化成液态，而是直接变成冰晶。无论这些冰晶是片形、碟形、棒形，还是星形，通常它们都维持着六角星形的形态。星形是云中冰晶最常见的形状。冰晶的臂状物扩展成六角星形的角。因为星形的冰晶很小，所以它的臂状物彼此间很近，而且这些臂状物总是处于相同的条件下。因此，这些臂状物总是在相同的模式下以相同的速度增长。位于云层不同位置的冰晶可以形成不同的形状。这是因为雪花的形状很大程度上取决于温度、湿度和风力大小。这些因素时时都在发生变化，而且在云层的各个部分也都不一样。因此，每一片雪花遭遇的情况都会不一样。这就是为什么要找到两片相同的雪花会如此困难。无论自身形状如何，这些晶体每时每刻都在增长。当它们的体积和质量达到一定量后，就无法继续维持在空气中，于是就会以雪的形式飘落下来。

冰结晶形成六角星形这一现象，甚至可以在光滑的冰原上观察到。我们漫步在纳雷夫河畔时就曾看到过。不过只是在冰面破裂的时候才看到过——形成的冰面裂缝是六臂的形状。这一点是我们在完全无意中发现的。伊达和卡茨佩尔的一个同学和我们寒假一起过来玩。一次，她一不小心在冰面上脚下一滑，然后猛摔一跤。伴随而来的还有嘎吱的声响。所幸，这不是骨头开裂的声音，只是冰面开裂发出的声音。冰面生成的裂缝呈现出优美的六臂形状，就像雪花一样。

故事要在这里结尾就好了。不幸的是，不久之后我也摔了一跤。我身下的冰层嘎吱作响，同时形成一道很长的裂缝。

这次摔跤把我的骨头伤到了，所以也就无法带着孩子们进一步探寻冰的特性了。其实还是有点遗憾的，也许哪天我们可以再去一趟。

爸爸，真棒！
就只有一条裂缝，真可惜……

当水变成冰时，水分子相互结合，形成六角形
正因为水分子的这种排布，雪花才有了这种奇妙的形状

螃蟹会思考吗？

“爸爸，螃蟹会思考吗？”卡茨佩尔问道。

半小时之前我们刚清理完水族箱，我们在里面养了一只漂亮的彩虹蟹。彩虹蟹作为一种食腐动物，非常容易养活。这只彩虹蟹我们已经养了两年，螃蟹看上去生活得相当满意，或者至少应该也是基本满意。当我们擦净水族箱壁上的藻类，清理完过滤器和石头，再加入干净的水后，不知何故，螃蟹看起来好像一副无精打采的样子，螃蟹的这副模样引起了卡茨佩尔的怀疑。

他解释说：“我担心螃蟹现在想自己的生活被打乱了……因为毕竟整个水族箱都变样了。爸爸，螃蟹会思考吗？”

动物究竟是否会思考这个问题，可能算得上最大的科学难题之一了。这个问题要是能直接问一下螃蟹、海豹或者鹅的话，那就最好不过了。不过显然我们没法问到答案，所以我们需要寻找动物思维能力的其他标志。其中之一就是神经系统（即负责处理信息的细胞组合）的发育程度。脑子之类组织中的神经系统越发达，动物会思考的概率就越大。即便这样，我们还是不能下定论。我们可以通过检查动物的技能来获知这一点。显然，动物越是聪明，应对迷宫的效率就会越高，解决研究人员提出的各种问题时的表现也会越好。最近，研究人员关注两种不同技能的研究。其一是自我意识。人类差不多在两岁的时候开始拥有自我意识。很小的孩子只会说“卡茨佩尔做了”和“伊达做了”，只有到一定年纪才会开始使用语句“我做了”。这是进化过程中的巨大飞越，只有少数动物能够达到这一高度。自我意识可以通过点红实验来进行验证。首先让动物入睡，并在它的前额上画上红色斑点，之后，当动物醒来后，将镜子放在它前面并进行观察。如果动物试图刮掉镜子里镜像的斑点，说明它不具备自我意识。而如果它看到镜子后，触摸自己的额头并擦除上面的斑点，就说明它已经脱离“动物脏了”的阶段，进入“我脏了”的阶段。它已经开始思考了！

进化的下一个阶段是“心智理论”，即猜测他人的想法，我们人类每天都在进行此类思考。动物中很难进行此类研究，最常见的方法是基于动物的欺骗技能进行推测。由此我们知道，一些灵长类动物，诸如黑猩猩和恒河猴，会猜测其他同类的想法，海豚可能也具有这种技能。有些人猜测，渡鸦和它的近缘鸟类也有这种特性。最大胆的想法要算推测鱿鱼也具有这一技能。

那么螃蟹又是怎样的？作为甲壳纲动物，螃蟹拥有相当发达的神经系统、相当大的头脑，并且躯干里也有许多神经细胞。它们的智力有时也能让人眼前一亮。螃蟹能够拆除水族箱里的过滤器，而它这么做的原因似乎是过滤器工作时的噪音打扰了它。还有一次，它爬进了水族箱盖子上面的开孔里，过滤器的电缆就是通过这个孔伸到水族箱里的。当我们看到它的时候，蟹钳已经伸到了外面。不过仅凭这些就认为螃蟹具有自我意识还远远不够，我没有找到任何人对螃蟹做点红实验的任何信息，所以我们应该试一下。只是，就算是证明了螃蟹确实会思考，那又如何？它真的是因为生活被打扰，所以才显得沮丧？

算了，最好还是不去想了。

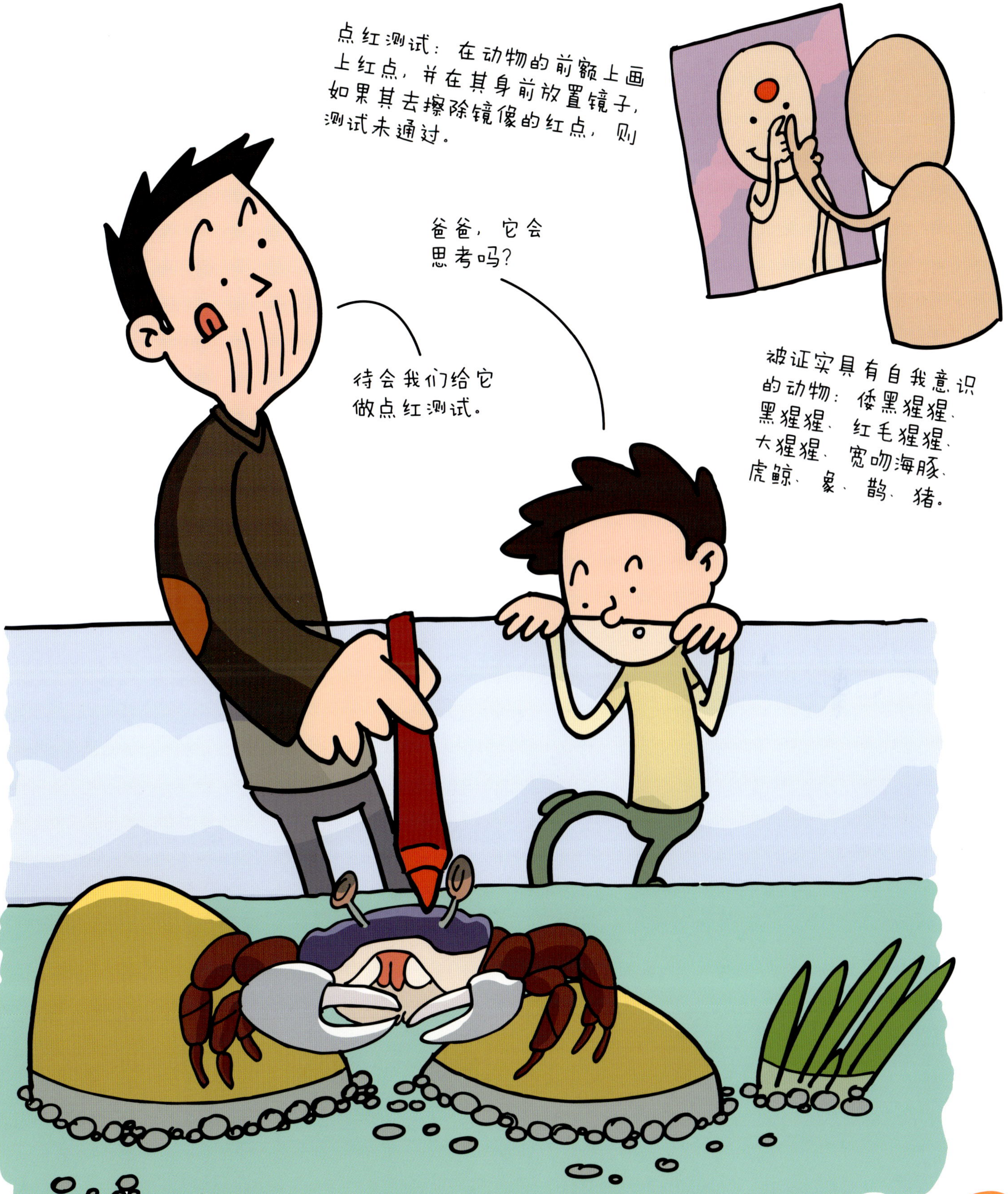

点红测试：在动物的前额上画上红点，并在其身前放置镜子，如果其去擦除镜像的红点，则测试未通过。
待会我们给它做点红测试。
爸爸，它会思考吗？
被证实具有自我意识的动物：倭黑猩猩、黑猩猩、红毛猩猩、大猩猩、宽吻海豚、虎鲸、象、鹊、猪。

蜻蜓会咬人吗？

“沃伊切赫先生，沃伊切赫先生，它们要咬我！”卡茨佩尔的同学米哈乌大声呼救道。

我们一起去森林里游玩。虽然当时已经是秋天了，不过那几天却很温暖。那天米哈乌到我们家来做客，于是我们就把他一起带上了。当我们到达目的地时，发现温暖的天气引来许多昆虫都出来活动。伊达和卡茨佩尔早已迫不及待地跑到林间的小溪边上，去寻找有趣的东西进行观察。米哈乌一开始跟在他们后面，但是当有大个的红蜻蜓在他周围盘旋时，他突然就大叫起来，并且挥舞着手臂四下逃窜。

“只是些蜻蜓而已。”我安抚他道。

“蜻蜓？蜻蜓会咬我吗？”米哈乌依然叫嚷着。

好在蜻蜓没有咬米哈乌。蜻蜓是最危险的食肉动物之一，不过这仅限在昆虫世界里。它的飞行技巧高超，有点类似于直升机。它可以突然改变飞行方向和速度，在空中横冲直撞，搜寻猎物。当最终追踪到苍蝇或者蝴蝶，蜻蜓会用脚去捕捉空中飞行的猎物并将其牢牢抓住，之后它就可以开始享用这顿新鲜的美味了。有些种类的蜻蜓会在空中直接就把猎物吃掉。还有一些蜻蜓会停到叶子上，借助其强大有力的咀嚼性口器，先将猎物撕开。

即便蜻蜓配备如此精良的危险武器，它也不大可能会伤到人类。它们中绝大多数都无法穿透我们的皮肤，只有最大的几种蜻蜓才可能具备这种能力。我们必须将它抓到手心里，用力按着它，可即便如此，我们还是难以感到被叮咬的疼痛。同样地，波兰绝大多数蜘蛛也不会伤害到我们。然而，因为人类已经日渐远离大自然，所以很多动物我们都不认识，我们也就没法分辨哪种动物是危险的。在波兰确实存在一些危险的昆虫，它们全副武装，随时准备抵御入侵它们巢穴的大型动物或者人类。比如，林地蚂蚁就可以向我们喷射酸液。虽然我们因此会感觉不适，不过说实话，这也不会有多痛。好吧，除非是有大群的蚂蚁向我们涌过来。这也只有当我们坐到蚁丘上，才真有可能因此受伤。接下来可以刺痛我们的还有蜜蜂、熊蜂、胡蜂和马蜂。蜜蜂的蜇刺带有倒钩，如果它们将蜇刺扎进我们身体后，就无法再拔出来。这时，蜜蜂的部分内脏也会和蜇刺一起被扯掉，蜜蜂因此就会很快死去。对蜜蜂来说，这绝对是它们的“最后一击”。 熊蜂、胡蜂和马蜂的蜇针没有倒钩，不会主动袭击我们，只有在进行自我保护或者是保护蜂巢的时候，它们才会进行攻击。我们被蜇伤，很多时候都是因为我们无意中用手或者脚压到它们。不过还好，如果只是被一只熊蜂或者胡蜂蜇到，也不是特别危险，最危险的是被马蜂蜇到。我还知道有人因为被一两只马蜂蜇了之后，就立刻发热生病。所以，如果马蜂真的被惹恼了并准备攻击我们，这个时候，我们要遵循的首要一条是不要进行激烈的动作，而是应该悄悄地从危险区域缓慢后撤。当然，这一条也同样适用于我们遇到蜜蜂、熊蜂和胡蜂等情况。即便是蜻蜓要叮我们，我们这样挥舞着手臂四下逃窜，也只会伤到自己。

米哈乌好不容易安静下来，这时卡茨佩尔决定再戏弄一下他。他知道，蜻蜓的幼虫生活在水里。它们捕食小鱼、蝌蚪和各种小型水生无脊椎动物，和成虫形态一样掠食成性。卡茨佩尔悄悄地将蜻蜓幼虫捉到罐子里，然后突然拿到米哈乌眼前，同时大声喊道：“我要把它泼到你身上啦！”

“啊，救命啊！”米哈乌哭喊道。

之后他和卡茨佩尔纠缠在一起，差点把卡茨佩尔推到河里。这个时候，他脚下一个踉跄，踩到了旁边一个小水洼里，不过所幸只是弄湿了一只鞋。

有时，对大自然的畏惧比大自然本身更加危险。

蜻蜓的生命周期

忠告：如果遭到马蜂或胡蜂的攻击，请缓慢后退，不要进行激烈的动作
蜻蜓捕捉苍蝇和蝴蝶之类的昆虫
毛下蜕皮后，蜻蜓变成成虫形态
蜻蜓在水里产卵
幼虫从水里出来，经历变态发育过程
从卵里孵化出的稚虫在水里捕食小型动物（环节蠕虫、蝌蚪、小鱼）

为什么我们必须要喝水？

我安慰自己说，吃饭时进行交谈好处多多，它可以使家庭关系更加融洽，还可以减少孩子过度肥胖的风险。当然，这并不是在开玩笑。我曾经参加过一个讲座，那个讲座对这些做过清晰的阐述。研究发现，一家人一起吃饭的家庭里，孩子们更加健康，体型也更加苗条。虽然直到最后也没能确定究竟为什么会出现这种情况。而我写的许多文章也证明吃饭时孩子会提出许多问题。噢，就比如最近这次吧。这次是关于喝水的。伊达当时刚刚吃饱午饭。

“再喝点东西！”妈妈坚持要求道。

伊达心知拗不过妈妈，只得无奈地问了一句：“我们为什么要喝水啊？”

确实，水无法给我们提供脂肪、糖分、维生素之类的重要成分。水能提供给我们的仅仅是水分。然而我们每天却必须喝水！有些人说每天要喝一升半水，有些人说两升，甚至还有人说要每天喝三升水。那这究竟是为什么呢？

首先要从我们人体的 70% 是水分这一点说起。就拿伊达来说吧，她体重 20 公斤，其中水分就占到了 14 公斤！剩下的区区 6 公斤，就差不多只相当于一个幼儿的体重。这些充溢在体内的大量水分对人体来说意义重大。生命的大多数基础化学反应都必须在水中进行。一些过程中水分会积极参与到化学反应里，另一些反应过程中水分仅仅是溶液和物质载体。因为有了水分，血液可以将氧气和养分提供给人体内的所有细胞，并带走二氧化碳和有害物质。我们排出这些有毒废弃物依靠的也是水分，我们可以通过尿液的形式将其排出体外，或者在呼气时通过鼻子和嘴巴以湿润空气的形式排出体外。流汗可以使我们人体降温，而这依靠的也是水分。简而言之，水分会不断流失，所以我们需要不断地补充水分。没有水喝的话，我们坚持不了几天就会死亡，比没有觉睡坚持的时间要短，比没有食物吃可以坚持的时间要短得多。喝水就是这么重要！

更糟的是，因为我们人类和其他哺乳动物一样，是恒温动物，所以要比其他种类的动物喝更多的水。恒温动物意味着我们必须要保持恒定的体温，这样的话，蒸发就会变多，也就是说水分流失会变多。另一类恒温动物是鸟类，但是因为它们有其他方式排出有毒废弃物，所以不需要像我们一样喝那么多水。它们完全不需要依靠水分排出体内的有毒废弃物，所以也就不需要喝很多水。这其中有一些鸟类仅仅依靠食物中的水分就足够了。

老实说，我挺羡慕这些鸟类。比如，这样的话，伊达吃饭就不用喝任何东西了，妈妈也不会要求她去喝，而且可能会反过来，妈妈会说：“不要再喝东西了！”

伊达就会无可奈何地回答：“我为什么不能喝啊？”

这个问题到时可真不好回答！

为什么我必须要喝水？

人体借助水分输送养分和带走有毒废弃物
鸟类需要喝的水远比我们人类要少
生命的大多数基础化学反应都必须在水中进行
因为有了水分，血液才可以向体内所有细胞输送氧气，带走二氧化碳
人体内的水
通过口腔进入体内
人体的70%都是水分
呼气的时候水分会流失
出汗的时候水分会蒸发
以尿液形式排出

冬天去森林干什么？

我们来这里干什么？！什么动物也没有！根本什么都听不见！”卡茨佩尔抱怨道。

我们这趟冬天里的森林之旅开始出现不和谐的声音。我说服了全家人过来，不过等到了这里之后，大家都开始变得有些焦虑不安。可能伊达是最不担心的一个，她喜欢全家一起旅行，但是又不像卡茨佩尔对野生动物那么着迷。对卡茨佩尔来说，这趟旅行完全失去了意义——我在说服他过来的时候，可是向他保证过森林里有很值得一看的东西。

还有就是向他说这里有雪！可这里的雪已经开始融化了，大多数鸟类早已飞去了越冬地。其他动物要么冬眠了，要么就是潜伏在了森林深处的某个地方。所以，当我们从车上下来的时候，除了风吹过光秃秃的树冠的声音外，当然什么都不会听到。我们时不时还可以听到隆隆的火车声和嘀嘀的汽车鸣笛声，可是这些声音城市里就可以听到，我们完全没必要为了听这些声音特地跑到森林里来。

不过我不打算放弃。不管怎样，我还是希望我们可以看到和听到一些东西。

“都给我安静！”我以命令的口吻对孩子们说道。老实说，我这样显得有点失态。

为了能在森林里仔细地聆听，我需要安静的氛围，哪怕片刻也好。不一会儿，我听到了风中夹杂着细微的扑扑声。我很高兴，看来我们的这趟旅行有希望变得不再是白白浪费时间了。我们循着声音的方向徒步前行。随着我们越走越近，那声音也变得越来越清晰。最终我们在一条小河的岸边发现了声音的来源，那是一群在波兰过冬的鸟。它们在枝丫间盘旋，寻找各种食物。这其中有常见的大山雀、蓝山雀，还有可爱的长尾山雀，它们都在那里忙忙碌碌。冬天的时候各种鸟类经常混杂着结成一群，旋木雀、中斑啄木鸟、小斑啄木鸟也常和山雀与长尾山雀在一起，因为聚集在一起的话可以更好地抵御那些捕食鸟类的动物。一旦有谁察觉到了危险，就会立刻提醒身旁的其他同伴。

这些在这里过冬的鸟儿从我们的头顶上飞过，它们时而在枝丫间盘旋，时而掠过水面。我们跟着它们一路下到河岸上，在那里遇到了此行的最大惊喜，一个亮蓝色的东西站在了树根伸出的一个枝丫上。没过一会儿，只见它竖起羽毛，转过身去，然后只听嗖的一声！它飞走了，只留下它那完全不属于冬天的一抹亮蓝，在我们眼里闪耀。

“翠鸟！”我惊喜地喊道。

翠鸟是一种很罕见的鸟类，它可以在水里捕鱼。虽然翠鸟通常是在波兰国内过冬，不过这次刚好就选在了这个地方吗？选在这条离华沙不远的小河边？而且刚好是在我们对这趟旅行快要绝望的时候出现在我们眼前？这太让我喜出望外了。

“怎么样，不赖吧？”我得意扬扬地望向卡茨佩尔。

“什么动物也没有？”“根本什么都听不到？”我模仿着他的话，“我们看到了山雀、长尾山雀，甚至还有翠鸟。难道还不值得来吗？”

“好吧，值得来……”他不情愿地说道，“可是没有看到蚂蚁和蜘蛛……”

好吧，不过他说的也有道理。还好，冬天一过，春天就要到了。

冬天森林里的鸟群

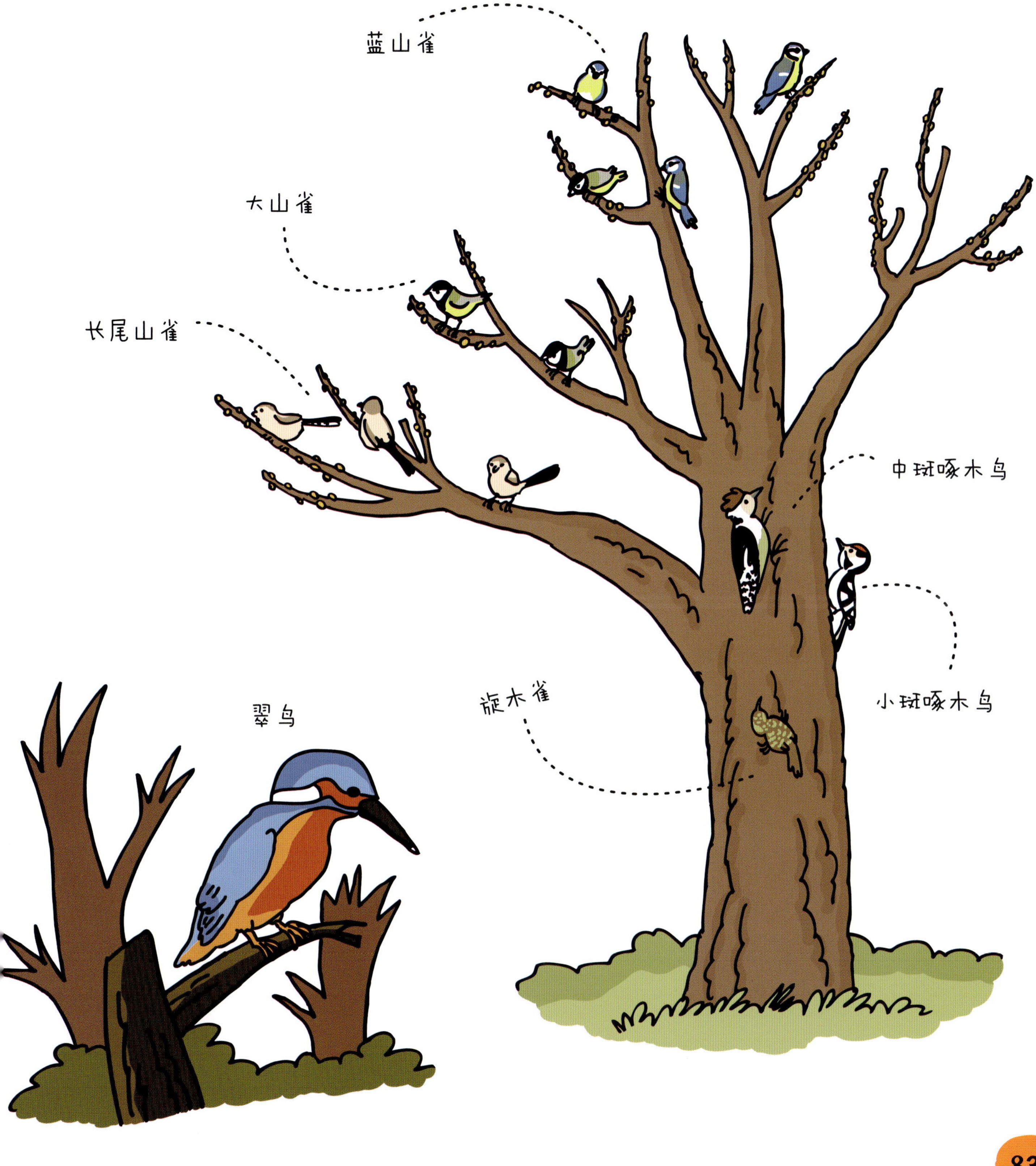

为什么冬天之后是夏天，再之后又是冬天？

冬天已经渐渐过去，春天的气息已经可以嗅到了。在我们一起去学校的路上，伊达四处张望，最后，她问道："为什么冬天之后是夏天，再之后又是冬天？"

严格来说，冬天过后应该是春天，春天过后才是夏天。不过，我明白伊达想要表达的意思。因为每年都是这样一成不变地重复着同一个模式：冬天、春天、夏天、秋天，然后又是冬天、春天、夏天、秋天……我们所有人的生活都在这个无穷无尽的循环里，无论是伊达自己、我、她爷爷奶奶、她太爷爷太奶奶，还是她已经说不上来的，继续往前追溯。对伊达来说，再往前追溯的话，她就彻底搞不清了——她的想象里可能是一场旷日持久的战争，甚至会有喷火的巨龙。她刚巧还问过我："在你小时候就已经有汽车了吗？"有的，当然有的。而且就算在没有汽车的古代，也是冬天之后是夏天，夏天过后又是冬天。这是为什么呢？

要搞清楚这一点，就必须飞向太空，从遥远的太空再来观察我们生活的家园——地球。我们生活的这颗行星，围绕着太阳这颗恒星进行旋转。但要注意一点，非常重要的一点，地球是倾斜的，而且始终是向同一方向倾斜。所以，地球一会儿是北半球朝向太阳，一会儿是南半球朝向太阳。当欧洲所在的北半球转向太阳时，日照更充足，温度更高，这个时候就是夏天。与此同时，南半球转向太阳相反的方向，阳光更少，气温更低，也就处于冬天。

地球一直围绕着太阳旋转，当南半球转向太阳的时候，南半球的夏天就开始了。与此同时，北半球光照变少，冬天也就来临了。

因为地球一刻不停地旋转，每半年南北半球互换一次状态，这就是为什么一年四季交替出现。

如果我们所在的星球不是倾斜的，而是以笔直的状态围绕着太阳旋转，就不会再有一年四季了。靠近两极的地方始终更加寒冷，靠近赤道的话就更加炎热。没有地方会有四季划分，也不会再有雨季和旱季之分。

要更好地理解这一点，可以用苹果和电灯构建一个太阳系的小模型。苹果代表地球，电灯代表太阳。如果将苹果蒂竖直，那么苹果围绕着电灯旋转时，光照总是相同的。如果将苹果进行倾斜，那苹果蒂也就一会儿朝向电灯，一会儿背向电灯。这样的话，光照条件一会儿好，一会儿不好，于是就有了从夏天到冬天，再从冬天到夏天的更替。

当然，也可以像我一个朋友那样去做，她假装自己是太阳，她侄女假装是地球围着她转圈。我不知道她那么教是不是效果更好，不过作为游戏的话，想必还是很有趣的。

一年四季是怎么来的？

最重要的一点是，
地球是倾斜的
始终是相同的方向，
角度始终是 23.5 度
以倾斜的角度围绕
太阳旋转导致地球
并不是均匀受热

这个状态时北半球是夏天
这时北半球光照更
少，冬天就开始了

皱纹是怎么来的？

“哦，天哪！发生了什么？”伊达的同学惊叫道。伊达的眼睛周围出现一大团蓝绿色的污渍，看起来就好像面部被人揍过。

“不用担心，阿尼塔女士。这不是伤痕，而是伊达给自己画的眼影。”伊达的妈妈向老师解释道。早上她在化妆的时候，在她旁边的伊达也想给自己化妆。她给自己挑了绿色和蓝色的眼影，画完之后又不愿意洗掉。

确实，伊达很喜欢时不时地帮妈妈在洗手间化妆——给她递化妆品、挑选眼影颜色，顺带照照镜子里的自己。一天，就听到她惊叫道：“啊，不会吧！我居然有皱纹了！”

之后伊达识趣地沉默下来，不过她声音里的恐惧却让我们很感兴趣。过了一会儿，当我们坐下来准备吃早饭时，她借机问道：“皱纹究竟是怎么来的？”

我们的皮肤由表皮、真皮和皮下组织三层组成。皮肤最外层是一层薄薄的表皮，它能够防水并阻止外界有害物质侵入。真皮位于表皮下方，是皮肤里最厚的一层，血管以及触觉、温度和痛觉感受器都位于其中。但这还不是全部，真皮层里最多的是支撑起皮肤的部分，它赋予了皮肤弹性、柔韧性和强度。最里面一层是皮下组织，它主要包含的是脂肪细胞。如果一个人年轻健康，这三部分运转良好，皮肤就会光滑、紧致并且柔软。随着年龄增长，皮肤不可避免地会开始老化。表皮细胞的增殖会减慢，表皮也会变得更薄。更糟糕的事情发生在真皮层里，它里面构成皮肤有力支撑的纤维逐步衰减。当这些纤维开始不足时，皮肤就会失去弹性，并开始起皱。同时，皮下组织中的脂肪细胞也会越来越少，无法填补真皮层的凹凸不平，这就是为什么随着年龄的增长，皮肤会出现皱纹。

这一自然过程也可以加速，这方面尤以过度的日晒最为显著。我要强调的是过度日照，因为正常的日晒并不需要进行防护。不仅不需要防护，晒太阳还可以使我们的身体获得日常运转所必需的维生素D。

另外，还有一些罕见的情况，有的人生来就有先天性缺陷，导致在幼儿时期皮肤就会起皱，头发变白。

卡茨佩尔听完后，得出一个令人吃惊的结论：“爸爸，你知道吗，我也得了这种病。”

“为什么这么说？”我惊讶道。

“因为我喉咙发痒……”

然后我就被孩子们的妈妈一顿指责，认为我给他们讲了太多稀奇古怪的东西。

好吧，我改就是了。

皱纹是什么？

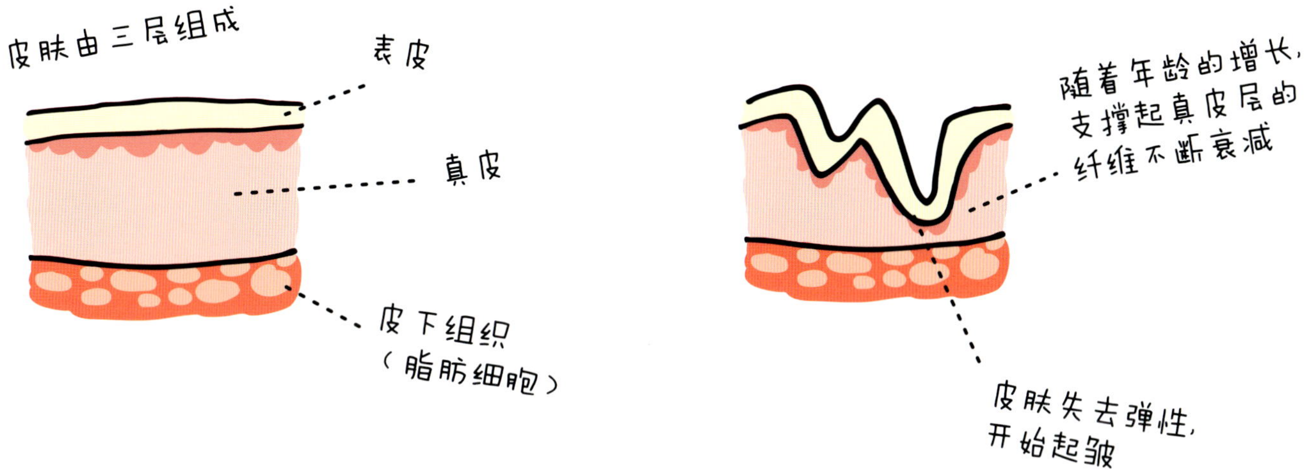
皮肤由三层组成
表皮
真皮
皮下组织
（脂肪细胞）
随着年龄的增长，
支撑起真皮层的
纤维不断衰减
皮肤失去弹性，
开始起皱

注意！过度的日
晒会加速皱纹产
生的过程

X射线有什么用？

当我们看向伊达的时候，她正要进到里面去，脸上依旧挂着微笑。不过我们知道，她还是有点害怕。然后，那扇贴着神秘黄底黑色标记的门关上了，她也随之消失在我们的视线里。

“爸爸，”卡茨佩尔悄悄问我，“这个标志是什么意思？”

“它是警示X射线会危害健康。所以，没有必要的话，就不要进去。”

“哎呀，伊达会不会因此生病啊？”卡茨佩尔担心地问道。

“不会的，小剂量的辐射对人体没有威胁。只有受到足够多辐射，才会产生伤害。”

“那会产生怎样的伤害？”

“可能会使人烧伤，感觉不适，身体健康状况日益恶化。”我无意再继续深入讲下去，因为我看到卡茨佩尔已经在尝试尽可能远离那扇神秘的门。

“我和你说过了，小剂量的辐射不会有危害！”我向他嚷道。

还好，没等我向他发火，伊达就在医生的陪同下从那扇带有黄色标记的门里出来了。她还是面带微笑，不过这次看起来才是真的满心欢喜。她还让我给她解释，X光检查对她有什么用。

X光，或者叫X射线，有个奇异的特性，那就是它可以穿透我们的身体，但这种穿透并不均匀。像肌肉一类的软组织，对X射线来说几乎是透明的，而骨骼则会挡住大部分射线。如果在进行X光检查时，将照相底片放置在人的身后，显影的图像光亮程度是不均匀的。X射线可以轻易穿透的地方，射线更强烈，在底片上就是黑色的区域。反过来，由于骨骼在中途阻挡，使得底片部分区域的射线较少，呈现出的就是能够细致映射出骨骼轮廓的白斑。这样，我们无须剖开身体，就可以观察人体的骨骼。

一百多年前，威廉·康拉德·伦琴发现了X射线，他当时在从事其他射线的研究。在研究过程中，他注意到他的设备泄漏出一种能够穿透黑纸的波。考虑到它尚未为人所知，就将其命名为X，时至今日许多国家都采用这个名称。不过，波兰语里使用的名称是“伦琴射线”，用以纪念它的发现者。伦琴并没有就此停止他的研究。据说，为了进行研究，一连几周时间，他都睡在实验室里，连吃饭也都是让别人送进去的。一天，伦琴请他的夫人允许他用新发现的射线对她的手进行拍照。他在她手掌后面放置了照相底片，X射线透过手掌射到底片上。底片显影后，清晰呈现出他夫人的手骨像以及她的戒指。直到现在，这幅照片都是全世界最著名的照片之一，它的复制品依然可以在教科书上看到。这一切都是那么理所应当，因为它给医学带来了革命性的变革。医生们非常高兴，因为他们可以在手术之前观察到病人的骨骼，并对其状况进行检查，消息迅速传播开来。不久之后，X射线胶片变得非常流行。就在这个时候，人们发现X射线虽说是个好东西，但必须要适度使用。X射线过度照射会导致烧伤、免疫力削弱，极端情况下甚至会导致肿瘤形成。

这就是为什么现在我们严格限制 X 射线的使用。在 X 射线检查室的门上要放置警示标志，无关人员禁止入内。病人在拍片时要穿着 X 射线不能穿透的铅制围裙，只有必须进行照射的身体部位，围裙才不进行覆盖。伊达的这个情况里不会覆盖的区域是她的下颌，因为我们要对她的牙齿进行细致观察。

伊达兴致盎然，几分钟后 X 光片拿来的时候，显得有点模糊，但她一点都不担心。

“那要不我们再做一次吧？”她愉快地说道。

“伊达，等一下，我说过，只有真正需要时，才要做 X 射线检查。”

“我现在就很需要啊。绝对需要。”她坚定地回答道，“我需要观察自己的牙齿。”

“那要不咱们下次再来吧？”

还好，第二次，伊达一直忙着选择正畸托架的颜色。显然，她已经把 X 光片的事情彻底忘了。

怎样工作的？

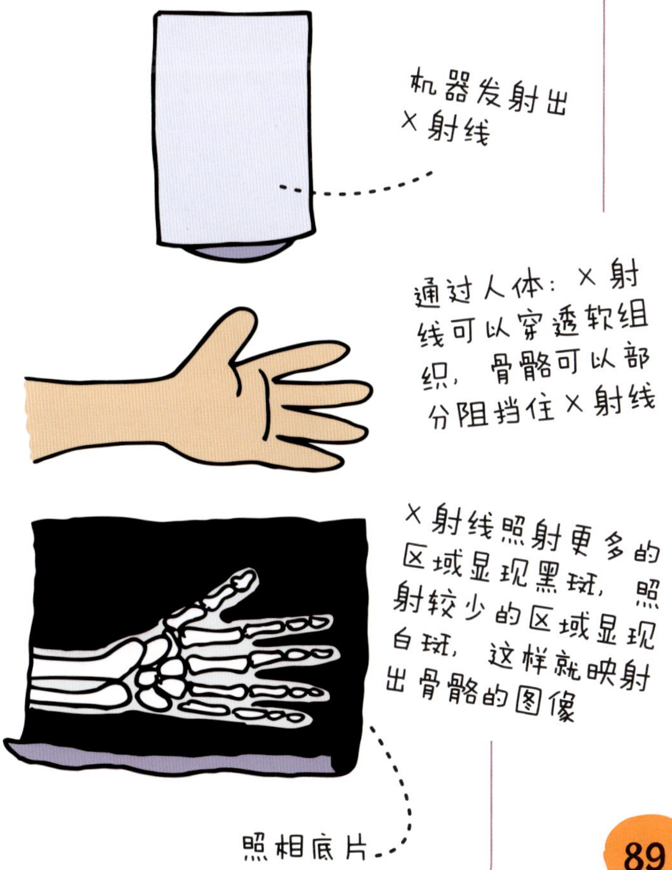

为什么所有人的两侧都是相同的？

“爸爸，为什么所有人的两侧都是相同的？”

我没搞明白。卡茨佩尔总能让我大吃一惊，甚至是在上学的路上也不例外。

“等一下，‘两侧都是相同的’是什么意思？”我问道。

“你看，我们的眼睛、手、脚都是相同的，而且动物也是一样的情况，所有的动物都是这样。”卡茨佩尔解释道，“比如，我们不会光一只手上长刺或者另一只手上生出翅膀。或者是其中一条腿上再长出什么东西来。”

哦，明白了！换句话说，就是我们的身体右侧是左侧的镜像。它的科学叫法是“两侧对称”。确实，从简单的蠕虫开始，到昆虫、多足节肢动物、蜘蛛，最后到两栖动物和哺乳动物，大多数动物都是基于这一原则构成的。这一属性甚至体现在基因的运行方式上，动物身体左右两侧的发育也是由相同的基因来控制。

由此可以看到，两侧对称的倾向来自于远古的进化起源。如果仔细想一想，这十分合乎逻辑。理由是这样的：动物身体的前半身和后半身有着不同的分工。前半身寻找食物或者同伴；后半身跟着前半身，通常负责处理废物。前半身和后半身不可避免地需要区分开来。动物身体上半身和下半身的情况也是类似的：阳光从上方照到动物身上，身体下部接触地面，而且引力也将动物往下拉，因此动物的上半身和下半身不可能完全一样。而作用到动物的左半身和右半身的力是完全相同的，无论是作为猎物或者猎手都不例外。两侧的光线或者声音是相同的，所以左右两侧的耳朵、眼睛、手、脚也都是相同的。两侧对称如果明显失调的话，会干扰到动物的行动方式，这时，即便身体两侧的肌肉均匀用力也无法顺利前进，而是只能转圈，走路一瘸一拐，甚至可能会迷失行进的方向。因此唯一合理的解决方法就是“两侧都是相同的”。但是，请注意，这一点也并不绝对。

但两侧对称的原则也存在一些有趣的例外。首先不能不提那些定居或者很少移动的动物，比如海胆、水母、海葵、水螅，它们都是径向对称的。这就意味着，它们的身体不是分成相同的两半，而是多个（比如说五个）相似的部分。另外，还有一些动物没有任何对称。比如，有一些螃蟹，它们的两个蟹钳一个大一个小。在海底深处可以看到一种叫作“比目鱼“的鱼类。比目鱼的身体异乎寻常地不协调，一只眼睛发生了错位，所以这种鱼生得特别奇怪，看起来就像发生了扭曲。甚至是人类，一只手（通常是右手）也会比另一只手更有力，当然，这不过是细微的差别。我们是否注意到了这一点？我们喜欢对称——那些脸部两侧完美对称的人，我们也会认为会更加好看一些。

而这也是为什么我们要“两侧相同”的另一个重要原因。

对称轴
绝大多数动物都
是两侧对称
蜘蛛
欧洲野牛
蚯蚓
青蛙
还有一些动物是
径向对称
或者是完全没有对
称——非对称的
水螅
招潮蟹

回声是如何产生的？

“伊达，听到没？有个小姑娘和你一样在哭泣。”我说道。

“在哪里？”伊达含着眼泪问道。她今天心情不好，没有缘由地哭哭啼啼。

“那里，树林里面。”我指着树林的方向说道，“你仔细听。”

所有人都静下来不说话。当时我们正走在下贝斯基德山区一个迷人的山谷里，山间小径上绿草如茵，两旁是浓密的森林连绵起伏。时值夏末，阳光暖暖地照着，蝗虫奏着音乐，黄蜂嗡嗡地歌唱，苍蝇不甘寂寞，也嗡嗡地进行伴唱。不过，林间已经听不到任何孩子的声音。

“也许是回声吧？”最后孩子们的妈妈说道。

“也许是回声吧？”同样的声音从林间传过来，只不过声音稍微变低了一些。

刚听到的果然就是回声，多清晰的回声啊！我们听到的语句不仅完整，还相当响亮。于是，我们就开始继续进行尝试。

“是我，卡茨佩尔。”卡茨佩尔说道。

“是我，卡茨佩尔。”回声回应道。

伊达尖叫一声，随后森林里传回了一模一样的尖叫声。妈妈唱了一小段歌曲，我们随后也都听到了完美的回声。我大声呼喊，回声也礼貌地做了回应。我们的叫喊声此起彼伏，不过回声一点都没被打扰到，依然礼貌地一一进行回应。我们从来没听过这么美妙的回声！

最后，我不得不催促他们：“好了，我们得走了，要不然就来不及走完这段路了。” 他们依依不舍地接着出发，而孩子们急切地想知道回声是怎么产生的。

当我们发出任何声音时，都会使得空气分子进行振动。空气分子围绕一个平衡点来回振动，并将能量传递给邻近的分子。受其影响，这些分子也开始来回振动，声波通过这种方式进行传递。当中途遇到岩石、墙壁或者树干之类的阻碍物时，声音还会进行反射，返回到我们这里来。如果障碍物离我们特别近，声波回来得特别快，就会与我们发出的声音混在一起，我们就无法分辨出来。如果障碍物远一点，当声波返回时我们已经停止说话或者喊叫了，这时我们就可以听到返回的声音，这个声音就是回声。

承载声波的空气会使声波逐渐变得低沉。所以，当有人从很远的地方向我们呼喊时，我们是无法听清的。如果回声作为很远处障碍物的反射波传回到我们这里，我们也是听不清的。湿度和温度也会影响到空气对声音反射效果的强弱。正因为如此，就是在同一个地方，不同时候回声也是有大有小。

旅程结束后，我们又踏上了回程的路。回程与去程是同一条路线，所以我们早早就按捺不住内心的兴奋，盼着能够再与我们的回声亲密接触。然而这一次我们却失望了，因为这次回声变得特别微弱。

不过，我们约定好，我们会再来这里的，到时贝斯基德的回声一定会是全世界最响亮的！

空气分子进行振动
回声！
当声音中途遇到阻碍物时会进行反射，返回到我们这里
回声！
声波进行传递
蝙蝠的回声定位也是基于同样的原理
回声！
这是回声吗？！
不，这不是回声，回声，回声……

为什么鸟儿要一起飞行？

终于感受到春天的气息了，我内心的喜悦几乎都已经按捺不住。虽然还有些许寒意，但是春天的痕迹已经随处可见。这个时候，我喜欢带着全家人离开华沙，驶向广袤的原野，去感受大自然无处不在的精彩——田凫在草地上呜咽呜叫，蛤蟆爬到我们的脚下，榛子将黄色的花粉撒到我们身上，云雀在婉转地歌唱……

待在城里要无趣很多，可即便如此，有时也会有惊喜发生。夜晚，当车马喧嚣都平息下来后，时常可以隐约听到嘎嘎的叫声。

一天，在我送伊达去上学的时候，一队大雁恰好从我们头顶上飞过。我们于是停下来去观察它们。这队大雁正向着北方飞去。它们嘎嘎的叫声响彻云霄，仿佛要盖过马路上的喧嚣。大雁们迅速而且有节奏地拍打着翅膀，一副行色匆匆的模样。

“爸爸，”伊达问道，“为什么它们要一起飞呢？还有，它们为什么这么早就要往北飞呢？毕竟现在挺冷，这个时候它们在北方很难找到食物。”

哎呀，确实，伊达说得非常有道理！因为我们感觉上鸟儿应该轻松愉快地飞到南方过冬，然后再不紧不慢地飞回来。事实上，鸟类的长途飞行需要付出极大的努力，必须为此做足准备。离出发还有几周时间，它们的身体就开始迅速变化。首先是肠胃增大，这样鸟儿就可以更快更多地进食。它们会迅速增肥，脂肪随后甚至可以占到它们体重的一半。它们的胸肌也进一步生长，从而可以一连数日振翅飞翔。为了能够在高强度的工作条件下身体得到足够的供氧，甚至它们的血液都必须进行改变。由于血液中红细胞增多，血液也变得更加黏稠。

临出发前几天，鸟儿还要再进行一项身体改造。因为长途飞行中它们无法进食，它们的肠道要进行大幅收缩。之后，在路途中它们的肠道还会继续变瘦。不光是肠道，几乎所有的身体器官在长途飞行过程中也同样会变瘦，比如皮肤、胃、腿、肝脏、肺。也许脑部是唯一的例外。几千公里连续飞行中，鸟儿还要和睡眠不足做斗争。它们用一种非常巧妙的方法解决了这个问题，学会了左右半脑轮换休息。这一路上，它们还会遭遇缺水、气温太高或太低带来的考验。它们还会遇到暴雨，要躲避天敌的魔爪，还要想办法从猎人的枪管下逃生。

一起飞行有助于它们完成这无比艰难的迁徙旅程。当一只鸟在另一只鸟的侧后方飞行时，它需要克服的空气阻力要更小一些。这样，消耗的能量就会更少，并且可以减少疲劳。放在数千公里的长途飞行过程当中，这一点就显得极其重要。正因为如此，像大雁这类鸟会排成人字形进行飞行。领头的那只鸟无疑是最辛苦的，所以隔一段时间就会进行一次轮换。筋疲力尽的队伍向导会退到队伍后面，它的位置会由其他体力状况更好的鸟儿顶上。

鸟儿们火急火燎地赶路。伊达说得很有道理，三月份依然还很冷，食物也不充足。但是春天已经悄然来到了，草木长出新枝，虫子也探出头来进行活动了。鸟儿需要尽快选址筑巢，不得不和糟糕的天气做斗争，不过之后就能获得丰厚的回报。当到了哺育雏鸟的时候，每天都将需要大量食物，而到时它们在眼皮底下就能找到充足的食物。而如果鸟儿回来迟了，它们当然不会受冻挨饿了，不过到那个时候，筑巢最好的地点都被别的鸟给占去了，而且留给雏鸟发育成长的时间也少了。所以，对鸟儿来说，最好还是能够抓紧时间进行赶路。

在遇见大雁之后不久，家里的后院又迎来了

新客人——野鸭。野鸭是一种在波兰相当常见的鸟类，而且也非常漂亮。它们中的很多都待在城里过冬，不过也有一些会飞到南方过冬，然后春天的时候再飞回来。看起来，这些野鸭只是想在我们这里休息一下。伊达和卡茨佩尔想要给它们拍照片。他们知道，如果不想惊吓到野鸭，就必须轻手轻脚地行动。所以他们不断地相互提醒。

“伊达，小声点。”卡茨佩尔提醒伊达。

“你也别嚷嚷。”伊达提醒卡茨佩尔。

“我没嚷嚷！”卡茨佩尔嚷道。

“我也很小声！”伊达大声地喊道。

幸运的是，野鸭们太疲惫了，甚至都没有被孩子们的争吵惊扰到，他们也最终成功地拍到了照片。野鸭们在休息够了之后才纷纷飞走。

祝你们一路顺风！

瞳孔在眼睛里起到什么作用？

“啊，不要啊，不要往我眼睛里吹气！”卡茨佩尔抗议道。

他还记着上次很不愉快的就诊经历。因为之前医生注意到他眼睛里有奇怪的东西，所以这已经是卡茨佩尔半年里第三次来看眼科医生了。还好已经到了最后一些检查，马上就可以知道究竟是不是眼睛出了问题。

和往常一样，先将滴眼剂滴到眼睛里，之后就是测量视力和眼压。测眼压时电脑会轻轻向眼球吹气，卡茨佩尔非常不喜欢这样。

我们当时坐在候诊室里。在滴眼剂的作用下，卡茨佩尔的瞳孔慢慢在扩张，瞳孔扩张得越大，光线对眼睛的刺痛也就越厉害。最后他不得不戴上了墨镜。这个时候，他问道：“爸爸，瞳孔在眼睛里起到什么作用？”

瞳孔仅仅是为了让光线进来。而感光细胞位于眼球的另一面，受到光线刺激后将信息传输到脑部，形成我们所看到的画面。所以说，必须采用特定的方式将特定状态下特定数量的光线送到感光细胞上，以便形成最好的画面。光线从瞳孔开始进入眼球内部，瞳孔周围是由肌肉构成的虹膜。当我们身处光线特别强烈的地方时，瞳孔就会收缩，这样就不会有过多的光线进入到我们眼睛里面。而当我们进入到昏暗的房间时，虹膜肌肉会使瞳孔扩张，这时就可以有更多的光线通过瞳孔进入眼球，从而可以更加强烈地刺激感光细胞。这样，即便光线有限，我们还是能够看清东西。此外，还可以人为地强制让虹膜扩大瞳孔，这样就可以使眼科医生看到眼球内部。

我们还是回到通过瞳孔进入眼球内部的光线上。光线在途中会遇到晶状体，晶状体的作用是将光线聚焦到被称为视网膜的感光细胞层上。晶状体根据我们看到物体位置的远近改变形状。通过这种方式，我们就可以看清正在注视的物体。

最后，被晶状体适当调节过的光线到达视网膜。视网膜上有两种感光细胞，其中，视杆细胞最多，单眼达到 1.25 亿个。视杆细胞在光线昏暗时进行工作，接收物体的运动和形状，但是不区分物体的颜色。所以，它们最适用于晨昏时分。

另一类感光细胞被称作视锥细胞。我们单眼才只有 650 万个，不过它们对我们来说极其重要。视锥细胞可以使我们辨别颜色，还可以应对更强的光线，从而使我们感知图像的细节。视锥细胞主要位于视网膜中间，其中被称为黄斑的那一小块地方的视锥细胞尤为集中。眼科医生也就是在卡茨佩尔的黄斑上看到了奇怪的变化。为了弄清那里究竟发生了什么，就需要有这一结构的准确图像。所以，我们为此又去了下一家眼科诊所。医生对黄斑进行了长时间拍摄，之后在电脑屏幕上向我们展示了其在各个位置上的剖面，最后，他发表意见说：“我认为黄斑一切正常。我没有看到任何病变，只不过是黄斑的形状稍稍有点不规则而已。”

卡茨佩尔听完后，大声欢呼道：“哦，万岁！我是健康的！我是健康的！我是健康的！”

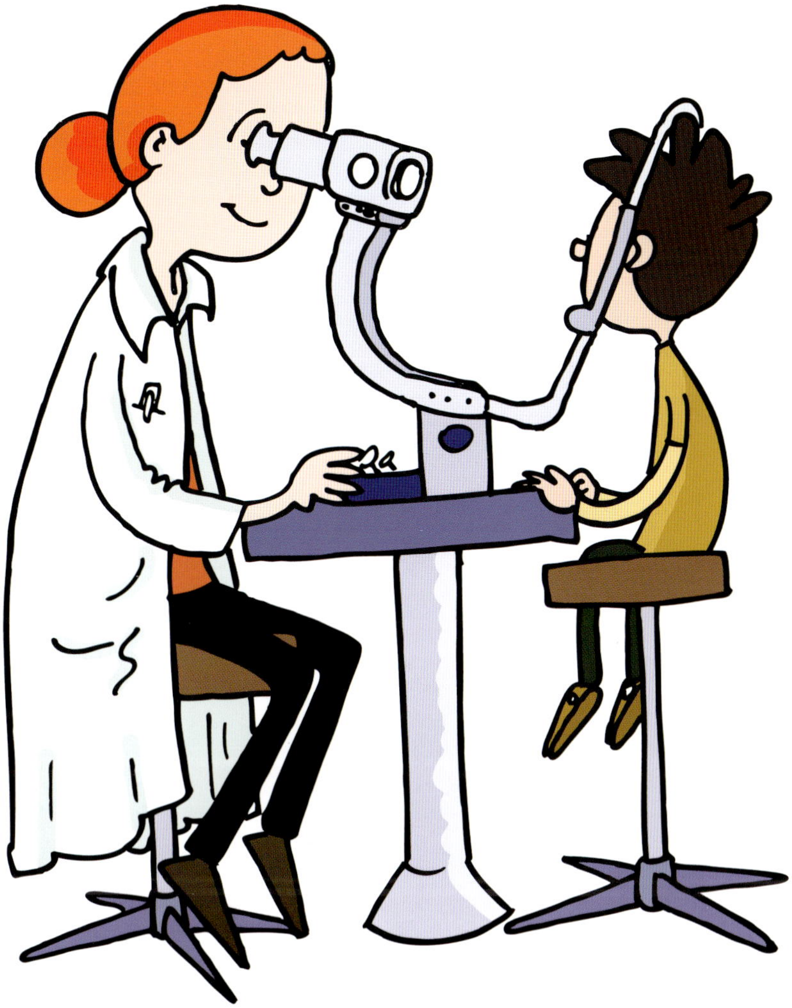

（光线强烈时）
瞳孔缩小的眼睛

（光线昏暗时）
瞳孔扩张的眼睛

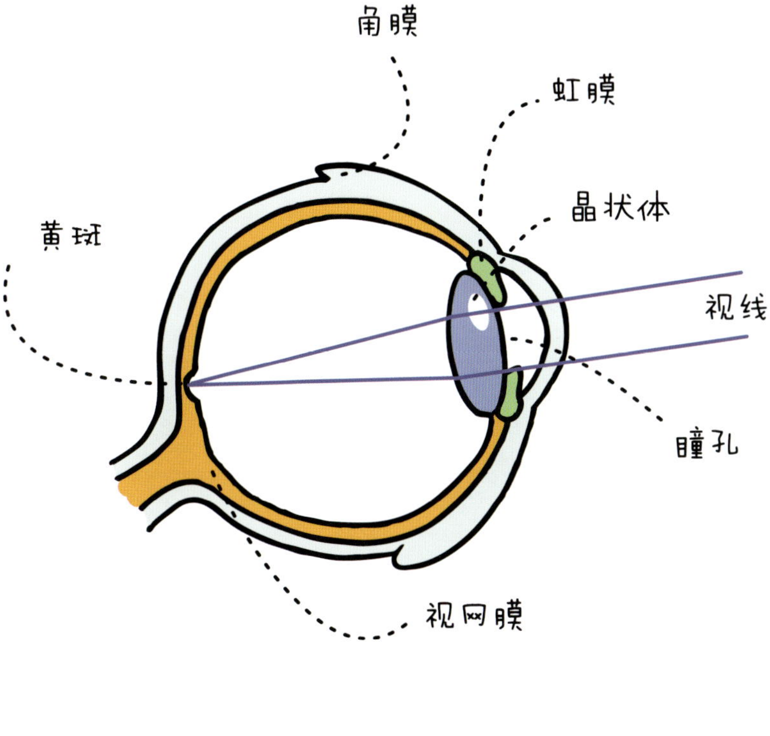

为什么鸟儿会撞到玻璃？

就在我们面前，一只大个的灰色长嘴鸟忽然急冲而过，几乎就要碰到我们脚上。它迅速向伊达的学校方向飞去，径直地冲向连接主楼与食堂的玻璃走廊。只听砰的一声，它狠狠地撞上一块玻璃，掉在了地上。没一会儿，它就又一跃而起，虽然被撞得有些头晕目眩，但还是马上就飞走了。

“快看，伊达，是丘鹬！”我不禁喊道。

我一喊出来，她就立刻意识到是怎么回事。她还从来没有见过丘鹬，这次机会不容错过。不光是伊达，其实我之前也从没有见过丘鹬。这是因为丘鹬是一种森林鸟类，它的生活方式非常隐秘，而且身上还有着极其逼真的伪装色。我多次看到过丘鹬的照片，也读到过关于它的文章，却一直没有机会见到真的丘鹬。时值深秋，我们所在的小区早已变得萧瑟昏暗。在这个时节，能够在华沙市内的混凝土建筑物和柏油公路之间见到丘鹬，真的是太出乎意料了。

后来我通过阅读才知道，这并不奇怪。丘鹬通常会在十月底，有时甚至要到十一月，才从波兰飞往温暖的国家过冬。它们飞得不是很高，如果飞行线路刚好穿过城市的话，往往有可能撞到建筑物。对它们来说，大型的玻璃窗尤为危险。丘鹬与其他鸟类一样，不会将玻璃当作障碍物。它们能够看到玻璃后面的景象，所以就认为能够从中飞过去。于是，它们的头就狠狠地撞到玻璃上，许多鸟就是这样死的。有人估计，由于这个原因丢掉性命的鸟类数以亿计。

这样说来，“我们的”这只丘鹬运气还算挺好，它撞到玻璃之后居然奇迹般的毫发无伤。由此我们也知道了，学校的玻璃走廊对鸟类来说是一个真实的陷阱。我们决定去帮一帮它们，我们找到了伊达的老师，请求她在玻璃上贴上猛禽的剪影。这样的话，应该就可以威慑住较小的鸟类，从而防止它们撞上玻璃。效果更好的方法是使用不透明的紫外线滤镜。人眼无法看到的这部分太阳辐射，鸟类却可以清楚地看到。如果这样的话，玻璃就可以反射紫外线，人类几乎察觉不到其中的差别，而鸟类却可以感知到障碍。有了这样的滤镜，与玻璃发生碰撞的鸟类数量将会显著减少。

经过几周的努力，我们成功说服老师贴上了猛禽的剪影，而遇到丘鹬的一幕也牢牢印在了伊达的脑海里。之后过了很久，她还在卡茨佩尔面前炫耀自己曾经见到长着大嘴巴的丘鹬。

我看到了一个洞，所以觉得我可以飞过去
等一下，有什么东西挡住了紫外线！
紫外线滤镜
FiLTR UV
有猛禽！快逃命啊！！！
用长嘴在泥土中探寻食物，主要吃蚯蚓，也吃蜗牛和昆虫幼虫
依靠位于头顶的眼睛观察四周
雌鸟在遇到危险时可以将雏鸟抓在两腿之间，再用长嘴固定好，然后飞到安全的地方
丘鹬通常生活在灌木丛生的茂密森林里

为什么胶水可以粘贴东西？

为什么你说我提的问题关于人的居多？”伊达好奇地问道。

“因为我是这么觉得。”我回答道。

伊达看起来还是不相信。在结束了一段有趣的访谈后，我们刚刚回到家。我博客里的少儿知识问答吸引了一个电视节目的注意。他们邀请我和孩子们一起去参加一个节目。我觉得应该由伊达和卡茨佩尔自己决定是否去录制节目。

“你们和我一起去吗？”我问道。

卡茨佩尔叹了口气说：“爸爸，如果你很在乎的话，那我就去吧……”

“我很在乎。”我承认道。

“那好吧，我去就是了。”卡茨佩尔又叹了口气。

伊达犹豫了更长时间。她起先拒绝，后来又说还要考虑一下，最后，过了两天，她才下定了决心，说她想去看看摄像机是什么样子的。

“我担心很难再有机会看到。”她解释道。

于是我们三个人一起去了演播室。节目开始后，他们两个人都非常拘谨，所以提的问题都是我一个人在回答。之后，卡茨佩尔渐渐变得活跃了一些，可是伊达直到节目结束都是一言不发。

回来后，孩子们对我在节目上的回答做了评价。伊达最惊讶的是我的一个观点，那就是说她主要提关于人的问题，而卡茨佩尔则更多是提有关大自然的问题。她回了自己房间，在里面画画、做剪贴。过了一会儿，她出来后走到我面前。

“为什么胶水可以用来粘贴东西？”她问完后马上又补充道，“这次可不是一个关于人的问题，是不是？”

这确实不是一个关于人的问题，不过这并不会干扰到我们去寻找答案。世界上的胶水种类繁多，但是所有的胶水都有两个特性：附着力和凝聚力。附着力表示其黏附到其他物质上的趋向性。正因为有附着力，所以很难将胶水从两个物体上分离开来。然而要是没有另一种特性，即凝聚力，被粘住的物体也不能维持在一起。这个特性靠的是胶水分子维持在一起的倾向性，因此要将胶水分离开来也很困难。

为了让这两种力可以充分发挥作用，胶水开始必须是液体形式。将胶水涂在物体表面，让其填充所有的孔隙，这样就可以粘得更牢。各种污垢都可能成为干扰，使得胶水不粘物体，而是粘灰尘。这样的话，所有粘好的东西就又会散开。所以，在粘贴之前先要妥善清洁物体的表面。

之后胶水必须硬化，因为这样可以增强凝聚力。孩子们最经常使用的学生胶水能够变硬，实际上依靠的是水分蒸发。由于水蒸气很容易通过纸张溜掉，所以学生胶水可以很好地粘贴纸张，而用来粘贴金属或者玻璃就不行了。当我们要粘贴不透水的物体时，应该使用采用其他方法硬化的胶水。比如，它们与空气接触后可以进行复杂的化学反应，将更长链上的分子结合在一起。只有这样，所有的东西才能牢固地维持在一起。

除此之外，我依然认为伊达提的问题更多的还是关于人的！

这里要贴一个心……

胶水必须具有两个特性：附着力和凝聚力

附着力是黏附到其他物质上的趋向性，而凝聚力是分子要维持在一起的倾向性

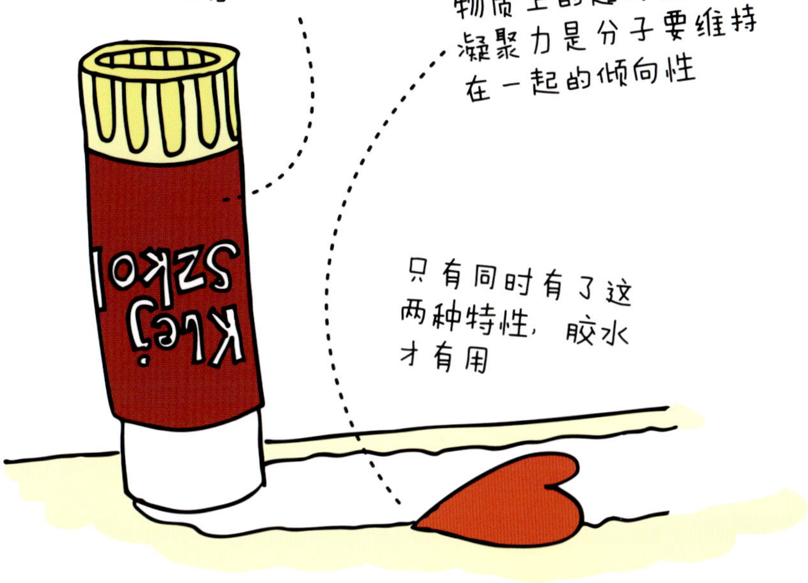

只有同时有了这两种特性，胶水才有用

如果是液体形式，胶水就可以更好地黏附到各种凹凸不平的表面上

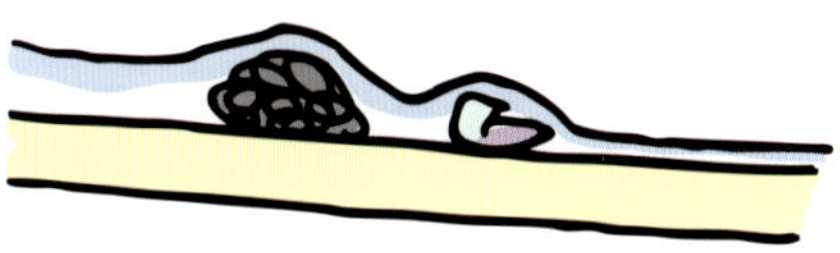

污垢会对粘贴产生干扰，所以粘贴时要保持物体表面的清洁

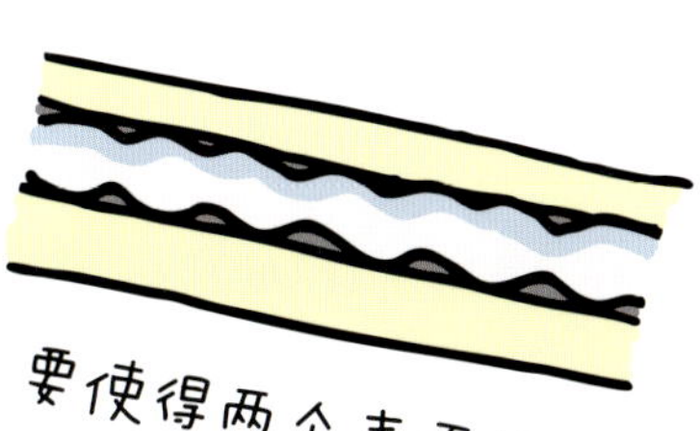

要使得两个表面粘牢

水分可以透过纸张进行蒸发

需要使液体胶水凝固，比如让胶水中的水分蒸发

什么是瘀青？

真的，真的，伊达和卡茨佩尔身上能够生长出成片的瘀青。我总是很惊讶，他们是怎么集齐这么多彩色斑点的。一天，我们没去看他们手脚上的瘀青，而是躺在了床上。其实也就是孩子们躺着，我给他们读奥萨·林德的《沙狼》，作为他们的睡前故事。此刻书中的主人公卡鲁霞正在吹嘘自己的"彩虹腿"。就像她解释的那样，第一处瘀青是她从荡起的秋千上跳下时磕伤的，第二处绿色的瘀青是她骑自行车和邻居家的猫比赛时弄伤的，第三处那一大片紫色瘀青是她从吊床上蹦起来时不小心撞伤的。听她说完后，沙狼问卡鲁霞："瘀青是通过冒险得到的奖章，是吗？"卡鲁霞同意道："那当然了！它们是勇气的勋章。"

"不对，"卡茨佩尔打断了我，"瘀青根本不是勇气的勋章，它们是……爸爸，瘀青究竟是什么？"

实际上，瘀青是皮下毛细血管受损的症状。磕碰的时候最容易出现瘀青，血液会从静脉和动脉里渗出来，身体这时就得设法去清理这一混乱局面。血红色素会逐步转变成其他化合物，瘀青也随之改变颜色。起先，瘀青名副其实，确实是青色的，有时也混杂着红色或者蓝色。之后，瘀青会逐渐变绿，最后又变黄。免疫细胞也会赶到皮下溢血处来对抗细菌，而当免疫细胞扩散开来时，瘀青就可能变成金色或者棕色。大约两周后战场就可以完成清理，磕碰后留下的印记也将随之消失。

对这一过程进行验证不需要花太多时间。孩子们手上和腿上的瘀青变了颜色，然后就消失了。只是那些地方又开出了一批新的彩色花朵。这么多，他们究竟是从哪里找到的？

瘀青的变化

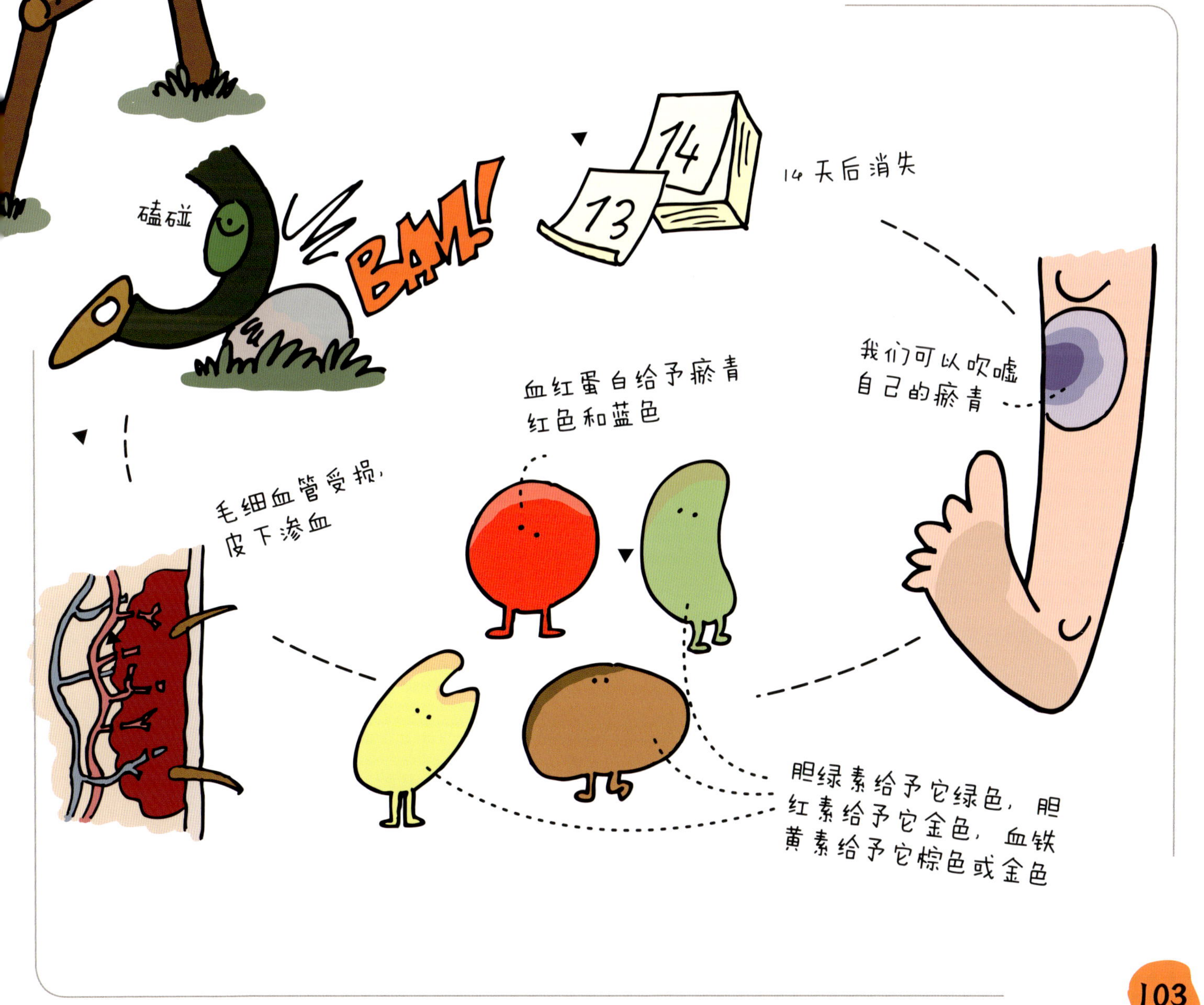

磕碰
BAM!
13
14
14 天后消失
我们可以吹嘘自己的瘀青
胆绿素给予它绿色，胆红素给予它金色，血铁黄素给予它棕色或金色
血红蛋白给予瘀青红色和蓝色
毛细血管受损，皮下渗血

一切生物因为什么而存在？

这件事发生在一天晚上，当时我已经有点累了，我们正在下贝斯基德山区度假，一整天时间都在山里跋涉。当我爬上山顶的时候，已经快喘不过气来了，而伊达和卡茨佩尔依然精力充沛，还不忘抛给我一大堆问题，他们都等不及到晚上再来问我。当我们饭后喝茶的时候，卡茨佩尔投入了对哲学的思考。他将他的思考说了出来，于是一堆问题向我涌来：生命究竟为什么存在？一切生物因为什么而存在？生命是否有意义？

这些问题在我的脑海里萦绕，把我所有的疲惫一扫而空。

我想要科学地回答卡茨佩尔的问题，只不过自然科学仅仅负责寻找原因。自然科学研究的是生命是怎么出现的，动物和植物是怎么形成的，自然法则是怎样的。生物的进化都是为了适应生存。通过进化，可以产生新的结构、机制和习性。而为了能够继续生存下去，还必须继续不断地变化、适应、竞争、为生存而斗争。否则，它们就会和其他数以百万计被淘汰的物种一样，难逃灭绝。所以可以说，一切都是适者生存。

这些已经存在的物种也是地球上其他物种生存的需要，所有的生物都彼此依存，链接到一个复杂的网络里面。所以，当我们试图破坏大自然的既定结构时，一定要特别注意。这是对“一切生物因为什么而存在”这一问题最为先进的科学回答。而寻找一切生命存在的终极目标，已经不在这一范畴里了，因为它无法通过实验去发现，也无法进行研究。

但是，这阻止不了我们去寻找答案。我与伊达和卡茨佩尔就这个问题讨论了很久。至于最后得出了什么结论，我这里就不去写了。

每个人都必须自己独自去寻找答案。

爸爸全知道（下册）

［波］沃伊切赫·米克乌什科／著
［波］托马什·萨莫伊利克／绘
丁杨忠／译

山东科学技术出版社
www.lkj.com.cn

图书在版编目(C I P)数据

爸爸全知道 : 全2册 / (波) 沃伊切赫·米克乌什科著 ; 丁杨忠译. -- 济南 : 山东科学技术出版社, 2016.7

ISBN 978-7-5331-8300-4

Ⅰ. ①爸… Ⅱ. ①沃… ②丁… Ⅲ. ①家庭教育 Ⅳ. ①G78

中国版本图书馆CIP数据核字(2016)第137445号

爸爸全知道（上、下册）

［波］沃伊切赫·米克乌什科／著

［波］托马什·萨莫伊利克／插图

丁杨忠／译

主管单位:山东出版传媒股份有限公司

出版者:山东科学技术出版社

地址:济南市玉函路16号

邮编:250002　电话:(0531)82098088

网址:www.lkj.com.cn

电子邮件:sdkj@sdpress.com.cn

发行者:山东科学技术出版社

地址:济南市玉函路16号

邮编:250002　电话:(0531)82098071

印刷者:北京盛通印刷股份有限公司

地址: 北京市经济技术开发区经海三路18号

邮编:100176　电话:(010)52249888

开本:889mm × 1194mm　1/16

印张:13

版次:2016年7月第1版第1次印刷

ISBN 978-7-5331-8300-4

定价:86.00元(全2册)

目录

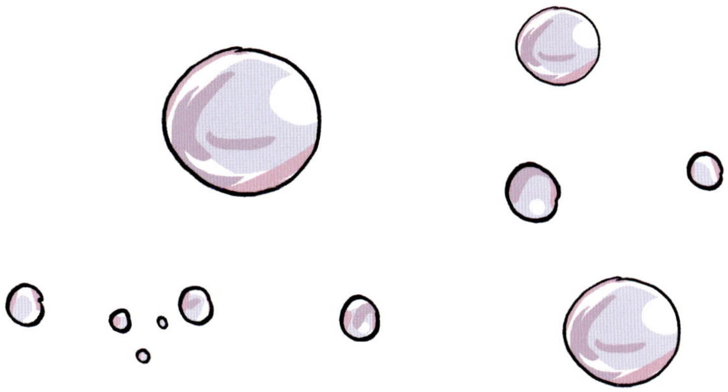

为什么要写这本书？这本书写给谁看？

“爸爸，你真的打算连我挨老师批评的事情都要写到书里吗？”卡茨佩尔担心地问道。

“对啊。”我坦然承认道。

“什么？那全世界就都知道了！不要啊，我不同意！”

“卡茨佩尔，你就同意了吧……”我恳求他说，“毕竟，这本书绝对不会被全世界所有人都读到，所以你不用太过担心……”

确实如此，这本书的确不是写给全世界所有人的，它面向的是充满好奇心的孩子与他们的家长。如果这本书能得到他们的青睐，我将会无比高兴。而且我相信，这本书可以成为全家人一起了解世界的良师益友。我之所以能有这样的信心，是因为我自己也有切身经历。

多年以来，我一直从事科技记者这一职业。在给报纸杂志撰写文章时，我会努力将最新的科研成就介绍得简洁有趣。我意外地发现，我这方面的才能在家里同样有用武之地。我的两个淘气孩子——伊达和卡茨佩尔，已经发展到凡事都能问出一大堆问题的地步，他们对世界有着天生而且又充满趣味的好奇心，就好像探险家一样，迫不及待地想要去了解周围的世界，去体验不可思议的探索历程。伊达和卡茨佩尔的问题充分体现了他们细致的观察和强烈的求知欲，让人着实惊讶。许多时候，我不得不向身边的科学家们求助，还要花上几个小时来查阅书籍和网络，才能最终找到正确的答案。我想到，我处理的这些科学问题可能对别人也同样有用。于是，我就开设了一个叫作“为什么？”的博客，在上面记录我们的故事，在博客里描写了各种不同的场景。在这些场景里，当孩子们的好奇心被激发出来，提出问题问为什么时，我会竭尽所能给出最准确的答案，而不是胡编滥造地去敷衍孩子。

博客获得的关注远远超过了我的预期，我也因此多次被电视台、电台、通讯社邀请过去谈论我的博客。马尔蒂科出版社也相信，我博客里的文章是用来出书的很好素材。

我要做的就只剩下说服伊达和卡茨佩尔，要让他们相信，哪怕是将他们不那么光彩的故事记录到纸上，都是一件很有意义的事情。无论是在轻松或者严肃的场合，荣耀或者羞耻的时刻，和谐或者不那么和谐的氛围，对这个世界的好奇心无处不在。因此，我很希望孩子们能够同意我发表这些故事，哪怕是挨处分的那件事。

“那好吧。”卡茨佩尔叹了口气说，“我同意就是了。”

所以，我诚挚期待您来阅读这本书！同时，阅读本书时，我还强烈推荐您留意欣赏托马什·萨莫伊利克为本书绘制的插图，这些插图使得许多复杂的科学问题变得简单易懂。我都无法想象，要是没有了这些插图，这本书会是什么模样。

最后，我强烈建议您亲自去了解世界、亲近自然，那必将会是无比有趣的经历！

为什么闪电是曲折的？

由水滴或者冰晶构成的浓厚雷暴云

带电粒子在云层间移动（负电荷向下移动，正电荷向上移动）

爸爸，爸爸！你看到了吗，你看到了吗？！”

“看到什么了啊？”

“两个闪电！”孩子们嚷道。

我们市里刚刚雷雨大作，一时间大雨倾盆，电闪雷鸣。在征得我的同意后，孩子们赤着脚在外面跑来跑去。就在一会儿之前，整个城市还笼罩在一股令人窒息的燥热当中，现在一场大雨立刻让空气变得凉爽起来，我真希望这场雨也能给伊达和卡茨佩尔的亢奋状态降降温。闪电已经离得很远，应该不会再有击中我们这里的风险了。孩子们又在外面玩了一会儿，然后跑回来告诉我，他们观察的结果。

“爸爸，你看到两个闪电了吗？你看到了吗？”

“不是两个闪电，而是两道闪电。”我就纠正他们说，“它们在哪里啊？”

“在天上，就在那里！”伊达叫道，“闪电就像一万个爸爸！”

“像一万个爸爸？！我不明白……”

“它就像一万个爸爸那么大！”

哦，原来是这样。听完，我笑得直不起腰。我想起了很久之前的一次雷雨，那时卡茨佩尔还很害怕打雷。他当时注意到闪电划过天空时是蜿蜒曲折的，于是就问我：“爸爸，为什么闪电都是曲折的，而不是笔直的呢？闪电究竟是什么？它是从哪里来的？”

我们从浓厚的雷暴云说起吧。雷暴云是由很小的水滴或者冰晶组成的，如果雷暴云很大的话，云层之间就会有活跃的电荷。目前还不十分清楚这究竟是怎么一回事，不过可能是由于水滴和冰晶相互摩擦——气球和琥珀的摩擦生电就是这个原理。冷暖空气碰撞和大风加剧了云层间的摩擦，且不管原因如何，云层的一部分带上了正电荷，另一部分带上了负电荷。带负电的部分移动到云层的下部，带正电的部分则移动到云层的上部。虽然说异性电荷相互吸引是一种自然规律，但刚开始由于空气层阻止了正负电荷接触，所以就无法看到这一现象。带电粒子的数量逐渐增加，最后它们的数量多到足以冲破空气层的阻碍，这时，正负电荷突然接触就形成了闪电。负电荷比正电荷快好多倍，因此我们看到的闪电实际上就是负电子流，也就是我们通常所说的电流。

云层里面或者是云层之间都可以发生这样的放电现象。因为地面上不乏带电的物体，所以闪电也可能会落到地面上。电荷接触会选择最直接的行进路线，但是要注意，最直接的路线并不意味着是最笔直的路线。空气分子、水滴、冰晶都

会是电荷行进路线上的障碍，因为这些障碍并不是均匀分布的，所以闪电会避开障碍密集的区域，选择障碍相对较少的线路。另外，空气中的分子可能呈电中性、带负电荷或者带正电荷，而闪电实质上就是负电荷流，它会吸引正电荷，排斥负电荷，所以这就成了闪电一再转弯的另一个原因。最终，我们看到的闪电不光会转弯，还会分裂成两道、三道，有时甚至还能再合并到一起。

闪电内部的温度极高。如果一个人被闪电击中的话，那么……呃，我就不吓唬人了。任何时候闪电都是非常非常危险的，所以当雷电来临时，必须要防范雷击。首先，应该避开大树、水塘、电线杆、高塔以及较大的金属物体。如果在山上的话，则应该尽快从山顶上下来。一个人单独站在平地上，也有可能吸引闪电，因此，如果我们没有地方躲避的话，正确的做法是蹲下去，双脚并拢，手抱住膝盖，身体向前屈。不过，最好还是能够躲在家里或者汽车里。闪电当然也有可能击中建筑物，但是大多数建筑物都有避雷装置，它可以将电流全部引走，从而保证里面的人安全。

“爸爸，我们这栋楼有避雷装置吗？”这时卡茨佩尔问道。

“可能有吧……”我不太确定地回答道，但一看到他脸上害怕的表情，我马上改口，“有，当然有！”

看起来他现在已经不再害怕打雷了。当闪电还在远处划过天际的时候，他又跑到外面玩去了。这次不光是伊达，连孩子们的妈妈也跟着一起出去玩了。大家都脱掉了鞋子，开始在温暖的水潭里嬉戏。

“快过来吧，加入我们，大家一起玩吧！”他们冲我喊道。

“我没时间。”我回答道，“我在写关于你们的书呢。”

大脑和心脏，哪个更重要？

沃伊切赫先生，我今天有个故事要讲给您听。”卡茨佩尔的同学米哈乌对我说道。假期之前他曾到我家做过客，我看出他是一个特别幽默的孩子。他于是开始讲道：“我在家里下楼的时候，突然被自己的肾给绊倒了。我摔了下去，发现脑子正好躺在我的面前。我之前把脑子弄丢了，一直都没能找到，它直接就躺在了三楼的地上。哇，能把它找到，真是太好了……”

这个让人听了有些毛骨悚然的故事表明，米哈乌确实很会开玩笑。听到他丢了脑子的故事，卡茨佩尔和伊达都笑了起来，不得不说我也挺开心的。这个故事还有另外一个好处，那就是让孩子们对大脑产生了兴趣。

“爸爸，如果大脑真的从脑袋里出去了，人还能活吗？”他们问道。

“当然不能了。”

“那要是肾出来了呢？”

“我们有两个肾，所以如果一个肾没有了，我们还能够活下去。”

“那要是心脏出来了呢？”

“不行，人要是没有心脏就没法活了。”

这激起了他们浓厚的兴趣，于是这次对话并没有像我预想的那样被他们很快遗忘。后来，在假期我们全家出去采摘草莓的时候，伊达突然问我：“爸爸，大脑和心脏，哪个更重要？”

这两个词在日常语言中都有自己的象征意义。我们说到“心”时，常常是说心里的感觉，特别是爱意。当我们说到“脑”时，常常是说智慧、智商或者才智。事实上，无论是感觉还是智慧，都是在同一个器官内，那就是大脑，这一认识是我们直到近代才形成的。伟大的希腊哲学家亚里士多德就认为，人体最重要的器官是心脏。他认为，心脏管理着感觉、感官和行动，信息从眼睛和耳朵汇入心脏；而大脑的任务只有一个，那就是散热。

之后数百年的研究发现，心脏并没有这么多功能，它只不过是推动全身血液流动的巨大肌肉而已。心脏的主要工作是输送血液，会将血液输送到肺部，血液在肺部得到氧气后流回到心脏。心脏再将血液输送到身体的其他部分，让身体里所有的细胞都能够得到生存所需的氧气。如果心脏停止工作，血液就会停止流动，细胞也就无法得到氧气。所以说，离开心脏人就无法生存。

而指挥心脏工作的则是大脑，严格来说，是大脑中的最主要部分。它同时也控制着呼吸、吞咽、咳嗽以及其他反射动作，控制运动、听觉、视觉、记忆和智力的各种中枢位于大脑的其他各个部分。因此可以说，大脑控制着我们的全身。不仅如此，大脑还塑造了我们的个性和人格，决定了我们是怎样的人。大脑中有各种物质，它们分别负责我们的愉悦、幸福、喜爱，以及厌恶、仇恨、悲伤等情绪。我们人类能有智慧去征服世界，都要归功于大脑。因此，如果让我选择心脏和大脑哪个更重要的话，我会选择大脑。我也向伊达做了这样的回答。

“哦，原来如此。”她恍然大悟。

之后她就开始在森林里采摘草莓，后来她分了一些草莓给我。嗯，真的很好吃！

人体最重要的器官是心脏！大脑只是用来散热！我可是亚里士多德！
公元前4世纪
心脏是人体血液循环的"泵"！最重要的器官是大脑！
大脑负责控制身体

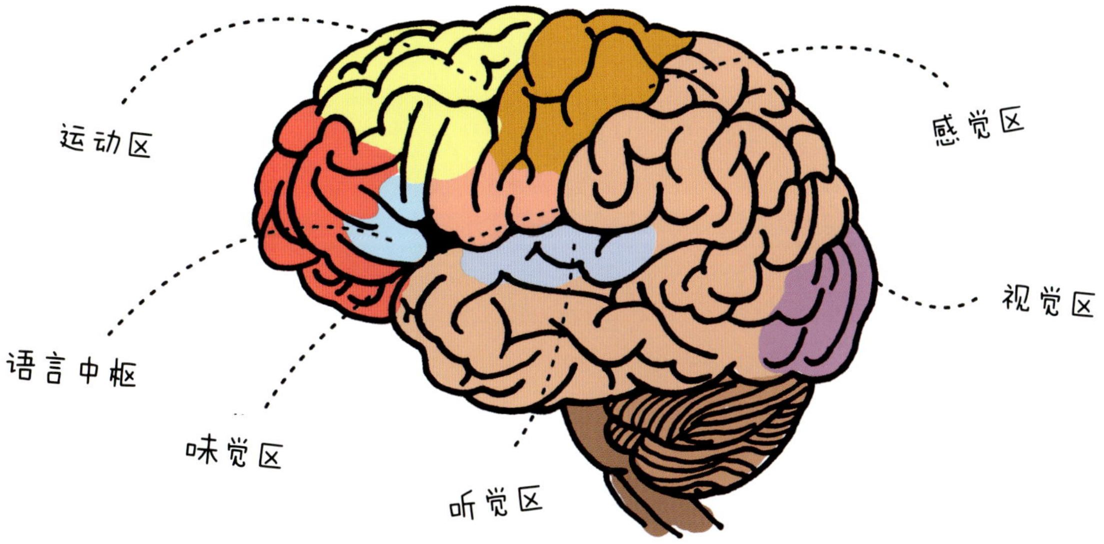
运动区
感觉区
语言中枢
视觉区
味觉区
听觉区

为什么面条煮的时候会变软？

是，是，我没有煮熟面条，看起来这次午饭的时间会比平时长出许多。伊达此时一边嚼着发硬的面条，一边用勺子在汤里慢慢搅拌着。

"哎呀，不好意思。"我解释说，"因为我不想把面条煮得太烂，所以就成了这个样子。我在面条彻底煮烂之前就把它捞了出来，不过看起来我捞得太早了。面条还是硬的，所以我就又把它倒进了汤里……"

伊达还在努力地嚼着面条，所以没有说话。好不容易嚼完吞下面条后，她问道："爸爸，为什么面条煮熟后会变软？"

好，我终于能够换一个话题，不用接着讨论我烹饪时的失误了。回答伊达这个问题的关键是用来制作面条的面粉，准确说还不是面粉，而是它的主要化学成分淀粉。淀粉这种化合物是由许多小的糖分子以长链形式连接而成的，它们彼此之间均匀分布，排布得比罐头里的沙丁鱼还要紧密，各个链之间于是就形成了新的化学键。当淀粉分子被加热时，这种化学键就会断开。随后，链与链之间就有了可以挤进水的空隙，这会进一步破坏它们的紧密结构。淀粉吸收水分，开始变成糊状，同时体积也膨胀变大。对我们的饮食来说，将又干又硬的淀粉变成松软的糊状是一种极为重要的化学过程，这种化合物实际上是人类的主要食物之一。世界各地的人们都会吃富含淀粉的食物，比如小麦、燕麦、大麦、大米、土豆，以及其他一些更独特的植物，比如芋头、木薯和面包果。然而，生淀粉我们几乎无法消化，它的链与链排布得非常紧密，以至于我们的消化酶根本无从下手。为了能够从淀粉类食物中提取生命所必需的能量，需要采用煮、烤或者其他方式进行加热，甚至还要加一些水。这时淀粉链就开始断裂，水分子也开始挤进链与链之间。因此，面条、土豆、米饭、粥都会在煮的过程中变软和膨胀。土豆粉膨胀可以形成果冻或者布丁，也可以做成营养丰富的面包。当我们吃用这种方式加工的各类淀粉类食物时，消化酶就可以相对容易地进入淀粉链之间，帮我们提取生命所需的能量。

所以说，吃硬面条绝不是一个好主意。如果此时让伊达提一点补充意见的话，那她肯定会说把面条再煮熟一些。再煮一下，午饭应该可以吃得快很多。不过你看，至少趁着今天这个机会，伊达还是学到了不少东西！

爸爸！面条
太硬了！
软软的！
真好吃！
一切都归咎
于淀粉
加热淀粉分子时，
键会断裂，水会挤
进链与链之间
淀粉变得富含水
分，成为糊状
由许多小的糖分
子连接组成密集
排布的链
水分子
谷物是淀粉的
主要来源
在吃之前必须对
其进行热处理，
用以软化淀粉
大麦
小麦
黑麦
燕麦
面包

蛀牙细菌吃牙齿吗？

看呢。”伊达说着展开了她紧握的手掌，掌心里躺着一颗牙齿。

“哇，真漂亮！”妈妈赞叹道。老实说，牙齿并不漂亮，甚至因为牙齿上面形成了龋齿斑，所以显得有些难看。其实我们平时特别注意孩子们的牙齿健康，伊达和卡茨佩尔每天都刷牙，此外我们还定期带他们去看牙医。可即便如此，他们还会不时有龋齿斑形成。最近一次去诊所的时候，医生在伊达的牙齿之间发现了一个很大的蛀牙洞。不过因为是乳牙，而且已经松动了，所以医生认为，既然牙齿很快就会掉，那就不需要让伊达遭受拔牙的痛苦折磨。于是医生只是对患处做了一下防护，确保细菌不会渗透到其他牙齿上。就这样一周时间过去，牙齿松动得越来越厉害，最后终于在不经意中就掉了下来。

终于盼来了牙齿掉落的这一天，所以孩子们的妈妈特别高兴，孩子们同样也很开心。他们把牙齿放在那里仔细研究，其中最让他们感兴趣的是上面丑陋的蛀牙洞。他们知道那都是细菌造成的，而他们真正感兴趣的是，这些细菌究竟在牙齿上做了什么。

“爸爸，这些细菌吃牙齿吗？”

“现在牙齿掉了，这些细菌是不是也死了？”

“蛀牙细菌真的可以吃掉坏死的牙齿吗？”他们的问题一个接着一个。

这些破坏我们牙齿，并导致蛀牙的细菌根本就不吃牙齿！它们仅仅依靠牙缝间的食物残渣为生。它们最喜欢的食物是各种形式的糖分，会将糖分消化掉，并生成有害的乳酸。

“这就好像细菌会排出酸来？”卡茨佩尔接着问道。

可以这么说，而且细菌还经常相互连接在一起，在牙齿表面形成一层名为“牙菌斑”的薄膜，牙菌斑很难去除。细菌会悄悄吃掉糖分，然后将酸排到我们的牙齿上，它们排出的酸会缓慢溶解牙齿最外层同时也是最坚硬的牙齿部分——牙釉质。如果不及时阻止这些细菌的话，酸就会进一步深入到牙齿内部，攻击被称为“牙本质”的牙齿柔软部分；之后就会达到血管和神经，最后进入牙根。开始的时候一点都感觉不到疼痛，之后在吃酸或甜的食物时会感觉不适，有时食物过热或者过冷也会感觉不适。随着时间的推移，会慢慢产生疼痛感。起先疼痛很微弱，后来就慢慢感觉明显起来，变成每天不停地折磨。到最后，疼痛会变得让人难以忍受。

而为了防止出现这种情况，我们需要正确刷牙，清理牙齿缝隙，还需要关心牙齿健康并定期进行清洗。出现细小的蛀牙洞应该尽早医治，不要等它变成大洞后再做处理。因此，我们需要至少每半年就去看一次牙医。我们时常羡慕野生动物，因为它们几乎不会有蛀牙，其实原因很简单：它们从不吃糖。

同样由于这个原因，与伊达的蛀牙一起掉下来的细菌也无法继续存活，因为没有谁再给它们提供糖分了。这些细菌可真没法靠吃牙齿为生。

牙齿的构造

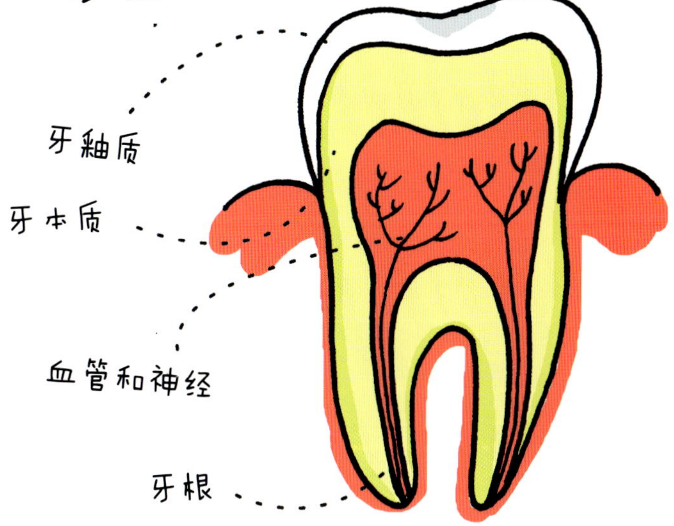

蛀牙是怎么形成的？

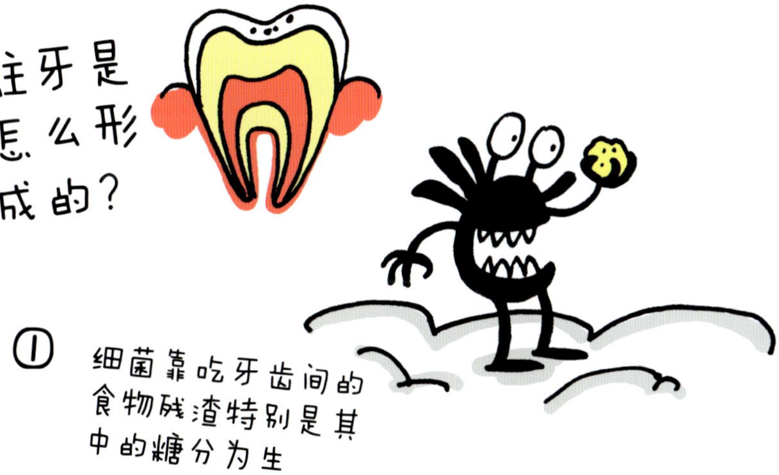

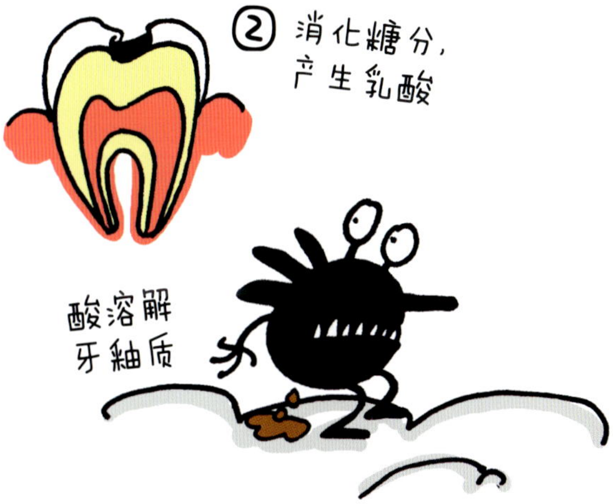

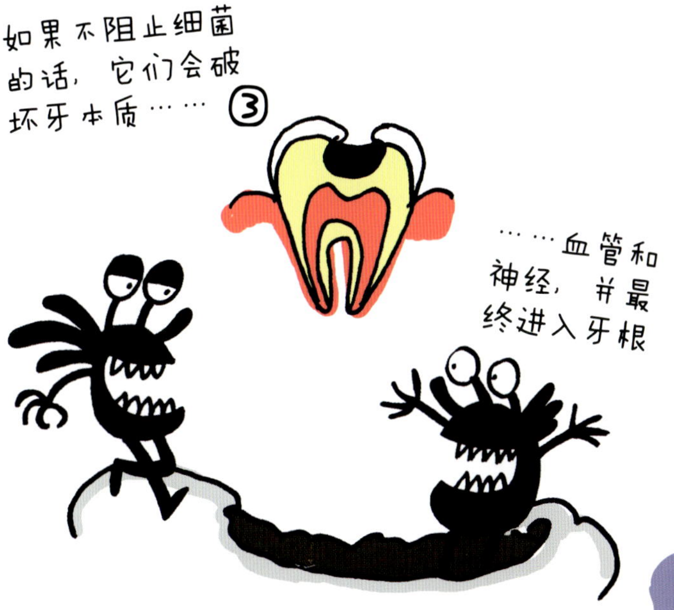

虾会吃人吗？

有这么，这么大的虾吗？”伊达极力张开她的双臂进行比画着。

“有从这边墙壁到那边墙壁那么大的虾吗？”她一边说着一边跑到了房间的对面。她热火朝天地忙来忙去，根本就等不及我去回答她。

卡茨佩尔和伊达的问题一样，不过他的问法更加科学：“有像鲨鱼那么大的虾吗？有肉食性的虾吗？”

伊达迅速补了一句：“有没有会吃人的虾？！”

这一切困惑的始作俑者是至今仍躺在我家冰箱里的一斤冻虾，我们依然不太确定该如何处理这些虾。这一切都始于之前的一趟超市购物经历。去超市购物可以说是全家参与的出行活动当中最累的了，可不幸的是，它是日常生活中必须进行的活动。卡茨佩尔、伊达和他们的妈妈一起去了超市购物，我推脱了没有去。孩子们的妈妈需要独自面对超市里满满当当的货架以及两个调皮的孩子，这样的购物过程让她疲惫不堪。当卡茨佩尔站到贩卖鱼类和甲壳类商品的柜台前时，她已经处于崩溃的边缘了。

“好漂亮的虾啊！”他喊道，“妈妈，我们买些虾回去吧！”

“好的，儿子。”妈妈说道，“不过不是现在，待会儿我们回来再买。”

“但是今天我们会买的，对吗？”

她指望着卡茨佩尔很快会忘了她的这个诺言，于是敷衍道：“好的，儿子，就今天买。待会儿我们再过来买。”等回到家时，妈妈才发现卡茨佩尔根本就没有忘掉这件事。但是她确实已经没有力气再去一趟超市了，而且仅仅为了买虾再去一趟。我们不想让卡茨佩尔觉得我们不守信用，于是我就又和卡茨佩尔去了一趟超市。回来的时候，我们带回了一斤虾。正如你们所看到的那样，我们在家里就“虾究竟是什么样的”这个话题，进行了长时间的讨论。

孩子们的大多数问题我都可以找到答案。科学地说，虾属于十足目甲壳类动物，现在已发现的虾类大约有一千五百种，其中大部分都还没有波兰语名字。它们主要生活在温暖的海水里，不过也有一些是淡水品种，甚至寒冷的波罗的海里也生活着几种虾。大多数虾的长度从几毫米到25厘米不等，没有哪种虾像鲨鱼那么大，或者是“从这边墙壁到那边墙壁”那么大，甚至和孩子们一般大小的虾都没有。大多数虾类靠食用从植物和岩石上刮取下来的微小藻类为生，也有虾类会吃浮在水里或者是沉在水底的各种食物颗粒。肉食性的虾类也有很多种，不过由于它们个头不大，所以对人类也构不成什么威胁。

不过据我所知，有一些虾类偶尔也会尝尝人肉的味道，我指的是食腐虾。当在海里遇到漂浮的尸体时，它们也很乐意从中分一杯羹。然而由于它们的口部很弱，所以需要等其他动物先将食物弄成碎片。我们买的虾肯定不是食腐虾，我猜想它们是养殖场里养殖的。可以食用的虾类有很多种，而且因为它们美味又健康，所有海里有专门的区域用来围养虾类。波兰附近海域里虾的数量很少，因此我们也没有将虾作为食物的传统。幸好我最后想到了一个好主意，向孩子们提议，我们一起做一个虾肉比萨吧。他们都非常赞成我的这个提议，于是我迫不及待地开始了工作。效果真的非常好！虾肉比萨吃得我们肚子最后都快撑破了，有机会我们还想能再多吃几次。可老实说，我还是害怕再和卡茨佩尔一起去超市，因为冻虾旁边还有冻蟹，卡茨佩尔到时肯定还想尝一尝蟹肉。那可怎么办？它们可没法用来做比萨啊……

有像鲨鱼那么大的虾吗？有肉食性的虾吗？
没有……的……没那么简单……
我喜欢藻类
我更喜欢捕食猎物
我吃腐肉
虾肉比萨真好吃！

水母用什么排便？

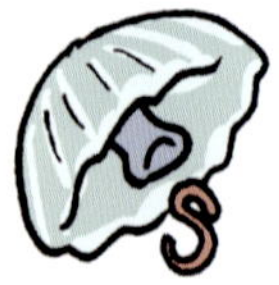

“这里发生了什么？”我不安地叫道。

伊达和卡茨佩尔坐在地板上，在他们两人身前各有一个装果汁的大塑料瓶。他们将瓶子里灌满了水，现正在将报纸碎屑、破布、蜡笔和其他一切大小合适的东西往里面塞。水从瓶子里溢出来，纸片由于吸收了水分而粘在了地板上。

“这里发生什么了？”我又重复了一遍，声音也大了起来。

“我们正在玩腔肠动物的游戏。”伊达和卡茨佩尔抬起头来答道。

“什么游戏？”

“腔肠动物的游戏。”

腔肠动物是一类水生动物。前不久我们刚刚去过海洋馆，海洋馆的整个大厅里都自由游动着腔肠动物的代表——水母，它们凝胶状黏稠的透明身体懒洋洋地在水族箱的玻璃后面游动着。孩子们对着它们观察了很久，只见这些伞形的奇怪生物在水中有节奏地收缩和伸展。他们记住的东西比我预期的要多，除了水母，水螅和珊瑚虫也是腔肠动物。“腔肠动物”这个名称来自“消化吸收腔”这个词，这表明了它们胃肠道简单的特点。同时，这一信息也激发了孩子们的游戏灵感。

“你给我们解释过，腔肠动物中间有着很大的洞，那里是它们的消化吸收腔。”卡茨佩尔和伊达将他们的塑料瓶展示给我看，“我们将各种东西丢到中间去，给它们喂食。”

“哦，这样啊。”我应了一声，不过并不太相信。

“只不过，爸爸你知道吗，我们在想，水母是用什么排便的呢？”

问题既然被他们很严肃地提出来了，我想就需要严肃地进行回答。动物消化的食物里面，并不是所有的东西都会被吸收，总会有各种坚硬的大块食物无法被消化系统分解成更小的颗粒，这时就需要通过被称为“肛门”的肠道末端将它们排出体外。身体会将过量的食物、细菌以及各种有害物质与无法消化的食物块一起排出体外，这些共同形成的散发恶臭的一团东西，也就是粪便，或者称作排泄物。基于粪便的形状、大小、成分和黏稠度，就可以确定是什么动物留下的粪便，什么时候留下的，它吃过什么，它健康与否。因此，许多科学家都喜欢研究这一类的臭残渣。

但是在自然界中，各种规则都有它的例外。比如绦虫，这种寄生在人类和其他动物肠道里的长蠕虫就没有胃肠道，它们直接享用宿主身体分解出来的食物小颗粒。绦虫全身都可以吸收已被消化的食物，因此它们不需要口腔进行吞咽，也不需要排出不消化的残渣。包括水母在内的腔肠动物有自己的嘴巴，但是它们并没有肛门，并且它们的食物也没有谁会帮它预先进行消化。水母和水螅都是食肉动物，它们会捕食在自己布满有毒刺细胞的触手范围内的各种小型动物，比如小虾、小鱼或者蠕虫。然而，这些小型动物都有着难以消化的外壳或者骨头。因此，在处理完这些猎物尸体中较软的部分后，水母要将不需要的残骸再排出体外。

“它们别无选择，只能从嘴里排出粪便。”我以此结束了这个故事，“因此可以说，水母是用嘴巴来排便。”

孩子们听我讲完以后，暂停了手中的游戏，嘴里模仿着发出排便的声音：噗噗……

噢，天哪！这里发生了什么？！
水母的构造
水母捕食猎物
……之后再用嘴里将无法消化的残骸排出体外
消化吸收腔
嘴巴
爸爸，你看，我们在玩腔肠动物的游戏！
腔肠动物有着不同的形状
海月水母
水螅
海葵

为什么奶是白色的？

伊达一动不动坐在那里。她手里拿着汤匙，专注地看着我替她准备的西红柿汤，她刚刚把一大块奶油放进汤里进行了搅拌。就在我开始觉得有些不对劲的时候，她抬起头来问我："爸爸，为什么汤变得这么白？"

"因为你加了奶油，奶油是白色的。"我向她解释道。

"但是为什么奶油是白色的？"她继续问道。

"因为制作奶油的奶是白色的。"

"但是为什么奶是白色的？"

"我不知道，伊达，我真的不知道！"

"是因为它是奶牛产的，所以是白色的？"

"这又是为什么？"我无法理解孩子的推理。

"奶牛是黑白色的，所以它产的奶就是白色的。"她这样给我做了解释。

"不，不是这样的，伊达。"我提出异议，"奶牛的颜色可能是红色、棕色或者黑色，黑白色只不过是最常见的奶牛的选育品种而已。不管皮毛颜色如何，所有的奶牛产的奶都是白色的。所以两者并不相关。还有，快把这碗汤喝掉！"

"那这样的话，奶为什么是白色的？"

"伊达，快喝汤！！！"

她于是开始喝汤，她最喜欢喝的就是西红柿汤。

与此同时，我也开始着手解决"奶为什么是白色的"这一问题。我了解到，从化学的角度出发，奶是含有脂肪、蛋白质、糖分、维生素和矿物盐的水。当光线射入这一混合溶液时，蛋白质分子和某些脂肪分子会使光波发生色散。这就意味着，光波稍稍改变了自己的前进方向。此时奶里的物质不吸收任何特定的颜色，而是均匀地进行反射，因此之后由各种颜色组成的混合光线便会进入我们的眼睛里面，大脑将这种光线组合理解成白色。

如果奶中富含脂肪或者含有大量维生素 A，其颜色就会稍稍变黄。牛奶中的脂肪量可以达到 5% 左右，我们在商店里买到的牛奶的脂肪含量在 0.5% 至 3.2% 之间。但是比如海豹的奶中脂肪含量甚至可以达到 50%！我虽然从来没有见过海豹的奶，但是我想它的颜色一定非常黄。

奶的确是一种很有意思的物质，产奶这一能力是哺乳动物的特征。乳腺是由汗腺转变形成的，雄性哺乳动物和雌性哺乳动物都有乳腺，但是只有雌性哺乳动物天生可以产奶并哺育后代。据说，某些种类的雄性蝙蝠也可以产奶。然而，因为并没有观察到它们会哺育后代，所以它们产奶的真实作用也就不得而知了。伊达加到汤里的奶油中的奶绝对是来自雌性家畜，其实说白了就是来自奶牛。我觉得这顿饭应该相当美味，因为伊达一直喝完最后一勺汤才算结束。在此期间，她也没再提出新的问题。

真是庆幸啊。

牛奶的成分
啊哈，牛奶是白色的，是因为射到牛奶里面的分子上的光波会以各种颜色混合的形式反射回去？明白了吧！
水 87.7%
乳糖 4.9%
脂肪 3.4%
蛋白质 3.3%
矿物盐（钙、钾、磷……）0.7%
维生素A、维生素D、B族维生素
ŚMIETANA
牛奶制品
Jogurt
黄奶酪
Serek Homogenizowany
白奶酪
TOPIONY
新鲜 ŚWIEŻY Kefir
ŚMIETANA 12
Maślanka
鸭嘴兽
你好！我也产奶！

为什么黏土烧制时会变硬而不是熔化？

“我已经知道我长大后要干什么了！”伊达宣布道。

我和伊达的妈妈听了之后一时间都愣住了，等我们反应过来，我们就开始轮番对她进行劝说。

“……伊达，你没必要现在做决定……”

“……你才只有八岁，你前面的路还长着呢……”

“……即便你现在不知道以后要干什么，也不要担心……”

“……还有很多你不知道的可能性……”

伊达越发惊讶地看着我们。

“可我真的知道自己要干什么。”她说道，“我要做黏土模型，还要给鸟类戴脚环。”

我们再次愣在那里，不知道该说什么才好了。伊达真的很爱做黏土模型，她去参加兴趣班，之后带回来很多她独立制作的黏土制品，包括马克杯、茶杯、水壶、小房子、动物雕塑等等。有一次，学校里组织了一场题为“我有一个梦想”的艺术比赛，大家可以自由选择艺术形式参加比赛。不出意外，伊达选择了黏土。她迅速决定要做一只黏土小狗参加比赛，很早之前她就梦想能有一只狗，不过可惜我们住的是公寓，因此不同意她养这种需要很大生活空间的动物。况且，伊达已经有一只豚鼠需要她来照顾了。

接下来几节课，伊达满怀热情地塑造着自己的梦想。黏土小狗很可爱，在烧制完从电炉中取出后，看到柔软易塑的黏土变成了坚硬的塑像，伊达感觉特别兴奋。

“爸爸，”伊达问道，“为什么黏土烧制后会变硬，而不是熔化？”

真是很准确的观察。大多数固态物质在加热到一定温度时就开始熔化，即由固态变成液态，黏土也是这样。只不过在烧制过程中，我们会避免出现这种情况。黏土制品在电炉里只能加热到大约1000摄氏度，不能再高了！在这个温度下，黏土还不会熔化，而是变得更加坚硬。首先，水分会在加热时从黏土中蒸发掉。之后，黏土中的化合物开始发生变化，它们结构中的水分子也会在高温下分离出来。在变化的最后一步时，黏土化合物改变结构，形成一种稠密网状的东西，整个过程不仅使固态物质硬化，同时也使其形成多孔的结构。换句话说，黏土上生成了许多小孔和气泡。这种材料做成的器物密封性肯定不会特别好，因此，最后需要在黏土制品上涂上一层特殊的釉，并再次进行加热，釉熔化后会形成一个密封层。通过这种方式制成的小狗塑像被拿去参加了“我有一个梦想”艺术比赛，伊达的这件作品最后在比赛中获了奖，奖品是一套精美的书籍。可能也正因为如此，她才如此热衷于去做黏土模型。

“伊达，”我最后问道，“你长大后究竟想要做什么东西的黏土模型？”

伊达不假思索地答道：“所有东西都要做！”

黏土小狗是怎么制成的？

伊达制作小狗的黏土模型
小狗放入高温电炉内
小狗里的水分蒸发掉
注意！温度只能到1000摄氏度！
黏土化合物改变结构，形成小孔和气泡
给小狗上釉，釉在电炉里熔化后在塑像表面形成密封层
做好的小狗在比赛中获奖
奖状
Dyplom
Dla
IDY
伊达
好样的，伊达！

荨麻用什么蜇人？

我看到卡茨佩尔正跪在草地上将植物拔出来缠到自己手上，于是我不解地冲他喊道："卡茨佩尔，你在干什么呢？"

"我在拔荨麻。"他连解释的时候，都没有停下手中的工作，"米哈乌已经拔完了。"

的确，他的同学米哈乌就站在他的身旁，同时手里正拿着荨麻四处挥舞。看起来，好像一场大战马上就要开始。正因为如此，卡茨佩尔也需要给自己挑一件称手的"兵器"。不过，这项工作看来也不轻松，他需要小心地把草缠在手上，以免被荨麻扎到。只不过，他手上缠的这些防护并不牢固。我决定去帮一帮他，刚好也可以借机更加细致地观察一下荨麻。

"呃，它蜇人应该不是特别痛吧。"说着，我徒手就将荨麻拔了起来。

"小心！"我把拔下的荨麻递给了卡茨佩尔。他有点害怕，不过还是接了过去。果然，他没有感觉到疼痛。

"爸爸，"他好奇地问，"荨麻用什么扎人啊？"

简单来说，荨麻是用它的刺毛来蜇人。每一根刺毛都是一个底部膨胀、顶部狭小的单细胞，它的里面是几种有毒化合物的混合液，刺毛的顶端有一个小球。当人或者物体触碰到它时，顶部的小球就会脱落。这时，尖锐的刺毛就会像针一样刺入这个不速之客的体内，有毒物质的混合液也会从顶部形成的开口中涌出来。正是这些毒素导致了皮肤灼伤、红肿以及局部炎症，皮肤被刺毛蜇到的地方还会生出一个个小疱。

荨麻的茎叶上遍布刺毛。在背阴处或者其他恶劣条件下生长的荨麻刺毛较少，毒性也通常较弱，触碰到它们时，也不会像触碰到健康茁壮的荨麻那么危险。卡茨佩尔拔出的正是这样的植物，当手里有了荨麻之后，他非常高兴，因为现在他终于可以和米哈乌大战一场了。没过一会儿，他们就用手中的荨麻打斗起来。

幸运的是，他们都没有被荨麻蜇得很痛。

刺毛内是由多种
有毒化合物组成
的混合液
叶子上覆
盖着刺毛
刺毛顶部的小
球脱落，刺毛
扎入手中
毒素涌到
皮下
毒素导致的身体反应：
局部炎症，即红肿疼痛
接招吧，
米哈乌！

蝌蚪知道谁是自己的妈妈吗？

伊达和卡茨佩尔的鞋子里已经灌满了水，而我的鞋里依然还是干的。我由于穿了高筒雨靴，所以可以随意踩着水坑走过去。孩子们胶鞋的鞋帮太低了，所以水总是要涌进他们的鞋子里。不过，伊达和卡茨佩尔并不打算放弃这次观察大自然的大好机会。春天是一个万物勃发、生机盎然的季节，它将青蛙、蛤蟆和蝾螈这样的两栖动物从冬天的沉睡中唤醒过来。这些两栖动物来到了水塘里，并在那里开始交配产卵。它们中的大多数现在已经成功到达了目的地，我们特地来到水塘旁边观察这些动物的生活习性。终于，我们看到了蓝色的田野林蛙，雄性田野林蛙有着完全“不属于蛙类”的蓝色，而且这种颜色只有在它们交配的这几天里才可以看到。此刻水塘里许多天蓝色的雄蛙正在不遗余力地吸引着雌蛙，我们的注意力也就适时地转移到了田野林蛙的求偶上。让我们感觉诧异的是，其中一只雄蛙竟然亲密地抱住了一只很大的癞蛤蟆，而不是自己种类的雌蛙。

之后，我们又在另一处地方观察到了彩色的雌性欧洲滑螈，它们交配时看起来就像漂亮的水中蛟龙。

一些水塘里现在已经全是两栖动物产下的卵。青蛙的卵结成一团一团的，癞蛤蟆的卵是线状的，而蝾螈则把自己的卵一个一个单独地产到水下植物的上面。我们看到，已经有一些小蝌蚪在卵里翻腾，还有一些个体都已经依附到了空卵膜上。想必它们不久后就可以孵化出来，只不过现在它们还不得不在水里继续等待。

“爸爸，蝌蚪吃什么啊？”卡茨佩尔看着它们好奇地问道。

这要取决于它们的种类。蝾螈的幼体是肉食动物，它们会吃小动物，有时甚至还会吃其他蝌蚪。青蛙的幼体几乎什么都吃，它们一孵出来就会把自己的卵膜吃掉，之后，会吃藻类和植物。如果碰巧遇到小动物的话，它们也很愿意上去捕食。

伊达此时正在被另一个问题所困扰，她问道：“爸爸，蝌蚪知道谁是自己的妈妈吗？”

很遗憾，它们不知道。青蛙、癞蛤蟆和蝾螈产下卵之后，就把它们留在那里听天由命，这些两栖动物对自己的卵毫无兴趣。当小蝌蚪从卵中孵化出来之后，它们也无从得知谁是自己的妈妈。当然，它们的父母也不知道水中这成千上万的蝌蚪中哪些是自己的后代。不仅如此，因为两栖动物毕竟都是肉食动物，它们会捕食一切体型不是太大的移动物体，所以有时甚至这些小蝌蚪都不能幸免。

正如杰出的动物学家、诺贝尔奖获得者康拉

德·洛伦茨所写的那样，缺乏辨识自己亲属能力的现象在动物世界里相当普遍。成群的鱼、椋鸟或者蝗虫都是典型的例子。这类动物喜欢聚集在一起，但是并不把彼此视为家庭成员。我们人类经常认为同一种动物之间具有某种联系纽带，而实际情况却并不是这样。白鹳就是一个很好的例子，许多人欣赏白鹳见面时优雅的仪态，并将它们视为感情亲密和婚姻忠诚的象征。然而，根据洛伦茨的研究，白鹳只能认出自己的巢，即双方共同居住的地方，却并不能认出对方。如果它们在鸟巢之外的地方相遇，比如说在草地上相遇，它们就无法分辨出对方究竟是不是自己家庭的一员。洛伦茨也在蜥蜴身上观察到类似的习性，特定个体之间建立联系的能力，其实是一种高级特征。要拥有这一特征，动物必须学会认识自己的家庭成员。成年的企鹅认识自己的孩子，幼年的企鹅也知道谁是自己的父母。同样的，鹅和各种猴子都能彼此认识。可能正是基于联系纽带和个体差异的社会性，才导致我们人脑的体积进化到如此巨大。

不过，蝌蚪可没有这种特性。

为什么我们睡觉的时候，时间过得会更快？

“爸爸！妈妈！”我深夜里听到了喊声。是伊达醒了在喊我们，可能是她怕黑吧。当时我正在看书，还没睡觉，于是我合上书，匆匆跑到她房间。只见她睡意未消，正坐在床上揉眼睛。

“伊达，躺下吧。”说着我给她盖上了被子。

“什么时候天亮啊？”她问道。

“还有很久天才亮，估计还要六七个小时吧。”

“啊，还要那么久啊。”伊达答道。

“快睡吧。睡着了的话，时间过得会更快。”

“那为什么我们睡着的时候，时间过得会更快？”她问道。没过一会儿，还没等到我的答案，她就又睡着了。

一方面，我说得没有道理。无论我们睡觉与否，时间的流速是一样的。是的，按照伟大物理学家艾尔伯特·爱因斯坦的发现，时间的流速可以加快或者减慢，但是只有在我们运动的时候，时间流速才有可能显著改变。速度越接近光速，时间流速就会越慢。因为我们生活在速度非常接近的世界里，所以这对我们来说很难理解。也正因为如此，地球上的时间以几乎完全一致的速度在流逝。

但是请注意，另一方面我们也可以感受到时间的流逝。孩子们总是拖拉时间，他们觉得时间过得非常慢。而在我们成年人的印象里，时间的流逝会更快，它比我们期望的流速要快得多。一位美国心理学家分别邀请了年轻人、中年人以及老年人三组人，让他们不看手表数出三分钟。最年轻的一组相当精确地数出了三分钟，中年人一组平均多数出了 16 秒，而最年长的一组足足多花了 40 秒才数到三分钟。为什么他们对时间流速的感觉会有如此明显的差异，至今依然是一个谜。最有可能的情况是，我们感受到的时间流速取决于我们在一秒钟内接收到的信息量。比如苍蝇，它们的生命短暂易逝，所以会以令人目眩的速度飞行。它们必须同时处理大量的信息，以便避开障碍并在死去之前完成产卵。在苍蝇的世界里，一分钟要远远长过我们人类感觉到的时间，虽然它们的生命短暂，但是它们自己并不会这样觉得。可能孩子们一秒内接收到的信息和刺激也多于成年人，相比较年长者，他们会觉得时间更加宽松。而如果我们变老了，我们接受刺激也就慢了，在一秒钟内得到的信息也会更少，这样我们会感觉时间变快了。同样的原因，我们睡觉时会觉得时间流速特别快。我们睡觉时感官（视觉、听觉、触觉）会部分地进行封闭。这时，我们只能从外界接收到极少的刺激，我们在睡梦中接收到的信息就会远远少于我们清醒的时候。我猜测，这就是为什么我们会觉得睡觉的时候时间过得飞快。

但这只不过是一种推测。可能有朝一日有人能够通过一个有趣的试验来对此进行验证，我对试验的结果早已迫不及待了。

天哪，时间怎么过得这么慢！
孩子们觉得时间过得很慢。人年纪越大，就越觉得时间过得飞快。
3:16
3:00
3:40
三分钟！
三分钟了吗？
三分钟，注意了……

山雀聪明吗？

“……绝地武士向他们发起攻击……”

“……这时候，小熊……”

“……巴赫机器人……”

“……你看！哈哈！……”

我走在卡茨佩尔和他表弟马莱克的后面。他们两人正聊得热火朝天，根本无暇顾及我，更别提他们周围的森林了。我们这次一起出发来探索大自然，目的是寻找春天来临的迹象。卡茨佩尔和马莱克已经彻底把这件事给忘了，此刻他们正在聊着某个电脑游戏。从他们热烈的讨论中我听到了零星的几个字句，不过我根本没法从中弄清他们究竟在聊些什么。

“噢，你看！”马莱克突然指着路旁的一条小河向卡茨佩尔叫道。小河的中间有一个大箱子。

“喔，是简易厕所！”卡茨佩尔笑道。

说实话，我不确定那究竟是不是一个简易厕所。不过，孩子们终于转移了话题，不再讨论电脑游戏。他们开始四处张望，发现了被河狸伐倒的树木，甚至是我提醒他们留意观察的一群鸟儿都让他们兴致盎然。这些森林里的住户在我们的头顶上欢快地歌唱，其中有一只大山雀停在了离我们几米远的一棵树上，它饶有兴趣地看着我们，我们也换上望远镜对它进行细致观察。

“爸爸，”就在这时，卡茨佩尔问道，“山雀聪明吗？”

呃，山雀是我最喜欢的鸟类之一，观察山雀对我来说，是一件特别愉快的事情。不过它们真的聪明吗？

虽然鸟类拥有相当发达的大脑，然而大多数鸟类还仅仅依靠本能进行生活。如果周围的生活环境发生明显的变化，它们并不能自我调节以适应新环境。不过这并不是聪明与否的标志，而且鸟类当中也有一些例外情况。鸟类世界中最有名的特例是鹦鹉以及鸦科，即渡鸦、乌鸦、白嘴鸦和喜鹊，山雀在这项竞赛中表现也不错。许多实验表明，山雀对外界充满好奇心，拥有学习能力，甚至可以解决一些复杂的问题。其中一项实验内容是用细绳将一玻璃罐坚果吊起来，美味近在眼前，但山雀要吃到坚果，需要交替抬起两只爪子将细绳拉下来。要弄清应该怎么做，需要运用它们的智慧，山雀最终还是成功吃到了坚果。通过实验还发现，不同个体之间的智力差别很大：有些山雀非常迅速地想出了吃到坚果的办法，另一些花费的时间则多得多。在看到其他个体的做法后，他们通常会立刻尝试去照搬这些做法。

来自英国的蓝山雀因为机智和学习能力而名声大震。那里有着这样的习惯：早上送奶工会把牛奶放在各家门口，人们起床后再把牛奶取回屋里。不过在取回之前，这些牛奶会被露天放置一段时间，而瓶口上只盖着一层铝箔作为瓶盖。山雀发现后可以用嘴揭开瓶盖，于是就用这种方法喝到了牛奶。当有一群鸟掌握了这项技能后，其他的蓝山雀也很快学会了。

因此，卡茨佩尔提出的问题可以这样回答：山雀聪明与否，我们不确定，但它们肯定不笨。

鸟类的智力

雀斑和痣是什么？

我们谈话的内容常常是天马行空，不着边际。这不，我们开始聊到了不同人种的肤色。我都记不清我们是怎么聊到这个话题的。

“我们被称为白人，然而皮肤根本不是白色的。”我向孩子们解释道，“我们的皮肤实际上是什么颜色的呢？”

“粉红色的。”孩子们很配合地回应道。

“没错。黑人也不黑，而是，呃……像我们身上的痣一样是深褐色的。”我说着伸出手臂，给孩子看我手臂上的痣。他们观察了一会儿，然后问道：“痣究竟是什么？”

还未等我开口，他们又提了一个问题：“还有雀斑。雀斑是什么？”

痣和雀斑虽然看起来很相似，不过我们每个人都能将它们区分开来。

我们皮肤上的这些斑点都是黑色素累积的结果。但是，它们的成因稍有不同。我们生来就会有痣，不过大多数痣还是后天逐渐出现的。它们是皮层深处的色素细胞群，它们越多，产生的黑色素数量也就越多。痣可以出现在身体的任何部位，而且形状和大小各不相同。在阳光的作用下，它们的颜色可以变得更深。如果痣变大或者凸起，可能就是疾病的征兆。因此我们必须不时地观察自己的痣，如果它们的外形有了明显的变化，就应该及时去看医生。

相比之下，雀斑只出现在肤色白皙的人身上。雀斑也不是生来就有的，它们是在阳光的作用下产生的。这是因为皮肤暴露在阳光下后，为了抵御日晒，就会生成更多的黑色素，这就是我们所说的晒黑。肤色白皙的人生成的黑色素更少，这样也就更难被晒黑。不过，在他们的皮肤上，有的区域黑色素细胞生出的黑色素较快较多。在阳光的作用下，这些黑色素颜色加深，形成雀斑。所以，冬天阳光不强烈，雀斑就会减少甚至消失。基于同样的原因，雀斑总是出现在频繁暴露在阳光下的身体部位，也就是脸部。

雀斑是皮肤上黑色素细胞生成黑色素较快较多的地方
痣是能够生成黑色素的黑色素细胞群
皮肤切面
黑色素
黑色素细胞
黑色素细胞群——痣

我们的细胞是活的吗？

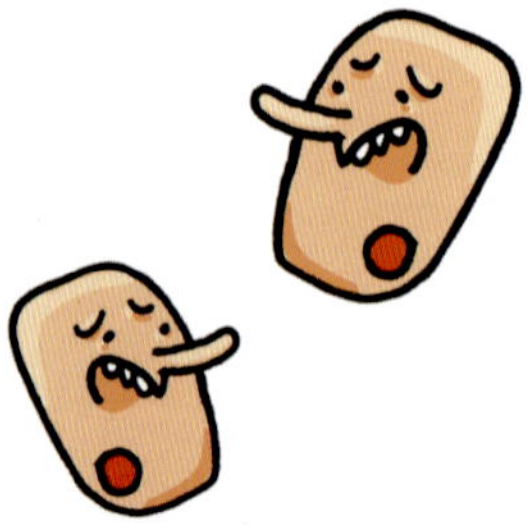

爸爸，我们的细胞离开我们能够生存吗？”

“什么叫‘离开我们’？”

前不久我刚和卡茨佩尔讨论过，人体是由细胞构成的。一个人的身上有着数以百亿计的细胞，它们依据结构和功能的不同被划分成不同的类别。比如，皮肤细胞坚守岗位，保护身体免受外部环境伤害。肌肉细胞能够收紧和放松，从而使我们能够奔跑和举起重物。脑细胞有众多突起，可以收集和传输信息。生殖细胞，即男性的精子和女性的卵细胞，负责繁殖后代。红血细胞将养分输送到全身并收集有害物质。白血细胞寻找细菌并及时将其消灭。

“爸爸，我是说，如果可以把细胞从我们身上取下来，它们可不可以独立生存？”

“应该不可以……”我答道。

“那样的话，细胞就不是活的了，是吗，爸爸？”

“应该不是……”我猜测道，“哦，我是说是的。”

“到底是不是？”卡茨佩尔不耐烦地问道，“我们的细胞是不是活的？它们能不能够独立生存？”

实际上，我们的细胞是活的。它们可以呼吸、汲养、生长、繁殖，有的甚至还能够移动。不过所有的细胞都要服从整个身体的利益。因此可以说，细胞是活的，但只是作为整个身体的一个微小部分。单独放置的细胞要是离开其他细胞（或是不借助专业的实验室设备），就会很快死亡。单个细胞严格服从整个身体的利益，在其他细胞的要求下，它们甚至可以进行自杀！科学家们将细胞的这种程序性死亡称为细胞凋亡。比如，每个人在妈妈的体内刚刚成形时，手会呈现蹼状。之后，手指间形成蹼的细胞会进行自杀，使得我们诞生到这个世界时双手形状变得正常。应身体的要求，成年人的细胞也可以死亡，就比如表皮和肠黏膜脱落。这也是我们生活中很正常的一部分。.

然而，不时会有一些细胞尝试摆脱对身体的依赖，想要过上完全独立的生活。它们拒绝执行“死亡”指令，并且还会肆意地繁殖与生长。这类细胞群被称为肿瘤。它会给整个身体带来严重的健康问题，有时还会导致死亡。

因此，要是没有细胞的程序性死亡，我们也无法活下去。

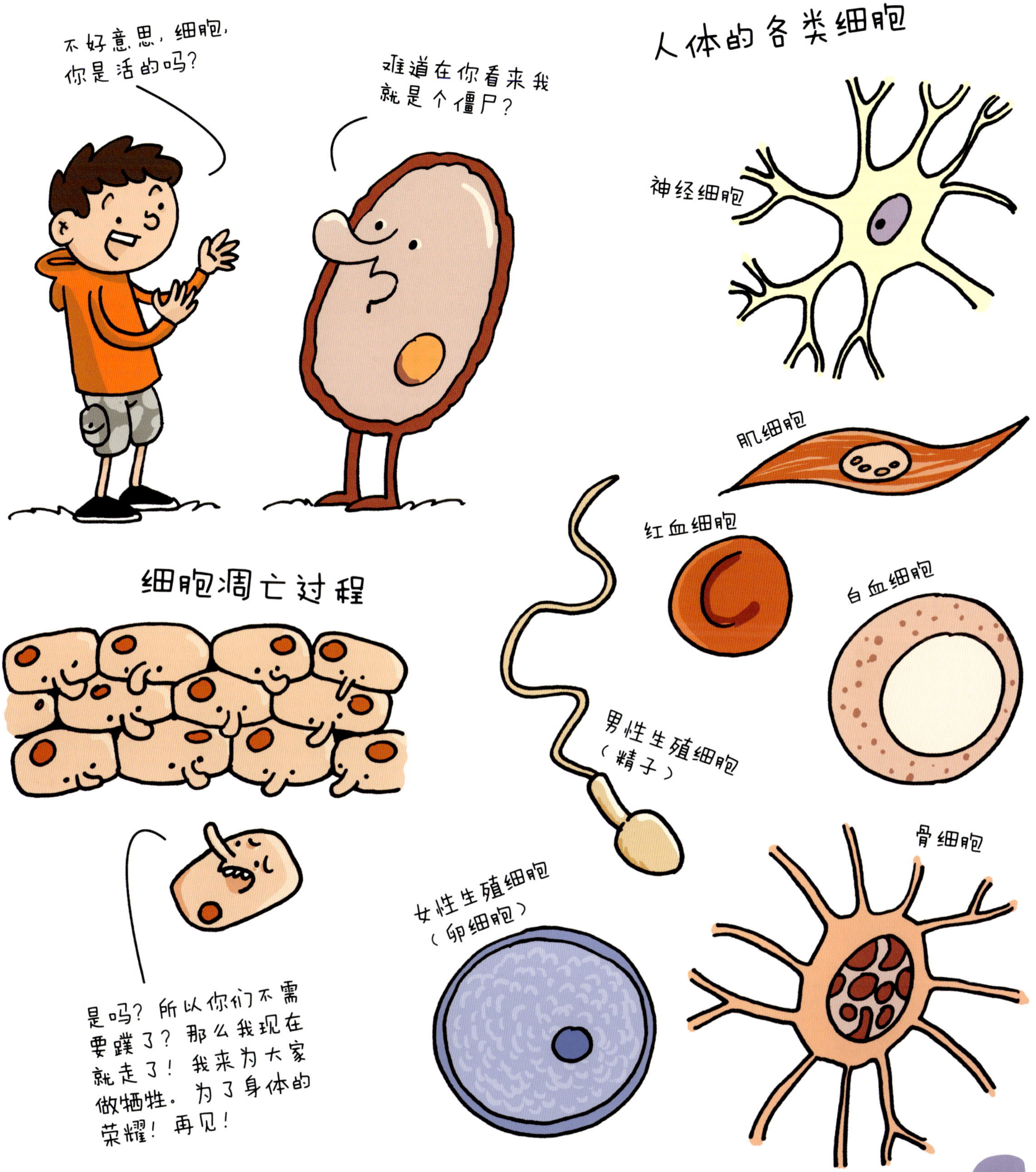
不好意思，细胞，你是活的吗？
难道在你看来我就是个僵尸？
人体的各类细胞
神经细胞
肌细胞
红血细胞
白血细胞
男性生殖细胞（精子）
女性生殖细胞（卵细胞）
骨细胞
细胞凋亡过程
是吗？所以你们不需要蹼了？那么我现在就走了！我来为大家做牺牲。为了身体的荣耀！再见！

为什么我们不能喝盐水？

“爸爸，你知道吗？”卡茨佩尔说道，“昨天我们在学校里有一节课讲到了印第安人。老师说，印第安人冬天住在森林里，夏天搬到海边。然后老师问我们，他们为什么要这么做，班上同学回答，夏天很热，印第安人生活在海边会更好，因为这样他们就可以天天洗澡，喝的水也会很充足。”

“喝的水？”我感到很惊讶。

“对的，他就是这么说的。”

“那之后老师是怎么说的？”

“老师说，他们搬到海边是为了捕鱼，不是为了洗澡和喝水。老师还说，盐水根本就不能喝。”

“盐水的确不能喝。”我说道。

“老师还说了为什么不能喝。不过我忘记了。爸爸，你能告诉我，我们为什么不能喝盐水？”

简单来说，我们不能喝盐水，是因为之后我们还要喝更多的水。盐水喝得越多，就越想喝水，这并不是说我们不需要盐。恰恰相反，离开盐我们就无法生存。盐存在于我们身体的所有液体里——细胞内部、血液里、汗液里、眼泪里。盐太多或者太少都不好，因为每天最多半勺盐就能满足我们的生活所需，所以现代生活中我们通常需要面对的问题是盐的摄入过量。幸运的是，我们配有两个调节盐量的高效装置——肾脏。肾脏位于腹部深处稍稍靠后的位置，刚好就抵着后腰。肾脏的形状酷似蚕豆，肾脏内部不间断地进行着血液过滤。肾脏将血液中的有害化学物质挑出来，之后会在撒尿的过程中将它们与水一起以尿液的形式排到体外。盐也会以这种形式排到体外，所以盐必须溶解在大量的水中。因此，当我们喝盐水时，肾脏就会将其中多余的盐排掉，不过，由此随尿液排出去的水会比我们喝下去的水还要多。所以，我们喝下去的盐水越多，排出去的也就越多，需要再喝下去的水也就会越多。如果我们将这个危险的实验进行下去，最终我们的肾脏将会因此受损。

有一些海洋动物并不存在这样的问题，它们喝盐水对自身没有任何影响。海豹和鲸鱼产生的尿液中具有非常高的含盐量，因此它们不会像我们一样因此失去大量的水。而海鸟除了肾脏之外，它们还有被称为盐腺的额外的“海水淡化装置”。盐腺位于鸟嘴的旁边，通过它们鸟类可以将多余的盐排出。

如果我们能有这样的腺体，那该多好啊！那样，夏天的时候我们就可以像印第安人一样搬到海边居住，然后真的在海里洗几个小时澡，渴了再喝几口盐水。啊，梦想啊……

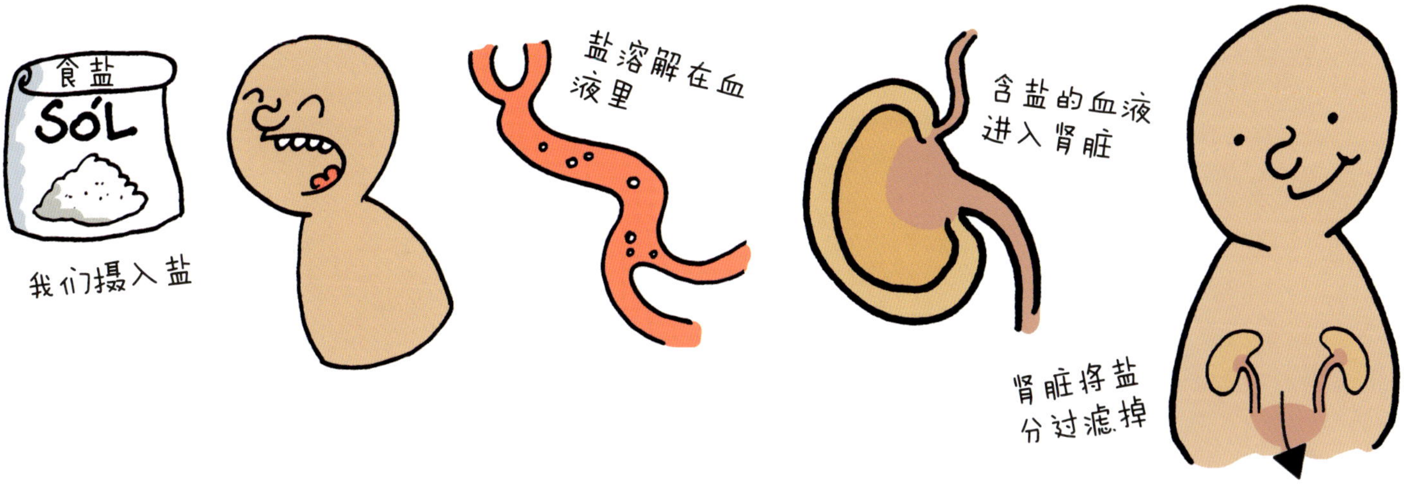
食盐
SÓL
我们摄入盐
盐溶解在血液里
含盐的血液进入肾脏
肾脏将盐分过滤掉

人体怎么排出多余的盐?

咦，你怎么面色惨白……
酋长，喝点盐水吗？
喝下盐水之后，人体排出的水比喝下去的要多，这样他就要喝更多的水
救救我……渴死了……

植物有肌肉吗？

“捉到了，捉到了！”卡茨佩尔满脸笑容地从后院跑回来，手里拿着一个塑料容器，我们去森林玩的时候也会拿这个塑料容器来装食物。这次，卡茨佩尔把它当作一个陷阱来捉……究竟是捉什么？我透过半透明的容器壁看进去，可是什么都没有看到。

“你捉到了什么？”我问道。

“什么，什么啊？！”卡茨佩尔奇怪地问，“苍蝇而已。”

“苍蝇？！为什么要捉苍蝇？”

“什么为什么啊？给我的植物的。它们已经几天没吃东西了，我要给它们喂食。”

他跑回了自己的房间。他最喜欢的两盆花都放在了窗台上，两株都是食肉植物。茅膏菜用自己细小叶毛上的黏液来诱惑猎物。当有昆虫掉进陷阱时，就会被粘到叶毛上难以挣脱。它越是挣扎，叶子上的腺毛卷起来就越快。昆虫被挤压得越来越厉害，直到最后无法动弹，被植物逐渐消化掉。卡茨佩尔种植的另一株植物是捕蝇草，它虽然也是靠叶片捕猎，但是构造完全不同。捕蝇草的每个叶片都有两片边缘带刺毛的半圆形翻叶，这两片翻叶沿着叶脉连接起来。当两片翻叶张开时，叶片看起来就像一本带刺的书展开在那里，捕蝇草要做的只是等着哪只昆虫不慎触碰到它的叶片。猎物刚触碰到它的叶片时，捕蝇草并没有任何反应，之后它的翻叶会突然闭合，刺毛就像人双手合十一样并拢起来，将猎物无情地镇压下去。这就和现在的情形一样——卡茨佩尔正给他的植物喂食苍蝇，还没等苍蝇有机会溜走，捕蝇草的叶子就将它牢牢地逮住。

“爸爸，”卡茨佩尔问我，“捕蝇草为什么可以这么快地合拢自己的叶片？难道说植物也有肌肉吗？”

毫无疑问，植物是没有肌肉的。不过，植物并不像传闻中那样呆滞不动，它能够移动，而且速度还很快。植物通常生长在一个固定的地方，但在必要的时候，它的茎、叶和种子都能够移动，缓慢同时也是最难以察觉的移动，是植物的不均匀生长。举个例子，如果房间窗台上的花只有一侧可以被阳光照射到，它就会“设法”进行移动，以便能够获得更多的阳光。这时，背阴一侧的茎叶将会生长得更快，而向阳一侧长势则会减缓。通过这种方式，整朵花就可以朝向太阳的方向。攀缘植物爬墙绕杆的情况也是类似。它们的动作进行得缓慢且又坚定，接触支撑物的一侧长势缓慢，另一侧生长得更快。结果，为了适应墙面或者杆棒的结构，它们的枝条会变得弯曲。有时，植物也能够极其迅速地缠绕住支撑物，这个过程甚至都不用一个小时。此时，植物利用的不是不均匀生长，而是一种完全不同的机制——体内的

植物的其他移动

捕蝇草的工作机制

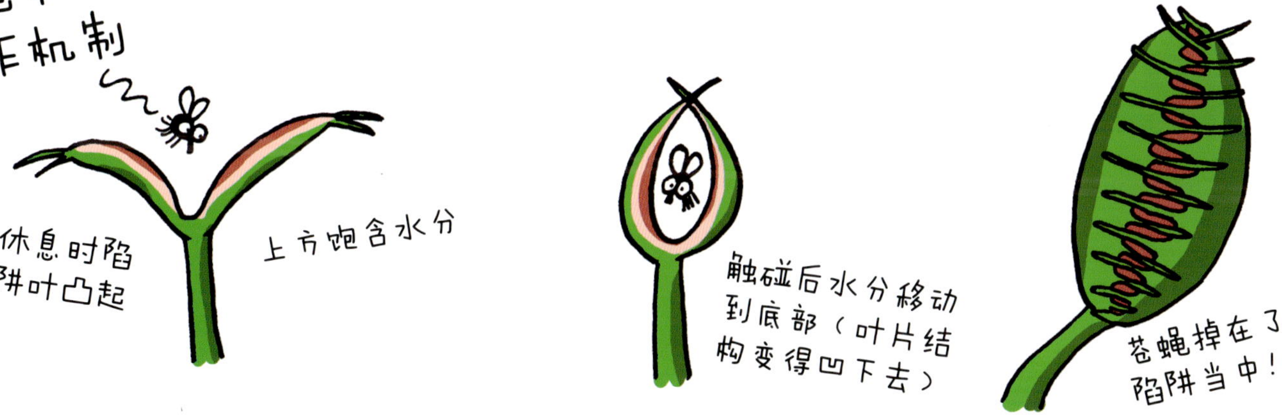

水流。接触到支撑物的植物细胞停止流动并进行收缩，另一侧的细胞吸水“肿胀”的同时开始增大，结果植物就可以尽可能紧密地缠绕住支撑物。

捕蝇草在捕虫时使用的技巧与此非常相似，这项技艺的秘密就在于它陷阱叶的结构。当捕蝇草等待猎物的时候，陷阱叶是凸起的。它的上方饱含水分，使得其表面扩大。当昆虫接触到叶片时，水会从上面移动到下面。于是叶片的顶部开始收缩，底部同时展开。当这种变化大到一定程度时，叶片就不能再维持凸起的结构，叶片会在一瞬间凹陷下去，并猛地闭合起来将昆虫困在陷阱里，之后消化猎物的缓慢过程就开始了。

捕蝇草足足用了几天时间才吃完卡茨佩尔带来的苍蝇，之后一次，卡茨佩尔又给它捕了一只更加健壮的苍蝇。

在将这只苍蝇放到捕蝇草叶片上时，卡茨佩尔怀疑道：“捕蝇草到底能不能吞下这么大的苍蝇啊？”捕蝇草做到了，苍蝇落入了它的陷阱内。不过在它的两片翻叶之间依然有一道缝隙——苍蝇真的太大了，很难全部进入叶片中间，所以苍蝇黑色的腿露在了外面。

“捕蝇草能不能吃得下一只老鼠？”卡茨佩尔继续猜想道，“那一头牛呢？一头大象呢？！”

还好，他也没有再去进行验证。

为什么我们的下颌可以动，上颌却不可以？

卡茨佩尔，你在做什么？！”我惊讶道。

“呃……没什么……”卡茨佩尔含糊其辞。

“怎么会没什么？我都看见了。”

我望向他的房间时，他正在玩橡胶乌龟。不过哪里是在玩耍！他一只手将乌龟的头塞到自己牙齿之间，另一只手放在自己脑后。与此同时，他动着双颌，就好像要咬破乌龟的脖子。

“好吧，好吧……我说就是了……”他结结巴巴地说道，“你记得吗……今天伊达问过你，为什么我们的下颌可以动，上颌却没法动？”

“我记得。”

“好的……于是我就去验证伊达说得对不对……我想看看，是不是上颌真的动不了。我稳住自己的头，并尝试着动牙齿……刚好旁边有一只橡胶乌龟，于是我就拿它……”

“然后呢？”我好奇地问道。

“伊达说得对，上颌不能动，只有下颌能动。”

啊，真的一点都看不出来他是在做实验。奇怪归奇怪，不过卡茨佩尔的实验还是清楚证实了伊达的猜测。顺带提一下，这个实验无意中也说明了为什么双颌中只有一个可以单独活动，而不能两个同时活动。卡茨佩尔在用他的玩具练习下颌肌肉时，差点就把乌龟的脖子给咬断了。当我们移动下颌时，上方的牙齿会把橡胶乌龟稳定住，下方的牙齿则进行移动并接触到橡胶乌龟。当我们锯木头、碎坚果或者将胡萝卜切片时，所运用的原理也是相同的。我们必须解决的第一个问题是用某种工具将这些东西固定住，所以，木块通常放置到支架上，坚果放到碗里（以前是放在研钵里），而胡萝卜的话，我们则会用手把它固定在砧板上。只有这样做好准备以后，我们才会用锯子锯木头，用捣碎器碎坚果，或者拿刀去切胡萝卜。

大多数脊椎动物也是如此，它们的上颌与颅骨合在一起，下颌则可以活动，并且配有强劲的肌肉。这样，动物可以把食物稳定好，同时把食物锯断、粉碎或者切割。这项技能用得最好的要数包括人类在内的哺乳动物。自哺乳动物出现在地球上那时起，结构复杂的牙齿和可以在三角区域内移动的下颌就成为它们的显著特点。正因为如此，哺乳动物可以在吞咽之前就将坚硬的食物咬碎。食物到达胃部的时候已经变成柔软的糊，消化液可以轻易地从中提取出大量的能量，这是进化过程中的一大突破。哺乳动物的竞争对手不会细细咀嚼食物，它们通常是将大块食物直接吞咽下去。这项新技能也是我们的祖先得以征服世界的众多技能中的一项。

这其中，只有人类不再热衷于使用这项非凡的技能。这是因为原始人掌握了火的运用，他们能够通过蒸煮、烘烤或者油炸来软化食物。因此，他们之后放到嘴里的食物已经过了相应的烹饪，这时较小的双颌和偏弱的肌肉已经足够去咀嚼这些食物。这样，我们就能够把更多的精力用在大脑的发育上。

这并不意味着我们完全失去了咀嚼的能力，因为即便是精心烹饪好的食物，我们也不会直接大块吞咽下去，而是会先用牙齿进行仔细咀嚼。谁要是不相信，可以去做一下实验。

我只是警告一点，别拿橡胶乌龟来做实验，它可真的不太好吃！这一点卡茨佩尔已经进行了验证。

嗯，带血的坚韧生肉！我就喜欢这样的！
在掌握运用火之前，必须要有强大的双颌去咀嚼生肉
嗯，烤得非常到位……
在掌握运用火之后，双颌的负担大大减轻（蒸煮或者烘烤的食物）
如何像上颌一样工作？
砧板不动，刀动
支架不动，锯子动
可这是我提的问题啊！
研钵不动，捣碎器动

为什么果冻会抖动？

“噢，巧克力果冻！”伊达兴奋地嚷道。她迅速从盒子里取出来一块，不过之后她做的事情在我看来就有点毫无意义：她先是急着啃掉了上面的巧克力，然后才开始吃果冻。缺少了褐色糖衣的甜点，吃每一口都在抖动着。手指轻微动一下果冻，就会摇晃起来。当最后一口果冻消失在伊达嘴里后，我的这位小美食家问道：“爸爸，为什么果冻会抖得这么厉害？”

果冻的这一奇异特性来自一种名为“凝胶剂”的添加剂。最常用到的凝胶剂是明胶，它可以从牛或者猪的骨头和皮里提取到。凝胶剂也可以从藻类和植物中获得。所有这些都是可以食用的，而且颗粒也很大。要深入了解诸如明胶之类的凝胶剂，可以先将它溶解在温水里，之后再将得到的溶液放置在阴凉的地方，比如说冰箱里，凝胶剂在低温条件下又变回固态。凝胶剂虽然变成了由大分子构成，同时附着有大量微小水分子的网状固体，但它不会沉到容器底部。出现这种情况的原因是这两种物质由于它们的化学性质而相互接近并结合在一起，这样，它们冷却后的混合物看起来像固体，实际上内部含有大量水分。水分子非常紧密地贴在了凝胶剂分子上，以至于凝胶剂分子相互之间无法牢固地粘在一起。所以，它的结构整体上相当松散，只要稍微动一下，水分子就会轻微移动。正因为如此，果冻才会像伊达说的那样抖动。

好了，我总算找到了这道难题的答案，现在该到满足我的好奇心的时候了：“伊达，你为什么先啃掉巧克力，然后才吃果冻？两个一起吃岂不是更好？”

“我也是这么吃的。”孩子们的妈妈突然加入到我们的谈话中。

“我也是。”卡茨佩尔这时也补上一句。

“但这究竟是为什么？”我问道。

“爸爸，你知道， 因为我更喜欢吃果冻，而不是巧克力。”伊达回答道。

“我喜欢嚼果冻。”卡茨佩尔补充道，“所以我先吃掉巧克力，之后我就可以专心地嚼果冻了。”

“因为这样吃起来更爽，”孩子们的妈妈说道，“我一直都是这么吃的，所有人都是这么吃的。”

噢，不是这样的，我就不是这么吃的！

果冻是怎样形成的？

为什么会抖动？

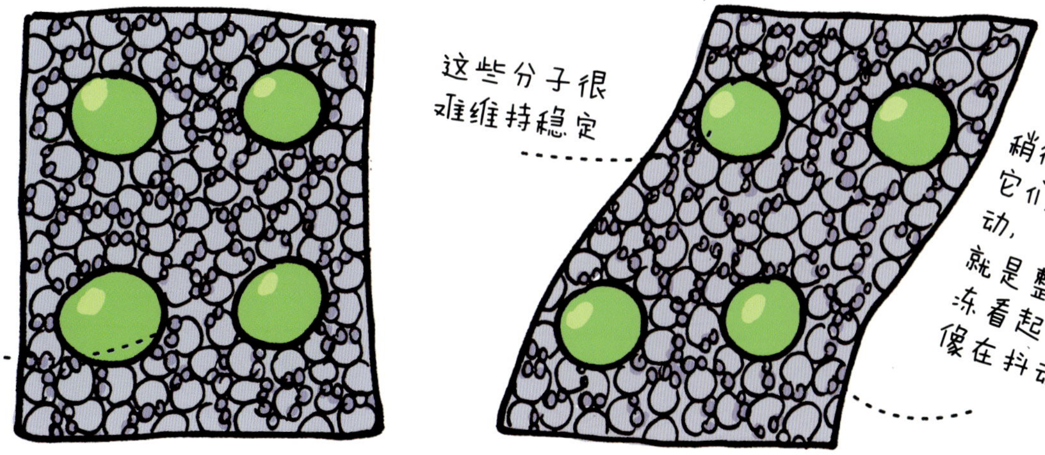

风是从哪里来的？

你没看过这张照片！你没看过！”卡茨佩尔叫道，“爷爷拿给我看过。”

“但是奶奶和我说过，所以我知道哪棵树倒了，就是栅栏旁边的那一棵！”伊达争辩道。

“你说得明显不对！应该是开花的那棵树！”

“栅栏旁边的那棵！奶奶和我说过！”

“不，你说得不对！是一场大风吹折了开花的那棵树，之后它倒在了栅栏旁边的那棵树上，栅栏旁边的那棵树随后又倒在了栅栏上，把栅栏给压垮了。”

“这不正是我想说的嘛。”伊达结束了这场争吵。

或者她是假装要结束这场争吵，因为他们两个人看起来并不像要进行妥协，孩子们的爷爷奶奶的到来导致了这次激烈的争吵。他们这次乘车来到我们这里，给我们讲述了刚有一场狂风在他们村里大肆破坏，把树都给刮倒了。事实上，这已经不是第一次了。去年，大风刮倒了一棵老榆树；两年前，惨遭不幸的则是一棵高大的橡树。这次的受害者变成了一棵柳树，事实上，正如伊达和卡茨佩尔已经准确指出的那样，这次是两棵柳树再加上栅栏。损失的确挺大的，不过所幸人和房屋都没有受损。这个事情让我想起孩子们很久之前提出的一个问题——风是从哪里来的？

风是空气的流动，它会从一个地方移动到另一个地方。风的移动速度时而缓慢，时而迅速，风有时甚至也可能变得非常猛烈，就像孩子们的爷爷奶奶居住的村庄刚刚遭遇的狂风一样。风的这一现象源自太阳，确切说，是由于太阳照射地球后的受热不均。我们可以在海边对此进行小范围观察。阳光普照时，热量会在水面和陆地之间均匀分布，只不过陆地升温更快。所以，白天的时候，在阳光照射下，岸上比水面上变得更加温暖，空气温度也会比水面上要高。空气越热就会变得越轻，所以热空气就会越升越高。在它的下方会有更凉爽同时也更重的空气从水面上吹过来，这样就形成了海风。夜晚风向会发生改变，太阳落山后，与先前升温时的情况一样，陆地降温也更快，海水降温要慢很多。因此，日落几个小时后，水面上的温度就会变得比陆地上要高。这时，水面上的空气温度更高，于是快速上升到空中。在它的下方，陆地上的凉爽空气就会吹过来，形成夜间的海风。

风以同样的方式出现在全球各地。赤道区域的光照更加强烈，两极区域的光照会减弱很多。热带地区的空气更热更轻，上升得非常高，在它的下方，又冷又重的空气会从极地地区吹过来，这样就形成了不断吹向赤道的大风。然而事情并不是这么简单，在气团的移动路线上还会出现各种障碍，比如山，它会阻碍气团移动或者迫使气团改变移动路线。除此之外，还有海洋、湖泊、河流、城市、冷暖洋流、季节以及多变的云层——它们共同使空气温度升高或者降低，并改变风的强度。如果这还不够，还可以引入地球的自转，它也会稍稍地改变风向。总之，地球上的风系统是如此复杂多变，以至于很难对气流运动的方向和强度进行准确预测。

不过，风总是来自于太阳照射地球后的受热不均，即使是将爷爷奶奶园子里的树刮倒的这场大风也不例外。

伊达此时已从与卡茨佩尔的争吵中平复下来，她评论道：“幸亏这次是发生在乡下。”

“确实。”卡茨佩尔点了点头。

“为什么你们会这么想？”我问道。

“因为如果树是在城市里压垮了栅栏。”伊达回答道，“那小偷很快就会上门的！”

在阳光照射下，陆地比海水升温更快，陆地上的空气就比水面上温度更高——热空气越升越高，在它的下方会有凉爽的空气从水面上吹过来

夜间海风改变方向——陆地降温更快，水面上的空气上升，它的下方会有从陆地上吹过来的凉爽空气

风是哪里来的？

白天陆地上空气升温更快，空气越升越高，在它的下方会有从水面上吹过来的凉爽空气

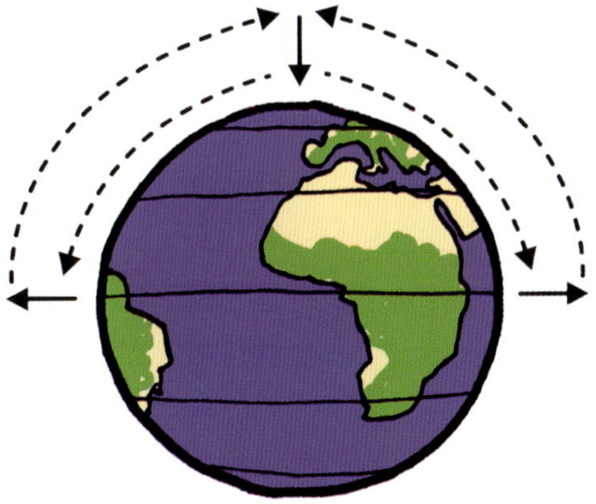

人为什么会做梦？

“我不喜欢做梦。”卡茨佩尔突然说道。

“为什么啊？！”

“因为我会梦到各种讨厌的东西，而且，有时我还没法及时从梦里醒过来。爸爸，你喜欢做梦吗？”

“喜欢，但是……”我仔细思考着这个问题。

“但是什么？”

“你知道吗，有时我会有很奇妙的梦。就比如有一次，我就梦到自己飞起来了。我的手像翅膀一样张开，整个人飘浮在空中，看着地面上的森林、湖泊、河流。那一刻我特别开心，直到……”说到这里我沉默了下来。

“直到什么？”卡茨佩尔追问道。

“直到……”我从中断的地方接着说道，“我梦里的人开始对我生气，向我扔石头。于是最后我摔到了地上……”我心有余悸地说完。接着开始回忆我经历过的那些最糟糕的梦境。在梦里我是怎样将头狠狠撞到墙上，我是怎样被困在山洞里一条狭窄的通道里进退不得，我是怎样……噢，我不能再说下去了，因为那些经历实在太可怕了。

“你知道吗？你可能是对的，许多梦都会让人感觉不快。”我说道。

“喏，你看到了吧！”卡茨佩尔得意地说道，“不过，爸爸，我们究竟为什么会做梦？”

做梦肯定是因为睡觉，不睡觉的话，我们根本没法活下去。一个人越长时间不睡觉，问题就会越多。首先会出现疲劳、焦虑和烦躁，接着产生幻觉、经常健忘、记忆减退。人的身体抵抗力也会减弱，因此变得更加容易患上各种疾病。老鼠被剥夺睡眠后最终会死亡。幸好还没有人去尝试进行此类的人体实验，但是可以猜测，结果应该是一样的。有的人为了荣誉，会去挑战最长时间不睡觉的纪录。目前这一纪录是 11 天。

然而，并不是所有人都认可这一说法。一些科学家认为，做梦不是因为任何东西，它只不过大脑夜间工作的一个副产品。当我们睡觉时，大脑会对白天接收的信息进行整理。这个时候，梦境就在无意当中形成了。另一些研究人员坚持认为，做梦是有目的性的。我们可以在睡梦中练习处理白天可能遇到的各种危险，可以学习如何更好地进行记忆，可以在睡梦中给思维更大的自由，这样清醒时就可以更好地处理各种棘手问题。所有这些只不过是科学家们解释做梦原因时的猜想。可以看到，这个问题的最终答案目前还尚未揭晓。

为了找到这个问题的答案，他们已经分析了数以千计的梦。不过这也只相当于我们每个人一生所做梦的一小部分而已。我们每周都会做数以百计的梦，然而能记住的只有其中一两个。我们最常梦到的是我们周围的人：家人、朋友、同学或者同事，在梦里看到的场景通常都非常贴近日常生活。梦的第二类常见主题是与什么做斗争。在梦里，我们尝试去做某件事情，去争取某件东西，但不幸的是，我们并非每次都能成功。这个时候，梦就变得令人不快了。与此相似，还有一个梦的常见主题：对日常琐事焦虑担心。更加令人不快的梦境是挑衅攻击：要么我们向别人吼叫，要么别人冲着我们咆哮，有时甚至还会打斗起来，这样的梦就变成了噩梦。我们在噩梦中会遭遇危险——有人追赶我们，跟踪我们，想要消灭我们。我们惊醒过来，发出尖叫，吓出一身汗，然后……幸好，这些最最糟糕的噩梦极其少见，平均一年半载才会有一次这样的噩梦。

“我就从来没有做过噩梦。”伊达这时也加入了我们的讨论。

“为什么呢？”

“因为我把妈妈的摇粒绒放在了枕头下面。”

梦有哪几种？

睡觉的作用是什么？

“那我也把摇粒绒塞到枕头下面。”卡茨佩尔听了，开心地说道。

“一定要是妈妈的摇粒绒！”伊达提醒他道。

“好的，那我就用妈妈的摇粒绒。”

嗯，我是不是也可以这么做？也许这样就可以摆脱噩梦了？弄不好我也能对为什么要做梦提出一个新的猜想？！我不知道科学家们是怎么想的，但是既然伊达说这样做有用，那也许值得一试。

为什么我们会喜欢听歌？

我会等你，我的雅内克，我会等——你——”我深情地唱道。每次我都会被《桌子、金驴和棍子》这部童话音乐剧里的这首歌打动。孩子们也喜欢这首歌，不过有时我会觉得他们不如我喜欢得这么彻底。这是因为，每当我建议他们说“我们来听童话故事吧”，他们就会很高兴，而一旦这时我再补上一句“那要不就听《桌子、金驴和棍子》吧”，他们就会抱怨说“怎么又是这个啊”。雅内克和汉卡夫妻二人在这部音乐剧中演唱的这首歌曲，优美的旋律和动听的声音始终萦绕在我的脑海里。我认为这种快乐要和大家一起分享，于是我接着唱道：“如何在暗夜中等待清晨，在那太阳升上天——空——时——”

“爸爸，”卡茨佩尔深深地叹了口气，“你唱得不对。”

“什么意思？”我停下来问道。

“呃，你知道……唱片上他们唱得和你不一样。”

“怎么不一样了？！”

“你唱得跑调了……”

“哦。”这次轮到我深深叹了口气，“好吧，那我就不唱了。”

事实上，我深知这首歌要唱好是多么的困难，在我的脑海里，这首歌听起来美妙得宛如天籁，可一旦我唱出来，那就离那完美的歌声差了十万八千里。

“卡茨佩尔，我可以放一下唱片吗？”

“放的。”卡茨佩尔同意道。当音乐一响起，我们两人就开始细细聆听。这让我们想起很早之前，卡茨佩尔提出的一个问题：“爸爸，为什么我们会喜欢听歌？”

当时我也不知道。不过，后来在写一篇文章的时候，我从一堆科学出版物中找到了一些线索。可惜，后来我发现伟大的科学家很多时候也不知道孩子们的这些简单问题的答案。不过，这并不意味着他们缺少有趣的猜想。事实上，可以说，关于这一点存在着两种相互竞争的解释。第一种解释是，无论卡茨佩尔和伊达喜欢与否，大多数歌曲都是用来描述爱情的，雅内克和汉卡也不例外。一些研究人员因此得出结论，唱歌实际上就是在心上人面前炫耀自己的才艺。如果我们喜欢一个人，我们就要让他相信，我们健康、睿智，

并且值得去爱。这个时候，我们会竭尽所能去把歌唱好，而我们的心上人则会专注地聆听。如果他们喜欢我们唱的歌，那我们就离婚姻更进了一步。如果不喜欢的话，他们就会拒绝，留下我们接着去寻找新的爱情。

还有一些研究人员则认为这种解释太不充分，虽然说有许多歌曲都是讲述爱情的，但并不是所有的歌曲都是这样。就比如，《摇篮曲》也是世界上一种非常流行的旋律。地球上每个地方的人们都会哼唱关于战争、节日和宗教的歌曲，在婚礼、舞会、游行、聚会和祈祷等场合人们经常会进行歌唱。无论这些歌曲如何迥异，科学家们还是看到了它们当中的共同特征。无论是在唱的时候还是在听的时候，所有的歌曲都带有感情，我们可以感受到悲伤或是喜悦、恐惧或是平静、喜爱或是愤怒。无论是在乡村聚会、家庭庆典、宗教盛典，还是在爱国游行上，所有这些歌曲通常都是群体合唱。大家在一起载歌载舞，了解自己的优点与不足，学习相互协作，并由此形成一个关系紧密的群体。在过去，这种方式促进了人们在狩猎、战斗和耕种时的相互协作。因此，喜欢一起唱歌和听歌的人生存下来的机会更大，并且他们会将自己的这一爱好传给后代，这一遗产直到今天我们大多数人还拥有。

于是，等卡茨佩尔睡着后，我又在深夜里悄悄哼起了我最喜欢的这首歌。这次我唱起了雅内克的那一部分："我将赶往你那里，汉卡，不久就将回到你身边。黑夜过后太阳一定会升上天——空——"

为什么叶子是旋转着从树上落下来，而不是直着掉到地上？

“爸爸，你看到了吗？”伊达问道。

“看到什么？”

“叶子。你看到它是怎样下落的吗？”

“没看到。你抓紧一点，我们上学要迟到了。”

伊达停下来，踮起脚尖从树上摘下了一片小叶子。

“你看，我把它扔掉会怎么样。”伊达说着就松开了手里的叶子。它立刻就开始往下落，下落的同时还飞快地旋转。“现在你看到它是怎么下落的了吧？”

“看到了。”我回答道，“不过我们得快点走，因为我们真的要迟到了。”

伊达加快了步伐，不过还是忍不住说道：“你记得它们在秋天的时候是怎么下落的吗？哦，是这样的。”说着伊达就用手在空中连续划出很大的之字形。“而现在是这样子的。”她边说边将手进行小幅快速的旋转，“很有趣，不是吗？”

“确实。秋天落下来的是大叶子，现在的叶子要小很多，可能这就是原因？”

“但是为什么叶子是旋转着从树上落下来，而不是直着掉到地上？”

“呃，我也不清楚……我去想办法找找答案。”

这个问题说起来容易，实际情况比我预想的要复杂得多。我求助了一位物理学家，他告诉我：“这个问题非常难以解答。”另一位物理学家还做了补充：“叶子（甚至是纸片）的下落运动非常深奥。描述此类物体周围空气运动的方程是非线性的，我们能够解决的只有相对简单的情况，许多复杂的情况依然没有定论。”我也搜到一篇题目是《论叶子的下落运动》的专业科学论文。文中出现如下的字句：“直到今天依然没有关于这种现象的完整解释”，“即便纸片和叶片非常正常地下落，它们的运行轨迹依然看起来不可预测”。要知道，这原本不过是小孩子问的简单问题。然而，最优秀的科学家也不知道这个小问题的完整答案。不过，我还是想讲一下我所了解的内容。

我可以从三百多年前开始为人所知的一条科学原理说起。无论物体质量多少，从相同高度抛出的下落速度相同。无论是锤子还是羽毛，将它们同时从手中放开，它们将会同时到达地面。我知道，现实生活中做不到这样，但是倘若在月球上进行这个实验，我保证我说的是对的。这个实验在地球上会失败，是因为空气会进行干扰，它会减慢物体下落的速度。物体的表面积越大，下落时受到的空气阻力也就越大。这就是为什么纸片展开时下落速度会比较慢，而揉成一团后速度就会快很多。

叶子的问题在于它们有着各种各样的形状。一些叶子会大一点，另一些会小一点。一部分叶子在下落前就卷了起来，不过大多数叶子从树上落下时还都是展开的，这是影响它们下落速度的首要因素。大多数叶子下落的速度都很慢，这就让风有了充足的时间去影响叶子的下落，哪怕这些风极其微弱并且方向多变。叶子进入到这些风所产生的旋涡里面时，它们旋转速度的快慢，取决于进入旋涡的位置以及旋涡的大小。在下落叶子的后方也会形成一个小旋涡，它们之后会与叶子分离开来，这些小旋涡有时会从这个方向分离，

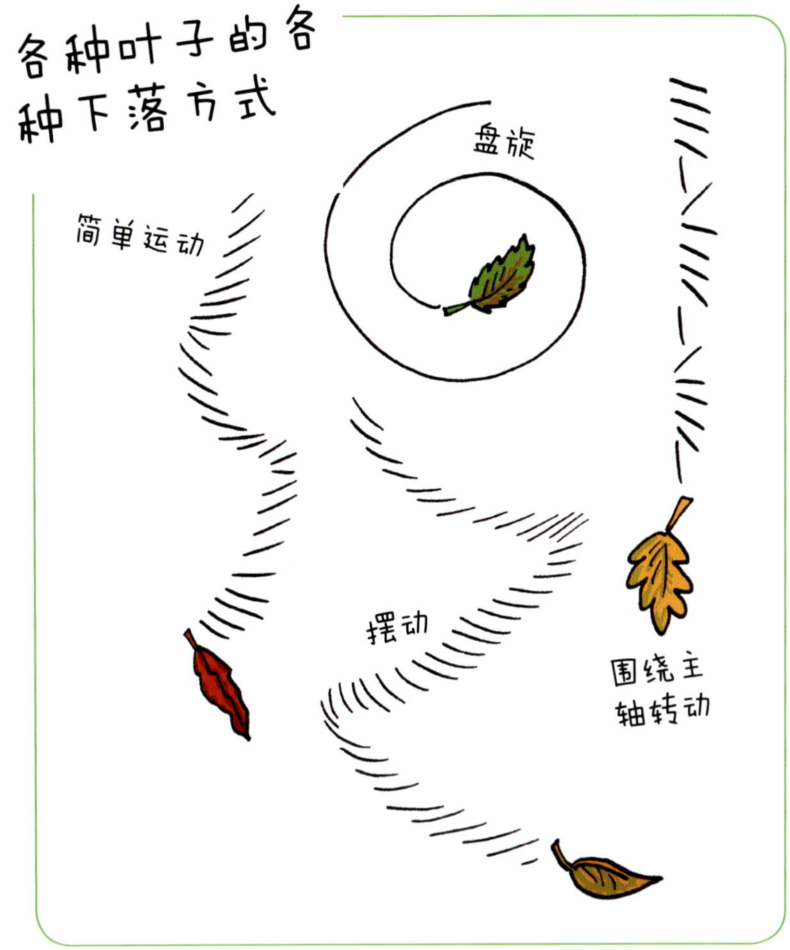

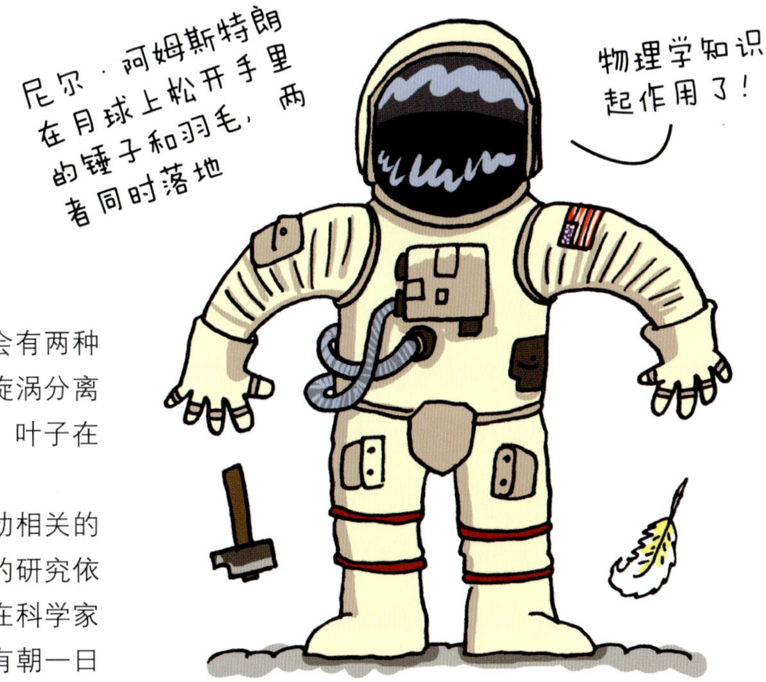

有时会从那个方向分离，而且，它们还会有两种截然相反的旋转方向——左转与右转。旋涡分离的话，也会改变叶子的运行方向。所以，叶子在空中一会儿摆向这边，一会儿摆向那边。

然而，这些只不过是与叶子下落运动相关的复杂知识中的入门部分而已，对此问题的研究依然在进行当中，还有很多实验和工作摆在科学家们面前。也许这本书的哪位读者小朋友有朝一日可以解开这个谜团？

祝你好运！

我们吃的马铃薯是它的果实吗？

“不会吧？！您真不知道这是什么吗？”卡茨佩尔惊讶道。

我的一位植物学家朋友来我家做客，我们骄傲地向他展示了卡茨佩尔的最新成就：缠绕在阳台藤架上的攀缘植物。它已经长得有一人多高了，茎秆肥厚，紫花黄蕊，叶子呈墨绿色。

“我真的不知道。”我的这位植物学家朋友回答道，“我怎么就应该知道？我又不是什么植物都认识。”

几句话之后大家都陷入沉默。卡茨佩尔看着我们，我看着卡茨佩尔。客人看着我们一家人，最后我轻咳了一声，憋出一句：“你看吧，这是马铃薯……”

“什么？！这是马铃薯？！”

我们点点头。确实，连我们都很惊讶，这株可怜的马铃薯竟会长成这样，卡茨佩尔坚持要把它种在阳台上的花盆里。之后他定期浇水，悉心呵护，然后欣喜地盼来了第一株嫩绿的幼芽破土而出。幼芽继续生长，缠绕到藤架上，长出叶子和分枝，并开出花朵。我见过许多马铃薯，不过我之前还从未见过这样的马铃薯。卡茨佩尔对自己的成果感到非常得意。自从我的这位植物学家朋友来过我家后，他就更加得意了。

此时马铃薯的变化还在继续，它的花朵凋谢后，大个的绿色浆果占据了原本花朵的位置。

“爸爸，”一天卡茨佩尔问道，“马铃薯是果实吗？”

“哪一种马铃薯？”

“就是我们吃的马铃薯，难道它和这里的还不一样？”他指着马铃薯枝条上的浆果问道。

是的，的确不一样。马铃薯作为一种典型的开花植物，能够通过种子进行繁殖。为此，马铃薯能够开出花朵，花朵受粉后变成浆果形式的果实，马铃薯生成的种子就位于果实中心。对我们而言，正如马铃薯的茎秆、叶子和其他所有的绿色部分一样，它的果实也是有毒的，我们吃的马铃薯是它位于地下的块茎。事实上，和其他许多开花植物相似，马铃薯还有另外一种繁殖方式。它的根部形成的肥厚块茎中储存有大量的营养物质，秋天，在马铃薯枯萎的时候，将它的块茎留在土里。春天的时候，它们就又会长出新的茎秆和叶子。一个马铃薯块茎可以生出几株新植物，如果我们把它的块茎切成块状，只要不是特别小，每一块都可以长出嫩绿的新芽。

但是注意，波兰原本并没有马铃薯，马铃薯的原产地是远在南美洲的秘鲁。很早以前，西班牙人征服了秘鲁，发现了这种植物并学会了它的种植方法。它们随着西班牙人来到了欧洲，直到今天马铃薯依然没有完全适应波兰这种较为寒冷的气候。秋天的时候，在果实还未完全成熟之前，马铃薯的茎秆就已经枯萎，留在地里的块茎将会冻结并死去。因此，这时就需要把它们从地里挖出来。一部分块茎需要放到阴凉的地方，让它们安全过冬，以便它们来年能够生出下一代的马铃薯。剩下的一部分则可以削去表皮，成为我们的食物。

我们也是这样处理卡茨佩尔阳台上培育的马铃薯的。与肥厚的茎秆和宽大的叶子相比，它的块茎显得异常的小，但是确实非常好吃，值得推荐！

您真不知道这是什么吗?
马铃薯!

马铃薯的生命周期

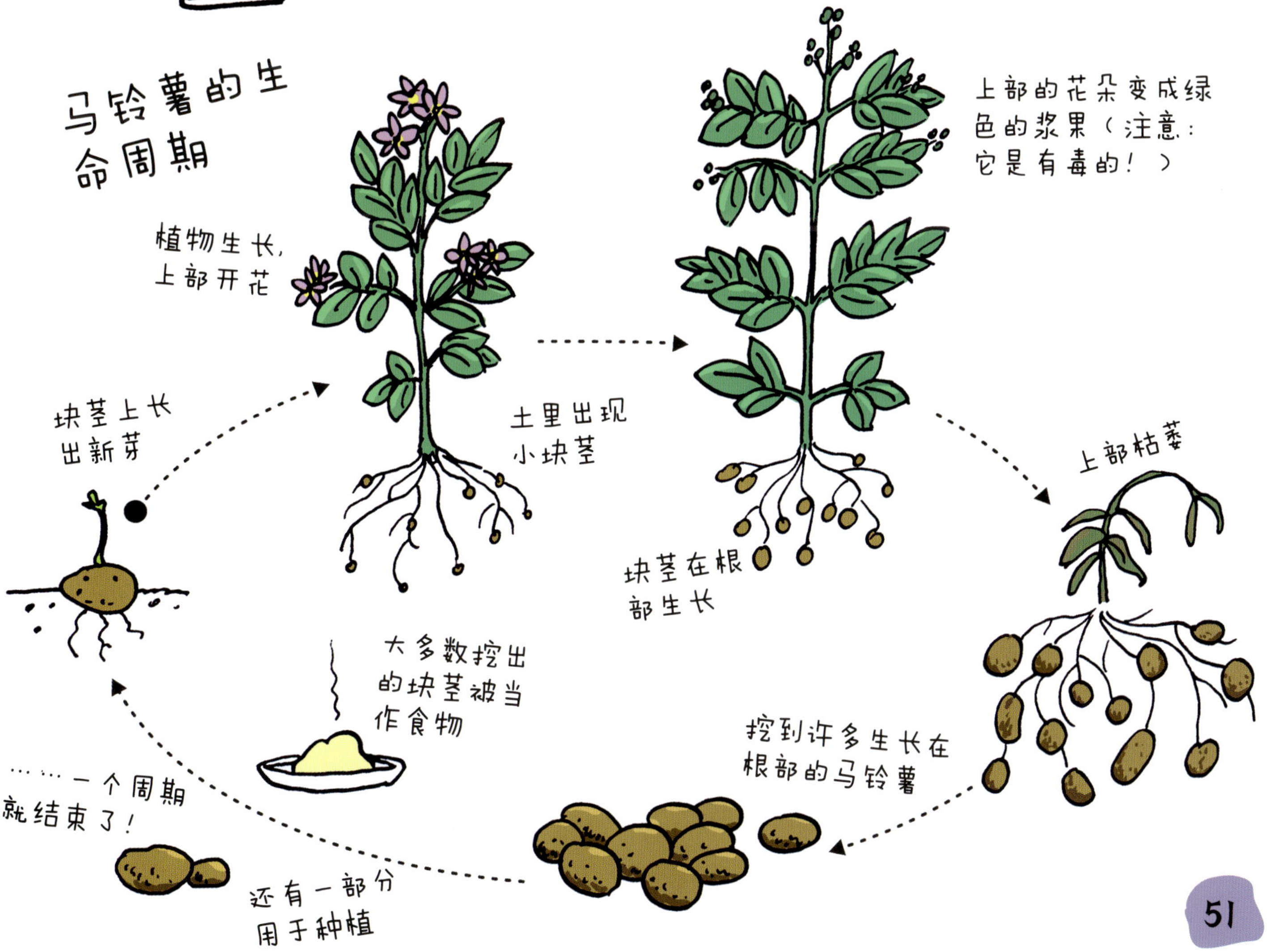
植物生长,上部开花
上部的花朵变成绿色的浆果(注意:它是有毒的!)
块茎上长出新芽
土里出现小块茎
上部枯萎
块茎在根部生长
大多数挖出的块茎被当作食物
挖到许多生长在根部的马铃薯
……一个周期就结束了!
还有一部分用于种植

菌类吃什么？

“我们自己采到的！是我们自己哦！”当孩子们讲到他们与奶奶一起去森林里采蘑菇的经历时，他们一再向我强调。此时，他们两人都提着篮子，篮子里面有许多名为鸡油菌的小型黄色菌类。

“因为它们都长在很接近的地方。”伊达解释道，“所以如果发现了一朵鸡油菌，之后在它旁边就很容易找到其他的。”

“奶奶说你们问她菌类吃什么，是吗？”我问道。

“嗯，”伊达确认道，“是我问的。”

“不对，是我问的！”卡茨佩尔否认道，“当时我正从地里拔鸡油菌，它们就像长了根一样，可实际上不是植物。当时我就在想它们究竟吃什么。”

“它们也不会捕猎。”我补充了一句。

“你说得对，它们不会捕猎！它们也不是动物。”

“是我问奶奶菌类吃什么的！”伊达坚持道。

“才没有呢，是我问的！”

“安静！”我叫道。孩子们静下来了，不过他们又开始悄悄地互相做鬼脸。

“谁问的不重要，重要的是问题本身。要不我来回答一下，怎么样？刚好我最近刚查过相关的资料。”

“嗯。”孩子们回答的时候依然在互相做着鬼脸。

确实，菌类不像植物一样可以独立制造食物，它们也不会像动物一样可以去捕捉、咀嚼和吞咽猎物。当然，菌类也有自己的办法，它们会在自身周围分泌特别的化学物质，这些化学物质像消化液一样将菌类的食物分解成微小的颗粒。这样，菌类就能够将它们吸收。

大多数菌类是通过这种消化方式来食用死的有机物质，比如倒毙的动物、木头、叶子，或者是附近的其他任何东西。有些菌类因为会在奶酪、果酱、果汁、肉类等上面生成霉菌，所以就成了食物储藏室和厨房的一大麻烦。不过这还算好的，要知道有些菌类已经学会了吃活的生物体，它们会导致植物、动物和人类患上难以根除的疾病。

许多品种的菌类会与植物进行合作，这其中就包括人们喜欢吃的鸡油菌和牛肝菌。采摘到篮子里的仅仅是菌类机体的一部分而已，菌类机体的大部分是以松散的菌丝形式延伸到地下数十米。菌丝与树根相连接，向它们提供水分和矿物盐，并使它们免遭寄生虫侵害。作为回报，植物会向它的合作伙伴提供营养丰富的糖分和健康的维生素。要是没有菌类作为自己的朋友，许多植物甚至都无法生存。有些即便能够独自存活下去，长势也会差很多。同样，菌类要是离开了树木也难以生存。正因为如此，菌丝主要是在它喜欢的植物周围进行延伸。所以，牛肝菌通常生长在云杉、松树或者橡树的周围，褐疣柄牛肝菌通常生长在桦树的周围，鸡油菌通常生长在云杉和松树的周围。有经验的采菇人寻找的只是菌类的可食用部分——美味的子实体。子实体是由另一端延伸到地下的一根根菌丝相互紧密缀合而成。菌类让子实体长出地面，是为了向外传播自己的孢子。

菌类的故事给孩子们留下了深刻的印象。一天，卡茨佩尔突然说道：“我想变成菌类，谁要是想抓我，我就可以躲在地下生活。”

伊达的想法截然不同：“我想成为松树，它哪怕冬天都是绿色的。除此之外，它还有针叶可以刺人。”

伊达说得对，但是它必须与菌类进行合作，而不是互相做鬼脸！

噢，鸡油菌！
哪里啊？我没听到有鸡在咯咯叫啊……

菌类吃什么？

分泌出消化食物的酶，吸收微小颗粒

菌类成为树木寄生物

菌丝与树根相连接——菌类从树木那里获取糖分，同时向树木提供水分和矿物盐，并保护其免受寄生虫和寄生性真菌的侵害

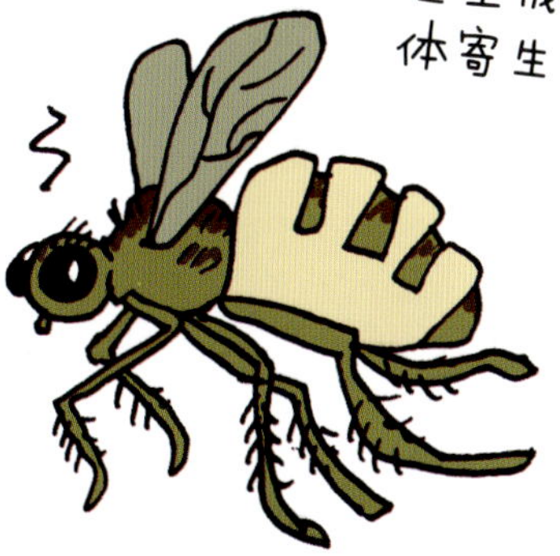
成为昆虫寄生物

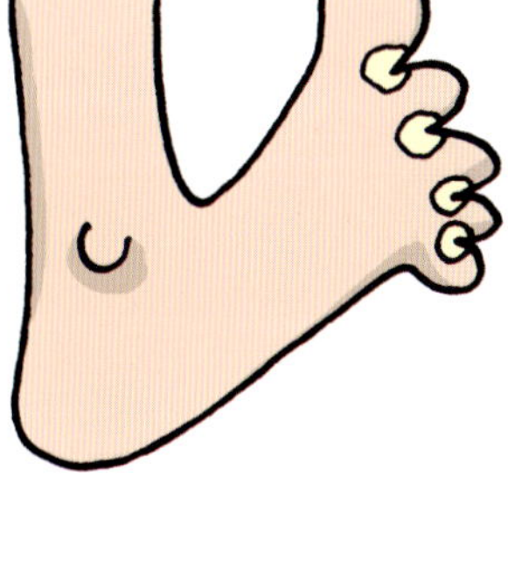
甚至成为人体寄生物

我们吃下去的食物去了哪里？

“我想，人们把它们排泄出去了。”伊达说道。

上学的路上，我问伊达知不知道我们吃下去的食物去了哪里。我之所以提这个问题，是想知道我们能不能一起找到这个问题的答案。伊达刚说完一句，卡茨佩尔就插话说：“我认为，食物首先进入胃里，之后进入肠道，最后才会被排到体外。”

我叹了口气道：“难道只有这些吗？你们真不知道我们吃下去的时候还发生什么？”

大家都沉默下来，一时间就只听见风声和我们的脚步声。

“噢，”卡茨佩尔突然说道，“血液会从肠道带走食物，输送到全身，对吗，爸爸？”

“对的，对的，好样的！”我高兴地说道，“不过还没有说全。”

“那你就说说嘛，食物还去了哪里？”孩子们央求道。

也不管我愿意不愿意，我不得不给他们进行解释。

那我就从地球上食物的产生说起吧。地球上从事食物生产的主要是植物，由于有叶绿素，它们可以捕捉以光线形式到达我们地球的太阳能。它们将捕捉到的太阳能与水分子以及空气中的二氧化碳进行结合，这样就产生了食物——简单糖。动物无法做到这一点，它们需要从其他生物体那里得到能量和营养成分。这其中，一种方式是吃植物，另一种方式则是吃其他动物。我们人类是杂食动物，所以我们既吃植物，也吃动物。然而，无论是什么样的食物，它们首先是要进到我们的嘴里。在那里牙齿会将食物嚼碎。与此同时，唾液会将食物浸湿，并开始慢慢溶解食物。细碎潮湿的食物被吞下后，通过食道进入胃部，之后再进入小肠，食物加工最重要的几个环节就发生在这些器官里。在它们里面有几种酶，其任务是将食物变成更小的颗粒，即消化，这一工作还需要居住在我们肠道里的大量有益菌的帮助。当食物最终被分解成微小的颗粒时，血液就可以将它们带走并输送到全身的每个细胞。然而血液并不能吸收肠道里的所有食物，食物中会有一部分难以消化，还会有一部分是我们完全不需要的，所有未消化的食物残渣沿着肠道继续向肛门的方向移动。这一路上，身体还会从它们那里吸取掉水分，最终排出体外的就是我们所看到的模样。这些被我们排到体外的东西被称为“粪便”。

相比从我们身体里排出的东西，更重要的应该是我们的身体留下了什么东西。一部分微小的食物颗粒被我们用在自己身体的构造上，然而更多的食物颗粒还是用来产生能量。为了能够产生热量，食物会进行燃烧，即与氧气相结合。这时就会形成水、能量以及我们呼出的二氧化碳，能量是我们从食物中得到的最大收获，它使得我们可以奔跑、思考、歌唱、书写、阅读，或者简单说就是可以使我们活下去。有一位科学家很好地抓住了这一点，于是说道，我们吃饭是为了释放我们心底的太阳。

食物是哪里来的？

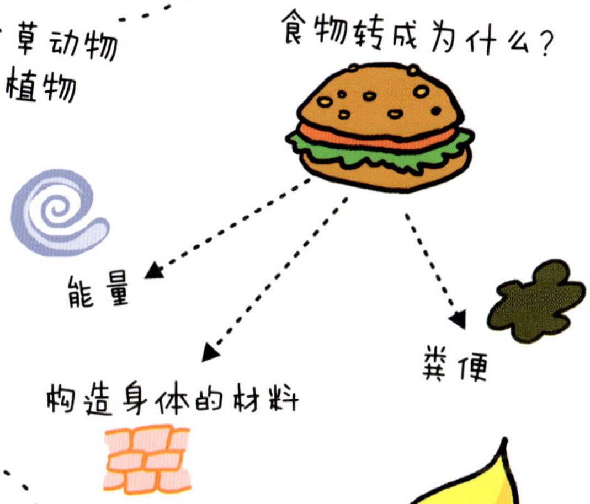

食物的路线

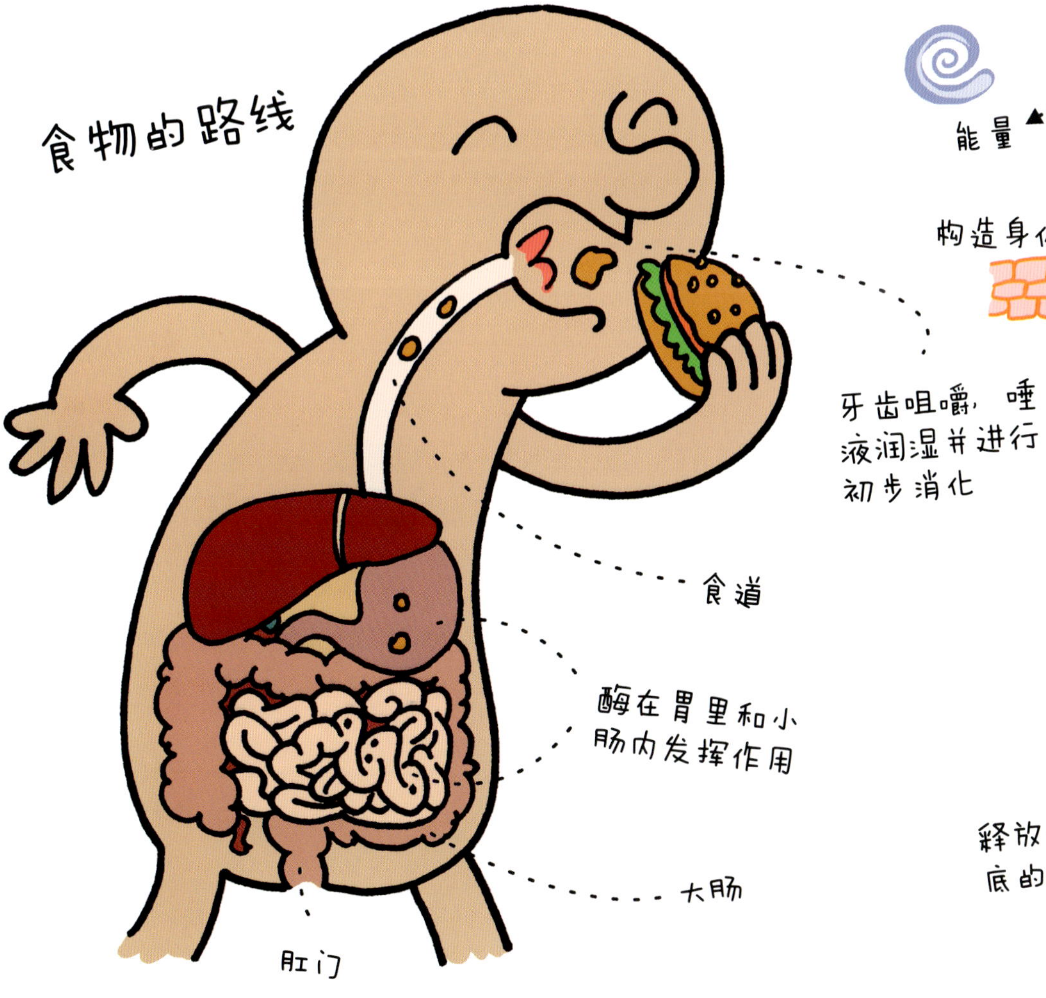

谁生下了没有谁能够生的人？

爸爸，谁生下了那些没有谁能够生的人？”卡茨佩尔问道。

“呃……”因为不是特别明白他的意思，所以我正紧张思考着该如何作答，“呃……”

我心想去学校的路反正不远，要不我就干脆避而不答吧？所幸我突然想到了办法，我用上了每次我催卡茨佩尔去写作业或者打扫房间时他都会提的那个问题：“有什么问题吗？！”

“有的，”卡茨佩尔开始说道，“当地球上第一个人出现时，是和谁去繁衍后代的？因为他是从猴子进化过来的第一个人，因此就不会和别人有孩子。难道他是和猴子繁衍后代的？如果不是猴子，那谁能够和他生孩子？”

也许先要做一个简单的说明。现在科学界普遍接受的观点是，人类的出现就和地球上所有的其他生物一样，是其他生物形态进化的结果。这一过程可以追溯到35亿年以前，就在那时我们地球上出现了最初的生物。它们是如何产生的，至今还没有定论，它们逐渐演变分化成种类繁多的诸如细菌这样的单细胞生物。大约6亿年前，这些微小生物进化成海洋中更大的多细胞生物。它们当中包括远古虫子、远古小龙虾、远古鱼以及其他大量难以形容的奇怪生物。接下来的千百万年，生物开始征服陆地，陆地上出现了植物、小动物，甚至还有鱼类的近亲。之后，两栖动物、恐龙、哺乳动物和鸟类也逐步出现。灵长类动物是哺乳动物中的一个类别，原猴和猿猴都属于灵长类动物。大约250万年前，我们的祖先猿人从灵长类动物中出现，不断向人类进化，并且逐渐扩散到世界各地。大约20万年前出现了我们这样有智慧的人类，即“智人”。其他形态的人类逐步走向消亡，直到今天就只剩下了我们自己。

人类的进化通常极其缓慢，下一代与上一代的区别并不明显。比如，如果一个人的大脑变大或者体毛变得稀疏，与他的亲朋好友相比并不会看出明显的差异。他依然可以正常地结婚生子。如果这个新特征给他带来了某种优势，比如说，他能够获得更多的食物，身体恢复更迅速，不易感觉疲劳，能够更好地躲避天敌或者更好地保护自己的孩子远离危险。这时，他的后代就会继承这一特征，然后接着传给下一代。这些拥有这一特征的人逐步获得更具优势的地位，他们的后代也就越来越多。到一定时候，他们的人数就会超过没有这一新特征的人。最终，留在竞技场上的就只剩下这些“新”人。在这之后，拥有其他新技能的个体肯定还会出现，整个历史又将再重演一遍，历史就这样重复了许多遍。甚至到了我们现代人类时期，进化依然没有止步。比如，早期的人类只有在儿童时期可以消化奶，成年之后就失去了这一能力。所以那个时候，只有婴儿才有可能以奶为食，从母亲的胸部吮吸乳汁。直到几千年前，在人类将奶牛、山羊和绵羊驯化之后，成年人可以将其他哺乳动物的奶作为食物的特征才传播开来。然而必须得承认，直到今天仍有许多人在成年之后就无法消化奶。我自己就是这样一个例子，而我的妻子则完全不存在这个问题。由此看来，我的进化程度要落后她一截。可她甚至还给我生了孩子，而且孩子们还那么聪明！

人类族谱
智人！
尼安德特人
35万-40万年前
直立人
100万年前
能人
250万年前
南方古猿阿法种
370万年前
撒哈人猿
乍得种
700万年前

什么是雾？

“我已经弄不明白了，他们究竟是在雾里还是在云里迷路了？”卡茨佩尔气恼道。

这时我们正在山上游览，在去山顶的路上遇到了两个背着沉重背包的徒步旅行者。卡茨佩尔上前与他们攀谈，询问我们距离山顶还有多远。他们可能很久没和人聊过天了，卡茨佩尔的一个简单问题后，就听到他们两人滔滔不绝讲述这三天来在山里的经历。最艰难的是之前一天，他们被浓雾笼罩，周围能见度降低到连一米都不到。尽管如此，两人还是顽强地继续前进，寻找地方搭建帐篷。一路上两人多次迷路。

“但我不记得昨天有雾啊。”卡茨佩尔奇怪道。

“卡茨佩尔，”我用手轻推了一下他，“我们当时是在山谷里，而他们是在山顶上。你不记得山顶的云了吗？我们当时连山顶都看不到。”

“但那是云，不是雾！”

“都是一样的。”

“这我就不明白了。”卡茨佩尔说完接着问道，他们究竟是在什么里面迷路的。

过了一会儿他又补充说：“究竟什么是雾？”

雾和云的构成一样，都是悬浮在空中的微小水滴。气温降低，空气中的水蒸气凝结，就会出现这两种现象，不过两种现象发生的环境不一样。当热空气上升到寒冷的大气层中，就会形成云。而雾则是在地面上形成——通常是在夜里，有时也会出现在傍晚。当太阳从地平线上消失，地表温度就开始逐渐降低。首先降低温度的是地面和生长在地面上的植物，因此，水蒸气起初会凝结到它们的表面，形成露珠。此后不久，接近地面的空气也逐渐冷却，空气中的水蒸气液化，形成不会落到地面的微小水滴。是的，这时地面上就形成了一层薄雾。接着，上方的空气也渐渐冷却，然后是更上方的空气。通过这种方式，雾就逐渐扩展开来，变得越来越厚。当我们的四面八方都被雾笼罩时，我们就什么都看不见了。这个时候，我们究竟是在云层弥漫的山上，还是在雾气笼罩的平原上，也就无所谓了。两种情况下围绕在我们四周的东西是一样的，都是悬浮在空中浓密的微小水滴。

甚至可以这么说，云是天上的雾，雾是地上的云。

我问他们去山上的路，他们给我讲了他们的人生故事……

雾是怎么形成的？

①
太阳下山
②
地面和植物变冷，水蒸气在它们上面液化，形成露水
③
接近地面的空气变冷，形成一层薄雾
④
上方的空气也逐渐变冷，雾逐渐扩展开来
几乎什么都看不见了！

我们为什么要呼吸？

一点意思都没有！”卡茨佩尔自言自语道。

我们刚从公园散步的路上往回走，天渐渐黑了，我们肚子也已经饿了，所以都急着赶回家吃晚饭。这次散步虽然走得挺远的，但绝不像卡茨佩尔评价的那样毫无意义。我们看到了鹅、松鼠以及春天来临的迹象。

“你在说什么呢？”我于是问他。

“我在说呼吸呢。”

“呼吸？！”我很是惊讶，不过同时也松了一口气，看来散步也不是那么糟糕，“你为什么不喜欢呼吸？”

“你看，我吸入空气，呼出空气，再吸入空气，再呼出空气。它一点变化都没有。我就这样一遍遍地吸气、呼气、吸气、呼气。根本一点意义都没有！我们究竟为什么要呼吸？！”

是的，我们吸入空气，呼出空气，吸入空气，呼出空气——卡茨佩尔说得没错。只是，他没有意识到，我们吸入的空气与我们呼出的空气是不一样的。尽管它们都是空气，而且看起来也完全一样。不过，正是这难以察觉的差别让呼吸有了深刻的意义。

当我们吸气时，空气进入肺部。肺是隐藏在胸腔里两个弹性囊，上面密集缠绕着连成网状的毛细血管。肺里的红血细胞耐心等待着供给的氧气——这一占据空气五分之一的清新气体。红血细胞一旦感觉到我们吸入新的空气，它们就会捕捉其中的氧分子，并将其输送到我们身体的各处细胞。氧气的性质相当特别，它非常活跃，很愿意和其他物质生成化合物。这类反应过程会释放出大量能量——有时是以光或者热的形式，就比如木材或者煤炭燃烧。与烤炉和火堆相比，这类反应在人体内以更加可控的方式进行。由血液一并携带到细胞内的食物微粒在我们体内与氧气相结合，这个时候形成的能量我们用来运动、生长、取暖，并提供给心脏、肠道、下颌、眼睛、大脑等身体所有部位。这些能量就是我们通过呼吸获得的最大好处。

食物与氧气结合发生的反应还会产生垃圾，这其中就包括名为二氧化碳的气体。二氧化碳并不是我们身体所需要的，甚至可以说是有害的，因此必须将其尽快清除。从事这一工作的同样还是这些红血细胞，它们收集二氧化碳，并迅速带它进入肺部。二氧化碳被红血细胞丢到肺里，再通过呼气的方式将它从体内排出。随后我们吸入新的新鲜空气，刚刚处理掉二氧化碳的红血细胞接着将氧气挑选出来并再次奔向身体的各个细胞。

所以，与我们吸入的空气相比，我们呼出的空气中氧气要少得多，而二氧化碳要多得多。正因为有了这一差异，我们的身体才能从食物中获得能量。如果没有这一差异，我们连几分钟都活不下去。

呼吸的确是有意义的。

体内氧气和二氧化碳的线路

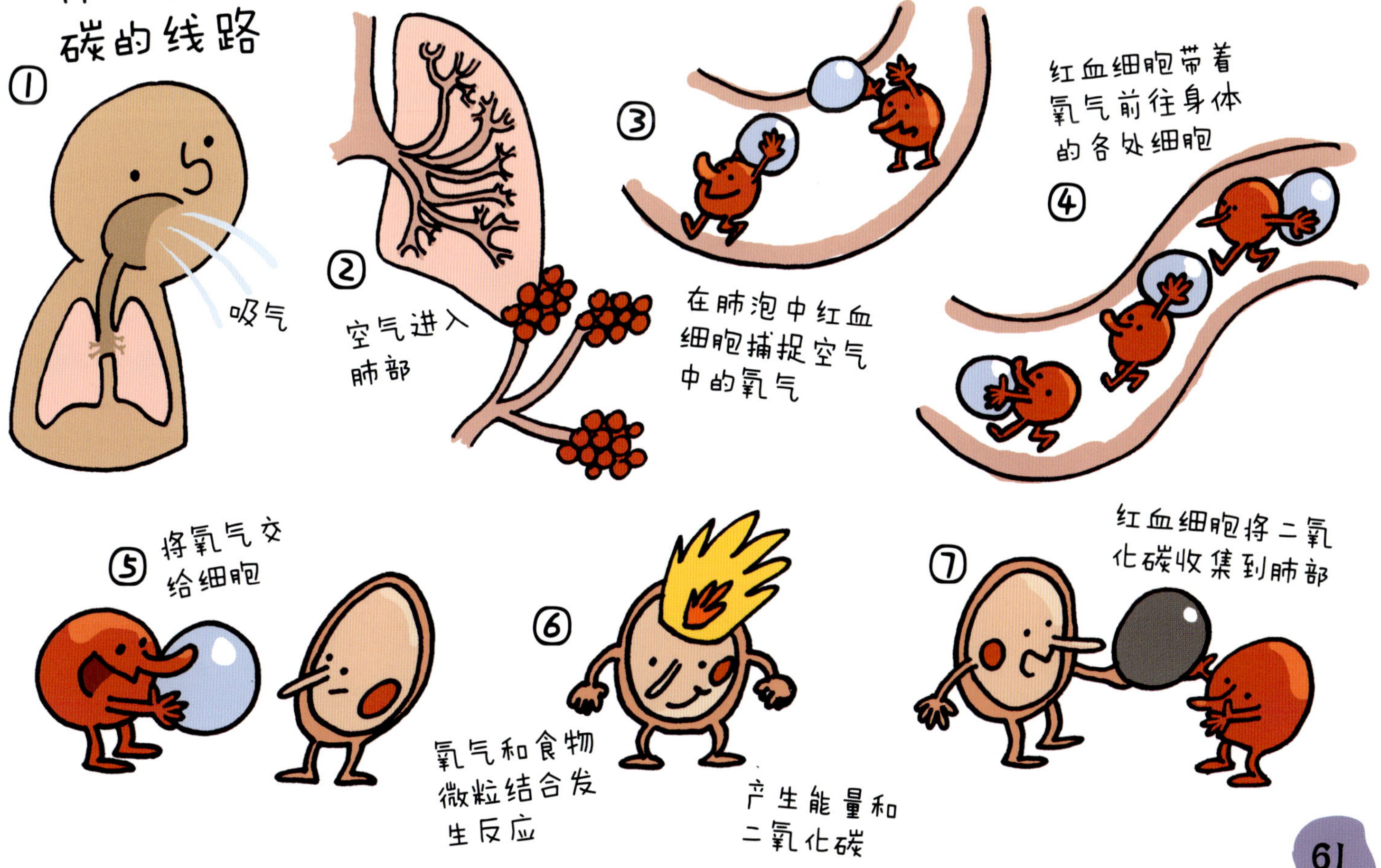

细菌有眼睛和嘴巴吗？

“我的黑死病哪里去了？！”伊达突然从床上坐了起来。

“别发牢骚了，亲爱的，躺下睡觉。”妈妈试图让她平静下来。

“不要嘛，没有黑死病我睡不着。”伊达急得哭了起来。

于是我们不得不把灯打开，让她在被子、枕头、床单和床上的一堆玩偶中间摸索。由于灯光和声响，卡茨佩尔也醒了过来。

“我的大肠杆菌是不是也没了？！”他担心起来。

他也开始寻找细菌。

“沙门氏菌在。”伊达眼泪汪汪地说道，“噢，我找到黑死病了！”她一下就破涕为笑。

“呼，我的大肠杆菌也找到了。”卡茨佩尔松了口气。

两个人各自放好自己的玩偶，以便他们在睡觉的时候能够看到它们。它们是我不久之前带孩子们参观科技馆的时候买的。这些长毛绒做的病菌有着细菌的真实形状，不过当然是放大了好多倍。创作者仅仅给它们加上了眼睛，让其看起来更加亲切。

“爸爸，”卡茨佩尔问道，“细菌真的有眼睛吗？”

“呃，没有……”我摇了摇头。

“那它们有嘴巴吗？”伊达追问道。

“也没有。”

“那它们怎么看东西和吃东西？”

我犹豫了一下说：“呃，这个我还真不知道。”我一时也没了自信，只好接着说道：“好了，你们该睡了。晚安！”

我必须自己先弄清究竟是怎么一回事，然后再想着如何去给孩子们进行解释。人体是由数以

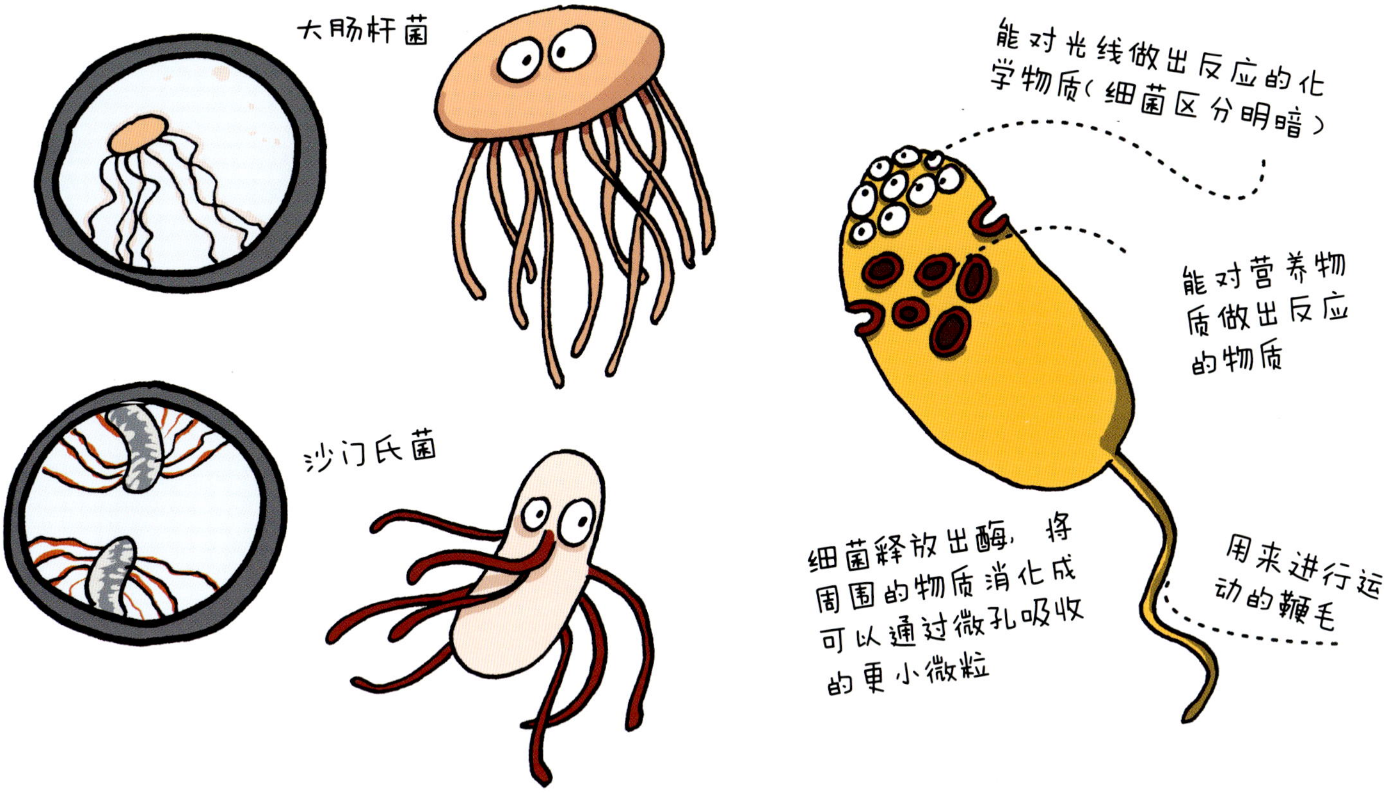

亿计的细胞构成的，它们构成了包括眼睛、耳朵、嘴巴、鼻子等在内的每一个器官。同时，细菌也是一种细胞，但是比人体细胞小得多。细菌太小了，以至于都没法给自己安上眼睛、嘴巴和鼻子。即便如此，它也必须要吃东西。为了能够找到食物、联系其他细菌以及躲避敌人，细菌必须要知道周围的情况。于是它就需要通过“某种东西”来“看、听和感觉”。细菌做到这一点借助的是它自己表面的化学粒子，其中一些粒子会对光线做出反应。在它们的帮助下，细菌可以识别出哪些地方亮一些，哪些地方暗一些。它们虽然无法像我们一样看到图像，却可以区分光线的强弱。细胞表面其他的化学粒子可以检测到周围有毒物质或者可食用物质的出现，通过这种方法，细菌就可以知道该往哪里逃命，该去哪里找食物。在到达食物所在的位置后，细菌当然就立刻开始进食，哪怕它没有嘴也丝毫没有问题。细胞内部会向外释放消化液，从而将食物变得更小。只有当食物小到足够穿透细菌细胞壁的微孔时，食物才会被吸收到它的细胞内部。在那里它们将会对食物进行进一步的处理，从而获取能量以及构建细菌自己及其后代所需的材料。

经由这些微孔进入到细胞内部的食物与典型的人类食物有可能截然不同，还有一些会吃木头、石油，甚至是化学武器。有的细菌可以像植物一样，自己依靠阳光、水分和空气制造出食物。还有一些细菌寄生在植物、动物和人体当中，它们会引发各种疾病。鼠疫杆菌可以引发非常严重的瘟疫——黑死病；沙门氏菌会导致急性腹痛、腹泻、发热、全身无力，即沙门氏菌病。不过，大肠杆菌倒是一种有些奇怪的细菌，它们大量存在于人体肠道里，却不以任何方式伤害我们。然而，大肠杆菌当中不时也会出现导致各种疾病的坏家伙，这些疾病经常伴有腹痛和腹泻。

在知道了他们心爱的细菌如此恶劣的属性后，伊达和卡茨佩尔居然没有受到丝毫影响。我都怀疑情况恰恰相反，他们抱着鼠疫杆菌和沙门氏菌睡觉会觉得更加安全。每个入侵者都会害怕接近这些可怕的细菌，而且它们居然还长着眼睛！

肥皂有什么用？

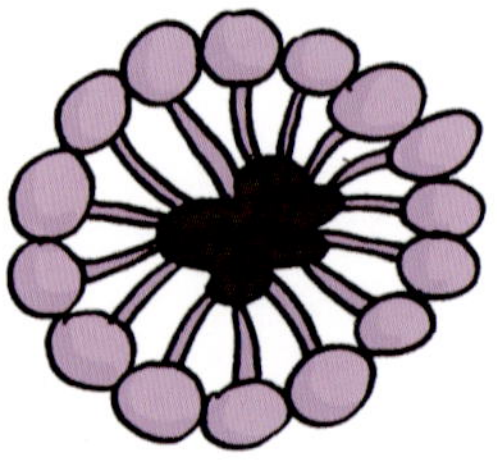

嗯……嗯！”有声音传到了我的耳朵里。这时已经是晚上了，我在厨房里准备晚饭，洗碗机嗡嗡地响着，水在茶壶里开始沸腾，而卡茨佩尔则在浴室里洗澡。他正在紧闭的浴室门后喊着什么。

“我听不清！”我回答道。

“什么？！！”卡茨佩尔叫道。

“我听不清你在说什么！！！！”

“什么？！！！”卡茨佩尔的喊声更高了。

我意识到隔着这么远根本没法进行交谈，于是我走到浴室门前，说道：“现在我能听清了。告诉我究竟是怎么一回事！”

“爸爸，你说什么？！”

“我说我听不清，我听不清你刚对我说了什么。”

“我说我在洗澡。”

“那你快点洗好，出来吃晚饭。顺便问一句，你洗澡用肥皂了吗？”

“肥皂？”卡茨佩尔奇怪地说道，“好像没有……”

“那你再洗一遍，这次记得用上肥皂。洗完来厨房！”说完，我就转身回厨房接着做晚饭。几分钟之后，卡茨佩尔穿着睡衣，干干净净地出现在我面前。

“爸爸，为什么洗澡要用肥皂？它有什么用？”

简而言之，肥皂的作用就是洗去污垢。是的，水本身也能做到这一点，只不过它并不能应付所有的污垢，因为所有的油污都不溶于水。因此，如果油污沾到了我们身上，就没法简单地用水洗掉，必须要用肥皂来洗。肥皂分子有两端，其中一端亲水憎油，另一端亲油憎水。当肥皂溶在水里，它的微粒会聚集成小泡沫，亲水的部分露在外面，亲油的部分藏在里面。当这种小泡沫遇到油污，亲油部分就会吸附到油污上。之后，新的泡沫就会形成——它的样子还是和先前一样，不同的是现在泡沫中间是被肥皂分子包裹住的油污。这个时候就可以进行冲洗了，先前洗不掉的污垢就会和肥皂一起被水冲走。

既然知道了肥皂有什么用，我们就打算坐下来吃饭。可是伊达还没来，她已经在浴室待了二十分钟了。妈妈于是过去检查她发生了什么情况。

“我在洗澡呢，用肥皂洗的！”紧闭的浴室里传来了伊达的声音。

“你还要在里面待多久？”妈妈问道。

“等我用肥皂洗完澡，现在还差脖子、脚、耳朵，还有整个肋部！”

你洗澡用肥皂了吗？
肥皂？什么肥皂？

肥皂是如何发挥作用的？

水本身洗不掉油污
要用肥皂来对付油污

肥皂分子一端亲水，另一端亲油
形成泡沫
抓住污垢
并将它封闭在自己里面
封着污垢的泡沫很容易被水冲洗掉

牛奶的奶皮是怎么来的？

“噢……”伊达一边用勺子搅着杯子里的牛奶，一边自言自语道。当她从牛奶里捞出浮在上面的一层皱皱的淡黄色薄膜时，又补了一句：“好恶心啊……”

“我小时候特别喜欢吃奶皮。”孩子们的妈妈这时突然说道。听到这里，我们所有人都停了下来，不再吃东西。对孩子们来说，听到这句话，就好像听到有人说自己喜欢臭鸡蛋的气味。

“我最喜欢这种黏稠泛黄的奶皮，我会把家里其他人碟子里的奶皮集中到我自己盘子里，然后再狼吞虎咽地把它们都吃掉……”

平时话特别多的孩子们，听到这里也都一时无语。最后，我决定打破这尴尬的沉默。“噢，”我喃喃道，“真恶心……”

孩子们立刻笑了起来，我们就回到长期困扰我们的这个问题上——牛奶上面的奶皮究竟是哪里来的？

正如我在“为什么奶是白色的？”这一篇中所写的那样，牛奶是各种化学成分和水的混合物。牛奶当中有脂肪、蛋白质、糖类、维生素和矿物盐，部分蛋白质的耐热性非常差。当我们加热牛奶时，在高温作用下，这部分蛋白质会变得颤动不安，有序的蛋白质此时挤在一起变成无序紊乱的块状，并将脂肪微粒包在了里面，结果就形成了淡黄色坚硬且浓稠的稍呈凝胶状的物质。它比水轻，所以就浮到牛奶表面形成了奶皮。

另外，奶皮也导致了牛奶煮沸并溢出。因为如果加热牛奶时，表面形成奶皮，会阻止水蒸气升腾。气泡没法从牛奶中溜走，它们被困在了奶皮里。而因为此时水分依然在强烈蒸发，所以气泡就会越来越多，迅速形成细密的泡沫，最后从壶中涌出来。这时我们就会说“牛奶煮沸溢出来了”。

“妈妈，你想吃我牛奶里的奶皮吗？”伊达说着，就想把自己勺子里一大块厚厚的奶皮放到妈妈的碟子里。

“我也说了，我小时候很喜欢吃奶皮。”妈妈叹了口气，“现在我已经不喜欢吃了。”

看着挂在伊达勺子上那一层淡黄色的东西，她又补了一句：“噢，真恶心……”

① 冷牛奶
溶解的脂肪、糖分和蛋白质分子
② 加热的牛奶
一些蛋白质开始颤动，聚集成无序的块状，并将脂肪微粒包在它里面
③ 结果
整个都浮到牛奶表面，形成奶皮。真好吃！
奶皮？尊敬的女士，我不知道您在说什么。

为什么我们的鼻子最怕冷？

爸爸，为什么我们的鼻子最怕冷？”伊达突然问道。

事实上，我觉得我浑身都怕冷。现在已经到了十一月，风寒雨冷，气温也降到很低。我送伊达上学的路上，总要努力把衣扣扣紧，以防寒风从下面钻进来。不过，我还没有戴帽子。

“爸爸，为什么啊？”伊达不依不饶地问道。

“你觉得呢？”

“我觉得，因为我们的鼻子要吸入冷空气，所以鼻子最容易觉得冷。”伊达回答道。

“那你说得对不对呢？”我怀疑道，“可这没法解释为什么我们的耳朵也最怕冷。”

“耳朵？！”伊达奇怪道，“我的耳朵不冷啊……”

我望向她，说道：“亲爱的，你说得倒是轻松。你戴着风帽呢！”

确实，伊达和我一样都没有戴帽子，但是她的头和耳朵都紧紧地裹在衣服的风帽里，暴露在冷空气中的只有她长着雀斑的小鼻子。仔细观察一下鼻子，就能明白它是如何暴露在严寒中的，从身体内部流淌出来的温暖血液在鼻子这个部位与冷空气进行的几乎是全面的接触。其他如耳朵、脚趾、手指这样突出的身体部位也是一样，因为它们的表面积很大，所以热量流失速度非常快。更加厚实的腿部、手臂和躯干则截然不同，流淌到这些部位的血液与皮肤表面的接触更少，热量流失也更缓慢。

我们的身体不光极其注意对诸如心脏、肝脏和大脑之类的内部器官保护，同时它也能很好地应付上面这个情况。当我们受到严寒威胁时，皮肤血管就会收缩，这样到达皮肤表层的血液就会变少，流失的热量也会变少。这样做很有用，不过我们有时会因此感觉不舒服。当血液不能帮助皮肤升温，我们会感觉特别冷。最糟糕的是，身体的突出部位可能会由于缺少热量的流入而遭受严重损伤。这就是为什么极地探险家和喜马拉雅山登山者经常会被冻伤自己的鼻子、耳朵、手指和脚趾。

长期生活在寒冷气候下的动物也明白这一原理。为了防止热量流失，它们的身体突出部位都变小了。比如，与美国的敏狐和非洲的耳郭狐相比，北极狐的鼻子更小，口鼻和爪子也更短。同样的，极地的兔子和熊与它们温暖地区的近亲相比也差异明显。

甚至在人类当中也能观察到这一规律。炎热地区的人，比如非洲的马赛人通常身材苗条，手臂和腿很长，耳朵很大。而世代生活在寒冷地区的人们，他们的鼻子更小更平，耳朵也更小，身体结构更加低矮结实。爱斯基摩人和东亚人看起来就是这样，伊达的韩国朋友苏安就是一个很好的例子。

“呃……”伊达猜测道，“那是不是说，苏安的鼻子比我更不容易被冻到？”

嗯，这听起来很有可能，可以去问一下苏安。这样我们就可以知道如何估量谁的鼻子更耐冻了……

应该戴帽子的……

热量从鼻子、耳朵、手指、脚趾这几处身体的突出部位流失最多

为了防止热量流失，缩小身体的突出部位，体型结构变得更加低矮结实

从不同种类的狐狸的耳上可以看到这一点

人类也是类似

瘦高苗条的马赛人

低矮结实的爱斯基摩人

来自美国温暖地区的敏狐

来自温带地区的赤狐

生活在北极圈内的北极狐

为什么几乎所有的昆虫都有翅膀？

“很漂亮，是吧？”卡茨佩尔的脸上露出灿烂的微笑。

“是的，显然……”我回答时显得底气不足。

“当然了。”卡茨佩尔的妈妈也补上一句，不过声音低得都快听不见了。

卡茨佩尔愉快地看着挂在他床头的那张很大的彩色海报，海报上画着各种昆虫的代表，蝴蝶和大黄蜂的旁边是一只巨大的螳螂，一旁还有跳蚤和蟑螂。最后这种昆虫勾起了我一段不愉快的回忆。很久之前，当我还在上大学的时候，我租了一套里面满是蟑螂的房子，它们在屋里到处爬。晚上我在厨房打开灯，它们就在我的周围爬来爬去。这一幕永远留在了我的记忆里。我热爱大自然以及大自然里的各种昆虫，但唯独蟑螂让我特别反感，哪怕是绘在海报上的蟑螂也不例外。

我的思绪被卡茨佩尔打断了，他突然转回身来对我说：“爸爸，你看，所有的昆虫都有翅膀。好奇怪啊，这是为什么呢？”

“不是所有的昆虫都有翅膀。”我指着海报上的一只昆虫对他说道，“你看，跳蚤就没有翅膀。”

“那为什么几乎所有的昆虫都有翅膀？”

这样说就对了。迄今为止发现的昆虫已经超过一百万种，至少还有两倍数量的昆虫有待我们去继续发现。昆虫这一动物类群在多样性、种类数、个体数，甚至是分布区域的广度都是首屈一指。昆虫的个头虽然远远不及鸵鸟、鳄鱼和大象，但如果把全世界所有的昆虫放在一起称重，它们的总重量要超过陆地上所有其他动物的总和。昆虫的飞行能力是它们能够取得如此成功的重要原因之一。掌握这一能力的动物种类并不多，而昆

昆虫的翅膀有什么用？

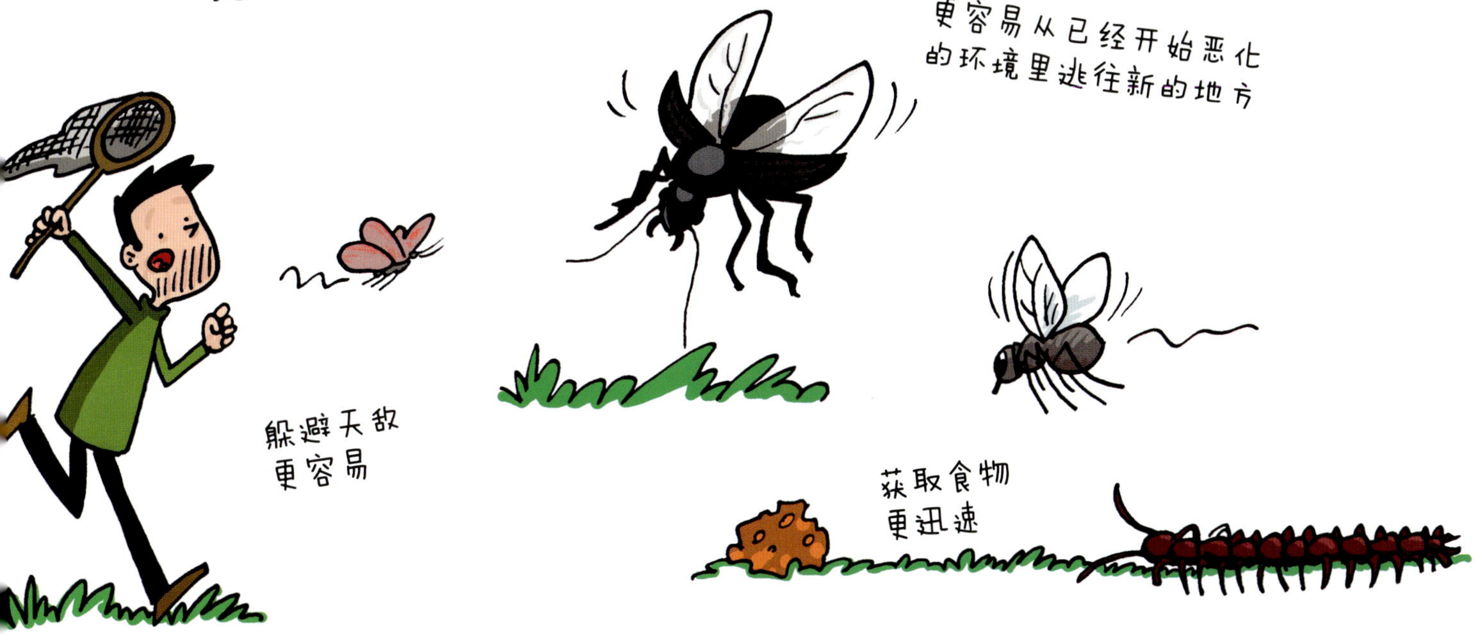

虫由此成为无脊椎动物中的特例。由于具有飞行能力，它们移动起来就会比地面上的爬行动物迅速得多。因此，它们更容易躲避天敌，也可以更迅速地捕捉到猎物。它们可以顺利地飞到新的地区，在那些其他动物难以到达的地方定居下来。最后，飞行还使得它们能够应付不利的环境条件。比如，如果水生昆虫生活的水库干涸了，它们就可以直接飞走，寻找新的地方安家。因此，绝大多数昆虫都有翅膀就毫不奇怪了，翅膀也成了昆虫取得成功的关键所在。

对于昆虫的翅膀是哪里来的这个问题，回答起来要稍微困难一些。其他种类的动物，比如鸟类或者蝙蝠，它们的飞行能力可能源于在树木间的跳跃。宽阔的双翼使它们可以跳得更远，即所谓的滑翔飞行。渐渐地，它们在落地时开始振动双翼，之后跳跃的过程中也开始振动双翼，鸟类和蝙蝠的祖先将滑翔飞行逐渐变成了主动飞行。一些科学家认为，今天昆虫祖先的情况也是类似。为了逃避天敌，它们会从树上跳下来。它们身上出现的附肢有助于延长它们的滑翔飞行时间，之后，附肢进化成了真正的翅膀。然而，更多的研究者支持的是另一种假说。根据这种假说得知，最初是水生昆虫的呼吸器官发挥了未来翅膀的作用。呼吸器官越大的话，这一作用就发挥得越好。它们基部的肌肉可以带动昆虫更好地在水下进行呼吸。在水库变得干涸时，这个发育出来的发达的身体部位就有了用武之地，它使得昆虫能够迁徙到新的环境，这就开始了水生昆虫的第一次主动飞行。它们中的一部分放弃了水栖的生活方式，有的甚至去征服陆地上最干旱的区域。这才最终有了卡茨佩尔这张心爱的海报上展示的种类如此繁多的动物。直到这时，卡茨佩尔还站在那里看着这些苍蝇、螳螂、跳蚤和蟑螂。

“卡茨佩尔，”我有些畏惧地问他，“你真的喜欢所有这些昆虫？”

“不是所有的昆虫，”卡茨佩尔承认，“我不喜欢蝴蝶。”

“蝴蝶？！可它们有着那么美丽多彩的翅膀！”

“翅膀倒是不错。可是，爸爸，你看它们的嘴。从里面伸出那么长的卷曲口器……真恶心！”

确实，要了解孩子们还真不容易！

为什么蚂蚁可以头朝下倒着走路？

爸爸，你过来呀，快过来看一下！”伊达的声音从林间的一张长凳底下传过来。

“怎么了？”我坐在旁边的长凳上，一点都不想站起来。阳光暖暖地照在身上，小鸟在林间婉转地歌唱。

“过来呀！”我的宝贝女儿急不可耐地喊道。

我懒洋洋地站起来，向她走了过去。伊达缩在长凳下面，目不转睛地看着她头顶木板上那只爬来爬去的蚂蚁。

“爸爸，为什么蚂蚁可以后背朝下倒着走路？”她问道。

“你羡慕它了？”我扭过身子去看蚂蚁。

“我？才没呢……”她貌似坦诚地答道，“爸爸，告诉我，为什么蚂蚁可以这样走路？它可没有吸盘！”

伊达说得不对！一些蚂蚁的足底真的有带黏性的爪垫，它们可以根据需要收缩或者展开。在诸如叶子和玻璃这样光滑的表面上移动时，蚂蚁会用到这些爪垫。它使得蚂蚁可以上下移动，甚至是颠倒过来走路，这个时候蚂蚁依然能够搬运重物。科学家曾经拍摄到有蚂蚁在后背朝下倒着走路时，携带了比自己重100倍的物体。根据波兰研究人员的描述，蚂蚁的纪录保持者能拖动比自己重500倍的物体！哪怕是世界上最强壮的人，也无法取得这样的成绩。蚂蚁在高低不平的表面上也能够快速移动。其实，即便在我们看来非常光滑的表面上，也有相当多明显的突起。在这样的表面上，蚂蚁依然可以上下移动，甚至是倒着走路。这个时候爪垫被蚂蚁藏了起来，发挥作用的是同样位于蚂蚁足部的钩爪，这种弧形构造使得蚂蚁可以钩住突起并像登山运动员一样攀爬。就这样，蚂蚁能够在石头、墙壁、树皮，甚至是林间的长凳上行动自如。伊达之前看到的那只蚂蚁已经不见了。不过，我的宝贝女儿并不打算离开自己的这个观测点。

“爸爸！”她喊道，“你看！蜘蛛也可以后背朝下倒着走路。好奇怪啊，这是为什么？”

“嗯……”我喃喃道，“我还是下次再找答案吧……”

我羡慕地看着长凳下面的蜘蛛。蚂蚁、蜘蛛、苍蝇都能够后背朝下倒着走路，而我却不会。这真不公平！

爸爸，为什么蚂蚁可以后背朝下倒着走路？
我却做不到，好可惜啊……
不只是蚂蚁可以后背朝下倒着走路，苍蝇和蜘蛛也可以！
钩爪钩住突起
蚂蚁依靠足部的特殊结构实现这一点
蚂蚁能够依靠爪垫在光滑的表面上走路
纪录保持者！
500 mg
科学家曾经拍摄到有蚂蚁在颠倒过来走路时携带了比自己重100倍的物体！
啊！我根本没机会获胜！

如果地球引力消失了会怎么样？

“爸爸，”伊达拉着我的衣袖问道，“地球的另一边是澳大利亚，对吗？”

“对的。”

“这就是说，那里的人都是头朝下倒着走路的，对吗？”

“不对，他们和我们一样，走路时也是头顶着天，脚踩着地。”

伊达沉默了下来。我们此刻正在穿城而过，微风轻拂，云朵不断地变换着形状，别人都在匆忙赶路，唯独我们怡然自得地慢慢溜达着。

过了一会儿，她又拉着我的衣袖问道：“爸爸，但如果他们不倒着走路，那就是说我们在倒着走路，对吗？”

“不对。”

“不对？”伊达惊讶道，“要么是他们倒着走路，要么就是我们，怎么可能都是头朝上正着走路呢？！”

“伊达，不是这样的，我们所有人都受到地球引力的作用。我们生活的地球非常大而且会将我们吸引向它的方向，从而使得我们可以在地球上行走，而不是飞到太空里去。原则上，地球表面的一切物体无论位于哪个方位，都会受到地球吸引。可以说，对我们所有人来说，无论是在波兰、美国，还是澳大利亚，脚下的方向是一致的，都是地心。因此我们不会有人倒着走路。”

伊达再次沉默下来。

“爸爸，”她再一次拉住了我的衣袖，“如果地球引力消失了，我们会怎么样？”

“无论是我们、美国人、还是澳大利亚人，到时都会脱离地球表面。”

“真的吗，我们能飞起来？”伊达眼前一亮，“那能飞多高？有膝盖这么高吗？”

“伊达，到时不会有任何东西把我们留在地面，我们就好像失去了任何束缚一样。”

“那我们可以飞到那个塔顶吗？”伊达指着旁边的一座教堂问道。

“当然可以了，不会有任何东西可以阻挡我们。”

“那我们可以飞得更高吗？”伊达兴致勃勃地问道。

“伊达，这不是儿戏。地球引力消失了，我们会飘浮起来，所有的东西也都会飘浮起来。人类、动物、所有的建筑、水、空气、石头……一切都将飞到太空中。要是没有地球引力的话，整个地球就会解体，空气会逸走，我们将无法呼吸，在太空中会感到可怕的寒冷……”

我讲到这里停了下来，生怕地球解体的想象场景会吓到我的女儿。记得几年前，当时卡茨佩尔还很小，我给他讲太阳有朝一日会变成怎样。我说，科学家相信，几十亿年后，太阳会不断膨胀并把地球吞噬掉。之后再过几十亿年，太阳将收缩变冷。可怜的卡茨佩尔听后号啕大哭，劝都劝不住。我连忙向他解释几十亿年是非常非常长的时间，长到难以想象，可这还是不管用。他当时哭了很久，他妈妈因为这事还责怪了我。

我害怕自己这次再犯同样的错误。于是我望向伊达，只见她满面笑容地冲着走在我们后面的卡茨佩尔喊道：“卡茨佩尔，卡茨佩尔，你听到爸爸说什么了吗？如果地球引力消失了，我们就可以飞起来了！地球也会解体！太好了！”

地球引力正常

地球引力消失

……最后地球解体！

地球能不能被钻透？

“爸爸，地球能不能被钻透？”伊达突然问我。

“你说什么？！”

“我说地球能不能被钻透？”

“完全钻透！”

伊达点点头。

“嗯，这个很难说。”我不确定，“我想应该是不能。要钻透地球非常困难，而且非常危险。从地球表面到地球中心的距离超过6000公里，人类目前最深才能勉强钻到地下十几公里的深处，这不过就像刮破了地球的皮肤而已。要最终钻透地球还有很长的路要走。”

“如果我们真钻出孔来，会发生什么？”

“可能什么都不会发生。实际上，挖得越深，温度就越高，地球中心的温度非常高。”

“那熔岩就不能挖掘了吗？”

“伊达，熔岩是露出地表熔化的岩石。位于地球坚硬岩石表层下面许多公里深处的那是岩浆，岩浆呈半液态，看起来就像非常炎热的泥浆。岩浆是没法挖掘的。”

“如果真要挖掘呢？”

“那将会很危险。谁知道岩浆会不会通过钻孔到达地表？到时它的流动性会变得更好，并且将作为熔岩涌出来。火山的喷发就是这样的，熔化的岩浆从火山锥中心的火山口里涌出来。”

伊达陷入了沉思，我希望问题到此为止。为了以防万一，我还是在努力回忆关于地球构造方面的知识。正如我告诉伊达的那样，众所周知，目前人类最深只钻到地下十几公里。科学家必须采取其他方法获取信息，才能知道地球的中心里有什么，最常用的方式是利用地震时形成的波和振动。地震的中心通常位于地球的深处，不过距离地球中心依然很远。地震波透过地球内部各层向周围传播，地震波最终到达地球表面时，将会同时被世界各地的测量仪器捕捉到。由此可以知道，它们通过地球内部不同层面时的速度有多快，同时这也很能说明地球内部各层的密度和构成。

通过这种方式，人们发现地球的正中心是一个很大的核心，我们称它为地核。地核主要由铁构成，密度非常高。它分成内核和外核两层，内核是固态，外核是液态。地核外面非常厚的一层是地幔，它比地核要轻一些。地幔外面是由最轻的岩石构成的地壳，它与地幔顶部紧密结合在一起，形成名为“岩石层”的很坚硬一层。大陆和海洋板块正是由它构成的，这些板块在具有可塑性的半液态地幔底部上面缓慢移动。一些板块相互分离，另一些板块则相互碰撞、挤压，并抬升形成山脉和新的陆地。

在对自己掌握的知识做了一番回顾后，我确信自己能够很好地应付孩子们接下来的问题。

“爸爸，”伊达问道，“如果地球的中心冷却下来，这个时候我们去钻透它会怎么样？”

我听后目瞪口呆。

“呃，你知道……”我结结巴巴地开始说道，“这就意味着……我认为……”

“这个时候水就可以从地球一端流到另外一端？！”伊达试图帮我解围。

“这是绝对不可能的！”我纠正她道，“地球引力会将所有的一切都向地心方向吸引。从一侧进入地球的水不可能再从另一侧流出来。”

“哦。”伊达答道，“那这样的话，两股水流会从两个方向涌入钻孔里并且在地心里相遇，是这样吗，爸爸？”

“可能是吧……”我叹了口气，决定不再猜测孩子接下来会问什么问题。

我要钻透地球！
伊达，不要，这样不行的……
内核
外核
地壳
地幔

为什么流星不是星星却被称作星星？

“快看那里！快看！！！”我大声喊道。

伊达听了立刻转过身来，可惜光亮已经消失了，我们只得继续仰望星空，这样的天气非常适合观察夜空。温暖的夜晚，万里无云，而我们此刻身处农村，所以地上的灯火也就不会盖住天上闪烁的星光。像往常一样，八月的这个时候，地球会穿过斯威夫特－塔特尔彗星遗留下的由尘埃和碎石构成的宇宙云。当我们的地球经过这个碎片群时，大量的碎片会落入地球大气层，散落的碎石与空气摩擦生热，并开始发光。因为它们都很小，所以很快就会燃烧掉，不可能到达地球表面。它们在地球上空的这段旅程看起来就是一道稍纵即逝的亮光，我们通常将它们称为流星。

“我不明白，”伊达听后不解地问道，“为什么流星不是星星，却被称作星星？”

嗯，伊达说得很有道理。星星通常是指恒星，恒星是宇宙中由炽热气体构成的能发光的巨大球形天体。在它们内部，氢原子相互结合形成更重的新元素，这一反应会产生巨大的能量。因此，恒星内部的温度可以达到难以想象的千百万度，同时释放出大量光和热。太阳是距离我们最近的恒星，我们地球正是围绕着它进行公转。其他的恒星距离我们是如此遥远，以至于我们能够观察到的这些恒星看起来都只不过是夜空中的一个个亮点。在它们周围还可以观察到流星、彗星、行星，还有遥远的星系。由于它们看上去都是夜空中的一个个亮点，所以要将它们区别开来确实非常困难。古时候，由于没有可以用来观察天体的望远镜，人们就无法知道它们究竟是什么，于是就把它们统称为星星。古希腊人非常聪明，观察到它们当中有一些在逆行。为了加以区分，他们称其为“游星”，即行星。很久之后人们才发现，这些行星完全不同于恒星，而是与人类生活的地球非常相似。同样的，当伽利略发现了围绕木星旋转的卫星时，依然将其冠以星星的名称。今天我们知道，距离我们地球最近的月球既不是恒星，也不是行星。

在我们看来，每一颗流星都是落向地面。于是，人们就认为它们由于寿命将至，所以才会从天空陨落到地面。所以，也难怪这些从天空穿过的微小亮点会被以前的人们当成星星。现在我们已经知道，它们只不过是一些碎石，流星与真正的星星并没有多少共同之处，不过它的这一名称还是一直沿用至今。无论如何，这一切并不影响我们在八月的夜空下兴致勃勃地对它们进行观察。

“噢，快看那里！”我再次向伊达喊道，“那里！”我指向空中，试图让伊达看到这一大自然的奇观。伊达转过身来，不过为时已晚。由于一直抬头仰望着天空，最后伊达由于颈部酸痛只得低头休息片刻。当她的目光落到地上的时候，她不禁叫道：“噢，是青蛙！多可爱啊！”

随后，她干脆就蹲下来仔细观察这只青蛙。世界就是这么有趣！

恒星（比如太阳）是由炽热气体组成的巨大球体，其内部进行着核聚变反应——轻元素（严格来说是氢）相互结合形成更重的元素（严格来说是氦），并释放出大量能量
1500 万摄氏度
流星实际上是落入地球大气层的尘埃和石块，它们还没等到达我们地球表面就会因为与空气摩擦而发光燃烧掉

为什么汽车转弯时我们会感觉要被甩出去？

“爸爸，现在蹦起来！”孩子们嚷道。

其实都不用他们说。我们此刻正行驶在一条非常坎坷不平的道路上，汽车不时就会蹦起来，我们车里所有人也会随之一起蹦起来。

“现在开始翻转！”当看到车要转弯时，伊达和卡茨佩尔叫道。

我向左转方向盘，车开始转弯，孩子被甩向右侧，一个撞在另一个身上。我听到他们啊的一声大叫，然后就是他们欢快的笑声，最后又听到他们开始争执的声音。

“安静！”我冲他们嚷道。

“可是爸爸，卡茨佩尔他……”伊达试图辩解道。

“不是的，是伊达她……”卡茨佩尔打断了她。

“都给我安静！注意，又要转弯了！”我转动方向盘，这次是右转，孩子们被甩向左边。

当我们又驶上直路后，伊达问道：“爸爸，为什么汽车转弯时，我们会感觉要被甩出去？”

这个要将我们甩出去的力量有一个严肃的科学名称：离心力。它的产生是基于直线运动的物体有沿着同一方向继续移动的趋势。因此，如果一辆直行的汽车转弯的时候，车内的一切东西在一段时间还将沿着当前的行进方向继续移动。当车左转时，直线方向就在转弯的右侧方向。当车右转时，直线方向就在转弯的左侧方向。车内的所有物体，包括车里的人，在一段时间内都会向车转弯的相反方向继续移动。

车行驶时要将我们甩出去的这种离心力，我们在日常生活中的其他许多方面也都能遇到。借助离心力，洗衣机旋转时才可以将湿衣服里的水挤出来。在乘坐旋转木马的过程中，离心力会试图将我们从座位上甩出去。从这一游戏中我们也很容易观察到离心力的大小取决于什么。第一，离心力取决于物体的质量，因此体重更重的成年人在旋转木马上承受的离心力要比孩子们大。第二，离心力取决于到旋转中心的距离，距离旋转木马的中心越远，我们感受到的离心力也会越大。第三，离心力取决于速度，我们旋转得越快，要将我们甩出旋转木马的离心力也就越大。也正因为这个原因，所以转弯的速度不能过快。如果离心力变得很大的话，那就不光我们要倒向车的一侧，甚至连汽车都会滑出路面。

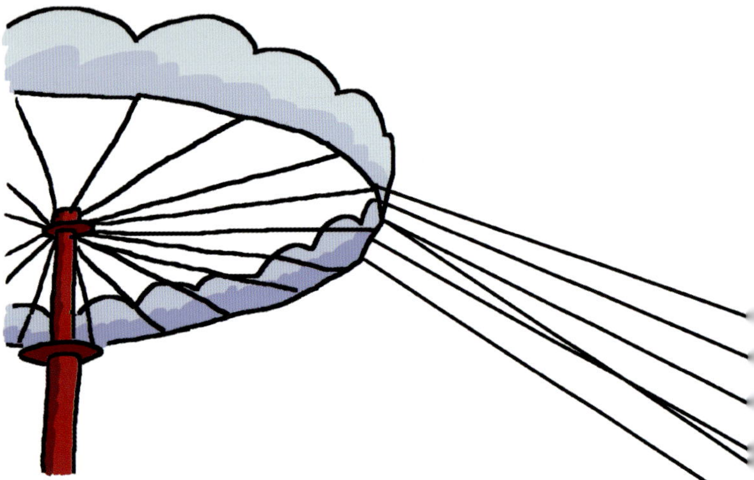

幸运的是，尽管遭遇了连续的颠簸和拐弯，我们最终还是顺利到达了目的地。

“呃，无聊，不刺激。”孩子们评价道。

啊！
爸爸，现在开始翻转！
注意！又要转弯了！
ABC 1234
汽车转弯……
……但是车里所有人继续向前运动，导致身体会倒向汽车转弯的相反方向
什么会影响离心力的大小？
质量：质量越大，离心力越大
速度：转动速度越快，离心力越大
距离中心的距离：距离中心越远，离心力越大

为什么人会连续打嗝？

"卡茨佩尔！"我抱怨道。

孩子们已经在床上躺好。就在我给他们讲睡前故事的时候，卡茨佩尔很大声地打了一个嗝，声音大到连隔壁邻居都能听得一清二楚。

"你去厨房喝点水吧。"我要求他，"现在这种情况下，我没法给你们讲故事。"

卡茨佩尔接着又以一声打嗝作为回应，然后他问道："爸爸，告诉我，为什么人会连续打嗝？"刚说完他又补上一个很响的嗝。

我正在读阿尔弗雷德·施克拉尔斯基的《走上战争道路的托梅克》。上次与孩子们一起读到主人公的女朋友萨莉被印度人绑架了，她的狗也被打了。我们都很关心主人公的命运，并对故事接下来如何发展充满了好奇，孩子们迅速洗完澡上床等着听故事，甚至连我都很想知道，她的狗是不是还活着，还有究竟是谁绑架了萨莉。

"爸爸，你答应过会告诉我的……"卡茨佩尔埋怨道。

确实，我答应过的。我又看了一眼手中的书，然后依依不舍地把它放到了一边。

"好吧，"我叹了口气，"我把我知道的告诉你。"

连续打嗝源于包括颈部、喉部、胸部、横膈膜在内众多调节呼吸的肌肉的不正常痉挛。横膈肌是将胸腔和腹腔隔离开的一层厚厚的肌肉。打嗝时，急促地吸入空气代替了正常平缓的吸气，随后，喉咙后部名为声门的皮瓣关闭了呼吸道的顶部，于是来自口腔的气流就会撞到声门。因为声门是负责发声的器官，所以我们就可以听到打嗝的声音。之后呼吸道又打开，再一次快速地吸入空气，导致打嗝的痉挛又再次重复。如果幸运的话，我们打几次嗝就可以止住，但实际情况往往是要连续打上几十次，而世界纪录则是持续打嗝超过 60 年！

幸运的是，我们大多数人并不会有这样的风险。不仅如此，普通的打嗝甚至有办法止住。虽然并不是说每次都能成功，但还是有几种方法被证明是切实有效的。在家里我推荐喝一杯水或者吃一勺糖，所以这次我也是这么要求卡茨佩尔的。然而科学家们表示，更有效的方法是用纸袋罩住口鼻进行呼吸，或者是通过深吸一口气并憋住一段时间的方式来给胸部施压。

所有这些科学知识还是没能解答卡茨佩尔的问题，即我们究竟为什么会连续打嗝。打嗝也许并没有任何作用。有的科学家认为，打嗝是我们尚处于蝌蚪形态的远祖遗留下来的。这些生物会根据需要从水中或者是空气中汲取氧气，这就是为什么它们会既有腮又有肺，这样的系统也造成了风险——当用腮进行呼吸时，水会溢进来破坏肺部。

为了防止出现这种情况，蝌蚪会用它们的皮肤褶皱堵住呼吸道的入口，这种皮肤褶皱对应的就是我们的声门，这一机制在它们每次将水"吞"入腮中后都会自动启动，它的运转就如同我们打嗝时的痉挛一样。这两者极其相似，以至于许多科学家都将它们视为同一过程，这一过程对远古蝌蚪来说是生存所必需的。但对于我们来说，打嗝并没有什么用处，但也没有什么坏处，不过它还是作为远古历史的痕迹存在至今。打嗝通常是发生在大口的食物在到达我们胃部之前被卡住并刺激到我们的呼吸神经和肌肉的时候。因为我们有着与远古蝌蚪类似的机制，所以其效果也就几乎完全一致，这个时候我们就会开始连续打嗝。

“但是笑起来也会导致打嗝。”伊达对我的解释做了补充。

“确实如此。”卡茨佩尔深表赞同，“你记不记得，你的洋娃娃断了一条腿，我当时笑到不停地打嗝。”

一提到这件事，卡茨佩尔就又乐不可支，以至于他刚刚才停下的嗝打起了起来。

“闭嘴！”依达嚷道，“这一点都不好笑！那可是我心爱的洋娃娃……”

情况开始变得有些要失控。

“你们是想关灯睡觉还是想听萨莉的故事？”我用威胁的语气问道。孩子们马上静了下来，没等他们回答，我就迅速开始讲道：“萨莉苏醒过来……”

人为什么会流鼻涕？

我掏出手帕擤了一下鼻涕。卡茨佩尔和我一起在公园里散步，他也感冒了，不过他是将鼻涕优雅地擦在了……衣袖上。

“卡茨佩尔，你在干什么呢？！”我觉得很反感。

“这是我擤鼻涕的新方法。”卡茨佩尔不慌不忙地答道。

“真恶心，”我说道，“拿手帕来擤鼻涕！”

“我没有手帕。”

“真的没有？”

“真的没有。”

我沉默了下来。我自己也只有一块手帕，所以也就不能拿给他用，我也不知道怎么解决这个问题。如果卡茨佩尔不擤鼻涕的话，他肯定会觉得不舒服，而且也很不卫生。如果他用衣袖擦鼻涕的话，同样不卫生，而且别人看了也不舒服。所以接下来我什么都没说。此时，春意盎然，凉风习习，我们还有十几分钟才能走到家。

“爸爸，”卡茨佩尔突然打破了沉默，“为什么我们会流鼻涕？没有鼻涕不是更好吗？”

当然不是更好。不管鼻涕在我们看来有多么恶心，我们要想保持身体健康就离不开它。鼻涕是一种黏液，它是鼻内细胞产生的黏稠分泌物。鼻涕可以使鼻内保持湿润，不过更重要的是它构成了我们身体的第一道防线，用来阻挡那些企图随空气一起侵入我们身体的入侵者。鼻子的首要任务是获取空气，这些呼入的空气将被送到肺部。到达肺部后血液会汲取其中的氧气，并将我们用不上的二氧化碳返还出来。当这一交换过程完成后，肺部就会收缩并将“浑浊的空气”再通过鼻子呼出来。问题是肺部非常柔弱敏感，无论是病菌，还是尘埃颗粒或者植物花粉颗粒，都会对它产生威胁。鼻子里的鼻涕黏液可以轻易地沾住各种各样的污垢，而黏液里的化合物甚至可以杀死一些细菌。这样，空气在通过鼻子的时候得到净化，达到肺部的时候就是品质优良的空气成品。留在黏液里的污垢结成硬块，并经由微小的纤毛向鼻孔前后两个方向移动。那些进入到鼻孔后部的硬块通常都被我们吞下去了，而那些到达鼻孔前部的硬块通常都会变干，之后就必须除掉。这个时候，我们的通常做法就是打喷嚏或者擤鼻涕。

因为鼻子里的黏液阻拦住了大量病菌，所以有时并不是所有的病菌都能够被处理掉，病菌一旦取得优势就会开始进攻。这个时候，身体的免疫细胞就会赶过来帮助鼻子，它们的战斗将会伴随着黏液量增加。显然，它的目的是要让鼻涕带走鼻子里的细菌和病毒。

“结果，你的鼻子就会塞住，还会感觉呼吸困难。”我说道。

“呃，”卡茨佩尔回答道，“这个时候我就会用嘴巴呼吸，不用鼻子。”

我毫不气馁，接着劝他道：“当你鼻塞的时候，最好是用手帕擤鼻涕，不要用自己的衣袖。”

“呃，那我可以用别人的衣袖擤鼻涕……”他开玩笑地说道。不过看到我脸上的表情后，他还是识趣地止住没有笑。

好吧，我们终于到家了。

鼻涕是鼻内细胞产生的粘稠分泌物

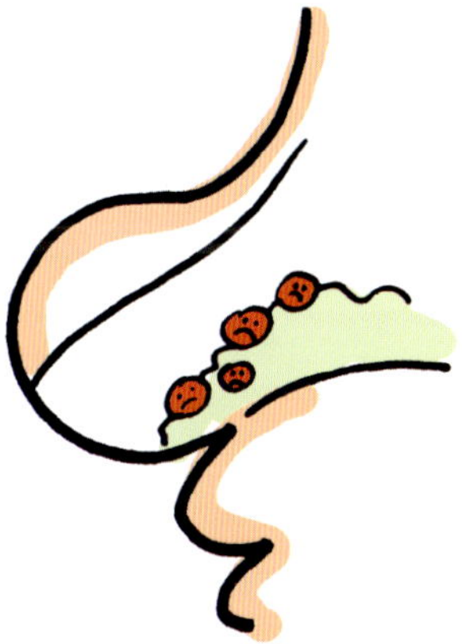

病菌攻击鼻子，免疫细胞与入侵者战斗，鼻子释放出更多的黏液将入侵者赶走

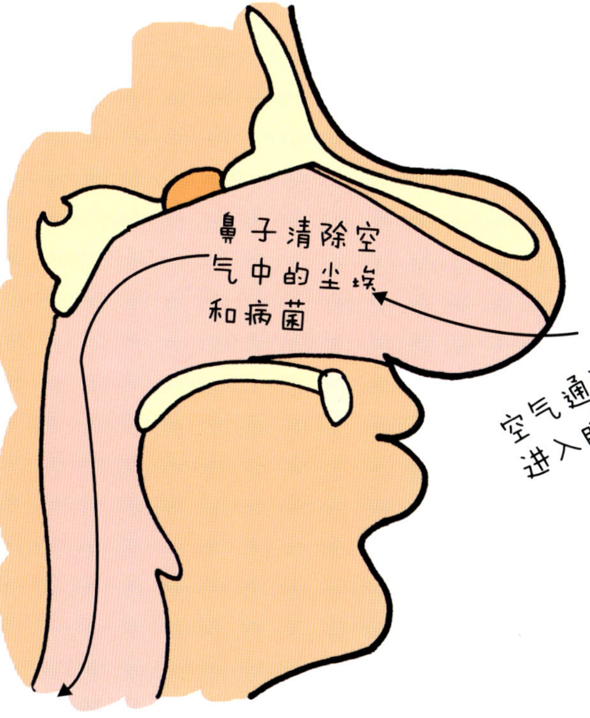

空气通过鼻子进入肺部

细菌、尘埃颗粒以及其他一切飘浮在空中的污垢都被阻挡在黏液里

为什么柏油马路有时会像镜子一样映出景物？

又有了，又有了！快看，爸爸！”孩子们叫道，“追上它！追上它！”

我们前面几十米的地方出现了一块光斑，它洒在柏油马路上，看起来就像宽阔的池塘或者起皱的镜子。从它里面倒映出蓝天、白云和过往的车辆。

我踩下油门，加速追过去。然而，车开得越快，那块镜面般的光斑就越快地离我们远去。

“爸爸，快点，再快点！”孩子们不停地催促我。

“安静！”我生气道，“你们难道看不出来，它是追不上的！”

我放慢了车速，孩子们坐回到自己的座位上。

过了一会儿，他们问道：“爸爸，究竟为什么柏油马路可以像镜子一样映出景物？”

我自己也很好奇，直到后来寻找答案的时候，我才知道我们感兴趣的这一现象被称为下蜃，它是海市蜃楼的一种。要出现这一现象，地面上必须形成一层薄薄的热空气，而且它上面的空气要比它冷得多，这种显著的温差会导致空气密度存在差异。落到路面的光线，先是经过温度更低同时密度更大的空气层，之后再经过温度更高同时也更稀薄的空气层，在从一层空气进入到另一层的时候，光线速度发生变化并且产生折射。当折射角度足够大时，部分光线又开始射向高处。于是，光线就以曲线的形式绕开道路，进入到我们的眼睛。如果它带有蓝天、白云或者是汽车的画面的话，在我们看来，这些景物就像在地上。深色的柏油路面由于升温更快，因此更容易看到这一现象，我们在沙地上、岩石上、加热的金属上、汽车车身上、屋顶上，甚至是在雪地上和冰面上都有可能观察到这一现象。它的清晰或者模糊，主要取决于进入我们眼睛的画面的温差。由于光线的偏折不是很大，下蜃只有隔着一段距离才能够观察到。当我们接近它们的时候，它们就无法再进入到我们的眼睛里，这时会在几十米远的地方形成新的蜃景。

我建议你在乘车时不妨留心观察一下路面，这个景象还是挺有趣的。

爸爸，加油！追上那块光斑！
你能行的！
亲爱的，这只不过是下蜃……
海市蜃楼不过是光线在不同的光学媒介中的偏折，怎么会有这么多喧哗？
ABC 1234

下蜃形成的机理

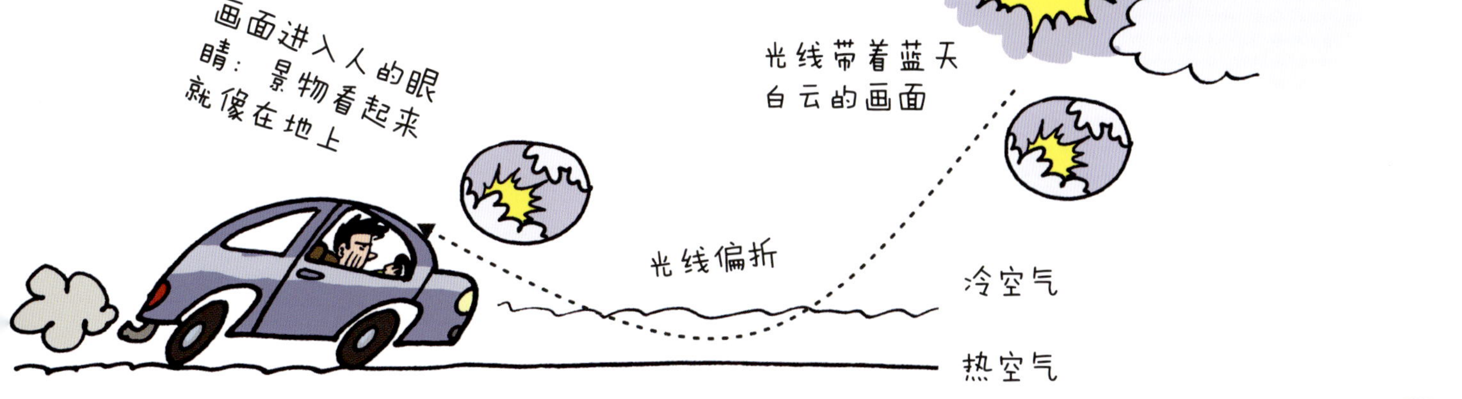
画面进入人的眼睛：景物看起来就像在地上
光线带着蓝天白云的画面
光线偏折
冷空气
热空气

为什么月球不会掉到地球上？

你真幸运，遇到像我这样科学知识丰富的人。”她一本正经地说道，“我们离土星越来越近，不久就要掉在它上面。这就好像苹果掉到地面上，就好像我们之前掉在了彗星上，就好像宇宙云里的尘埃颗粒掉在一起形成巨大的球体后变成恒星。”

不，不，不是伊达变得这么聪明，这只不过是露西·霍金和斯蒂芬·霍金所著的《乔治开启宇宙的神秘钥匙》一书中女主角安妮说的，我正在将这本书作为睡前读物讲给孩子们听。安妮此刻正和乔治一起坐在一颗穿越太阳系的彗星上，这颗彗星此时正好经过土星。土星和地球一样，也是一颗围绕太阳旋转的行星。它的质量是地球的 95 倍，体积是地球的 750 倍。围绕土星旋转的有 62 颗卫星，而地球就只有一颗卫星。除此之外，还有大量的碎石和尘埃颗粒围绕着土星，它们聚集在一起形成一道巨大的圆环。

书中接下来写道：

“你知道是什么导致我们的这次掉落吗？”

乔治摇头不知道。

“是重力。”

“由于重力，我们现在正往土星上掉，是吗？我们会坠毁吗？”

……

“爸爸，”尽管我们都很想知道乔治和安妮发生了什么，不过卡茨佩尔还是打断了我，“我不明白，行星利用自己的引力吸引这些尘埃和卫星，那它们就应该掉到行星上，而不是围绕行星旋转，对吗？”

我一时语塞，不知该如何进行回答。

“那为什么不是这样？为什么它们不掉到土星上？为什么月球不掉到地球上？”

很遗憾，我也不知道。

还好，我花了几天终于找到了答案。月球确实一直要往地球上掉，却永远也不会掉到地球上。当然，前提是月球不改变现有的运行方式。

为了方便理解，我们可以想象着自己手里握着一个小球。如果我们把这个小球向前扔出去，它肯定会掉到地面上，但是首先它会在空中划出一道弧线。如果我们从越高的地方扔出去，弧线也会越大，小球落地所需的时间也会越长。如果我们扔出小球的地方越来越高，最后弧线就会变得和地球的圆周一样大。这时，小球还是会下落，但是在这种弧线下，它就开始环绕地球运动而再也不会掉下来。

我们提供给小球的速度同样也很重要。我们扔小球的力越大，弧线就会越大，小球落地所需时间也会越长。如果速度变得足够快，弧线也同样可以大到使小球环绕地球运动而不下落。

这一规则也同样适用于我们的月球。在现有的这种弧度和速度下，它将永远环绕地球运动而不会掉下来。如果它的运动速度变慢或者距离地球变近，它就会坠毁在地球上。如果它的运动速度变快或者距离地球变远，它就会挣脱地球的束缚飞走，这就好像安妮和乔治所在的这颗彗星摆脱土星的束缚飞向太阳一样。

哦，对不起，我把霍金这本书里主人公接下来发生的故事泄露了出来，不过没关系，小说中的故事才进行到一半而已。不得不说我非常喜欢这本书，因为它的情节非常紧凑，而且我也从中学到了很多有趣的知识。伊达和卡茨佩尔也非常喜欢听我读这本书，不过，当我问他们喜不喜欢这本书时，他们耸耸肩说道：“哦，你知道吗，爸爸……挺爽的……”

我想我应该把这当成一种称赞。

伊达和卡莰佩尔
在彗星上（假的）

有土星环和众多卫星
环绕着土星（真的）

为什么月球不会掉到地球上？

从较低高度扔出的小球划出一道小弧线

越高处扔出，弧度就越大

再高一点

最终弧线和地球的圆周一样：这时月球就开始环绕地球运动而再也不会掉下来

什么东西比光速还要快？

先生，我知道什么东西比光速还要快！”卡茨佩尔的同学斯塔西告诉我。

“什么？”我有点惊讶地问道。

“意识。”他答道。

这时卡茨佩尔打断了我们的谈话，他说道，“它不可能比光速还要快。因为这样的话，时间就会倒流，对吧，爸爸？”

我再次感到惊讶，我没想到卡茨佩尔能把我之前讲给他的东西记得这么牢。

“应该是这样。”我答道，“不过我还需要找我的朋友再确认一下。”

我这种不确定的答复并不妨碍卡茨佩尔继续显摆：“噢，电影中经常犯这种错误。宇宙飞船突然消失，然后以超光速出现在另外一个地方，而船员却一点变化都没有。这个时候他们应该变成孩子才是。”

斯塔西对这些观点并不信服，他解释道：“你们看，如果现在太阳突然不发光了，会发生什么情况？在光线熄灭之前，我们就已经知道要发生什么变化。所以说意识比光速还要快。”说完他就洋洋得意地笑了。

我很欣赏孩子们能这样积极地思考问题，即便他们说得不一定有道理。如果太阳突然熄灭，要经过 8 分钟我们才会变得什么都看不到。这个时间就是光从太阳达到地球所需的时间。其他恒星距离我们还要遥远，它们的光线到达地球可能需要数千年，甚至是数百万年。所以我们看到的不是它们现在的模样，而是它们很久很久之前的样子。我们没有任何办法观察到它们现在的情况。

按照我给孩子们做的许诺，我问了我认识的几位物理学家。他们都确认，如果我们运动的速度越快，时间的流速就会越慢。因此，如果真的有人乘坐超高速宇宙飞船进行星际旅行的话，之后当他回到地球，他就会比他的孪生兄弟更加年轻。如果能够达到光速的话，时间就会完全停止。只不过这是不可能的。速度增加，质量也会增加——当速度达到光速，质量也会趋于无穷大。

因此，能够达到光速的只能是没有质量的物体，比如光线粒子，即光子。然而，如果发挥创造性思维，想象一下什么东西能够比光速还要快？至今还没有人能发现这样的粒子。一些科学家认为，理论上存在这样的物体，它们的一切都是相反的，甚至它们的时间都是回流的。如果我们能够进入它们的世界，我们就会开始变得年轻。因此，卡茨佩尔说的是对的。

尽管如此，斯塔西看起来还是不服气。没过一会儿，他就不再去想这件事，而是去忙其他重要的事情了。他突然异想天开，想从窗户里翻出去。他把一根绳子系到椅子上，再将绳子一端抛到窗户外面。然后他双手抓住绳子，站到了窗台上，然后……他被卡茨佩尔的妈妈拦住了。谢天谢地。

这么优秀的思考者怎么可以这样呢！

约 3000000000
光速： 米/秒
最快的短
跑运动员：
11 米/秒
213
光线到达地球
的路程
比邻星
4.3 年
月球
1.3 秒
已知最遥远的星系
130 亿年
太阳
8 分钟

爱因斯坦的孪生悖论

37 岁
37 岁
宇宙飞船以接近光
速进行飞行
47 岁
50 年后回来
87 岁

湿地有什么用？

爸爸，当时你几岁？”

“当时？我记不清了……可能三岁，可能四岁……安静一会儿好吗……”我有些厌倦了一遍遍去给孩子们讲我小时候的这个故事。

然而，伊达和卡茨佩尔并没有打算给我喘息的机会，他们特别喜欢听这个故事。

“怎么啦？”他们问道，“你坐在了后院的泥潭里，是吗？”

“是的，我坐在后院的泥潭里，我妈妈看见了特别担心。当时我们住在公寓的二楼，妈妈打开窗户喊道：‘小沃伊切赫，快回家！’我就向她答道……”

“把窗户关上，我冷。”孩子们听我讲完了这个故事，之后他们就是一阵大笑。

我小时候真的很喜欢在淤泥里玩耍，直到今天我还是很喜欢。当然，我不会再像以前那样坐在泥潭中间了。我现在喜欢经常去湿地地区走走，这种爱好方式要比当初成熟了许多，我也把自己的这种爱好逐步灌输给了孩子们。这一点我是在有一天和他们去比亚沃韦扎森林的时候才意识到的，当时刚好有一段路要穿过一片森林湿地。由于那里修了专门的木制人行桥，所以穿越湿地的时候完全不会把鞋弄湿。当然，除非你真想去把鞋弄湿。伊达和卡茨佩尔看来是真的想把自己的鞋弄湿，于是他们早早就跳进了人行桥外的湿地里。路两边有许多有趣的东西，比如蚊子幼虫、腐烂树干上的苔藓、野生大蒜。他们踩进了深及脚踝的烂泥里，甚至是没膝深的水里，即便如此，他们也不打算回到干燥洁净的人行桥上来。

就在这个时候，孩子们问我道：“爸爸，湿地有什么用？”

直到最近，湿地都被认为不仅没用，而且还有害处，所以人们有义务彻底排干湿地。争论确实非常严肃，也非常有意义。令人讨厌的鹿虻、蠓虫和蚊子都会在湿地里大量繁殖，它们能够携带病菌并且传播疟疾等危险疾病（这种情况在波兰极其罕见）。湿地占据的地方可以改造成种植小麦、玉米和甜菜的农田。最后，有些湿地还很危险，我们既不能在里面漫步，也不能从里面穿过，清除湿地可以在这些方面带来显著的好处。

在一些情况下确实如此。不过，如此大规模地排干湿地的话，害处也会很快显现出来，许多种动物和植物将会随着湿地一起消失。人类已经逐渐认识到了湿地的用处，甚至是它的必要性。如果没有了湿地，诸如水栖苇莺、欧洲泽龟、茅膏菜这样生活在湿地地区的动植物将会无处可去。所有自然爱好者都知道这一点，孩子们和我也不例外。

湿地还可以调节径流，使水位变化和缓。下雨的时候，部分雨水会留在湿地地区，之后它们会逐步沿着江河汇入大海。如果湿地干涸了，雨水没有地方贮存，将会很快流入河里，这就可能导致灾难性的洪水。同时，下过雨的地方能留下的雨水也会变少。由于这个原因，缺少湿地的地区地下水位会下降，一些品种的树木将会因为无法忍受干旱而灭绝，水井里也会变得缺水。而这些对于那些没有兴趣观察大自然的人来说，同样会是严重的问题。因此，我们或许可以借此让他们也相信对湿地的保护很有必要。

伊达和卡茨佩尔此刻正在证明着，徒步穿越湿地是一种多么美妙的体验。在湿地中玩耍的确非常有趣。我由衷推荐你也尝试一下！

噢！烂泥！
我喜欢清晨湿地的味道！
嘿，玩喽！

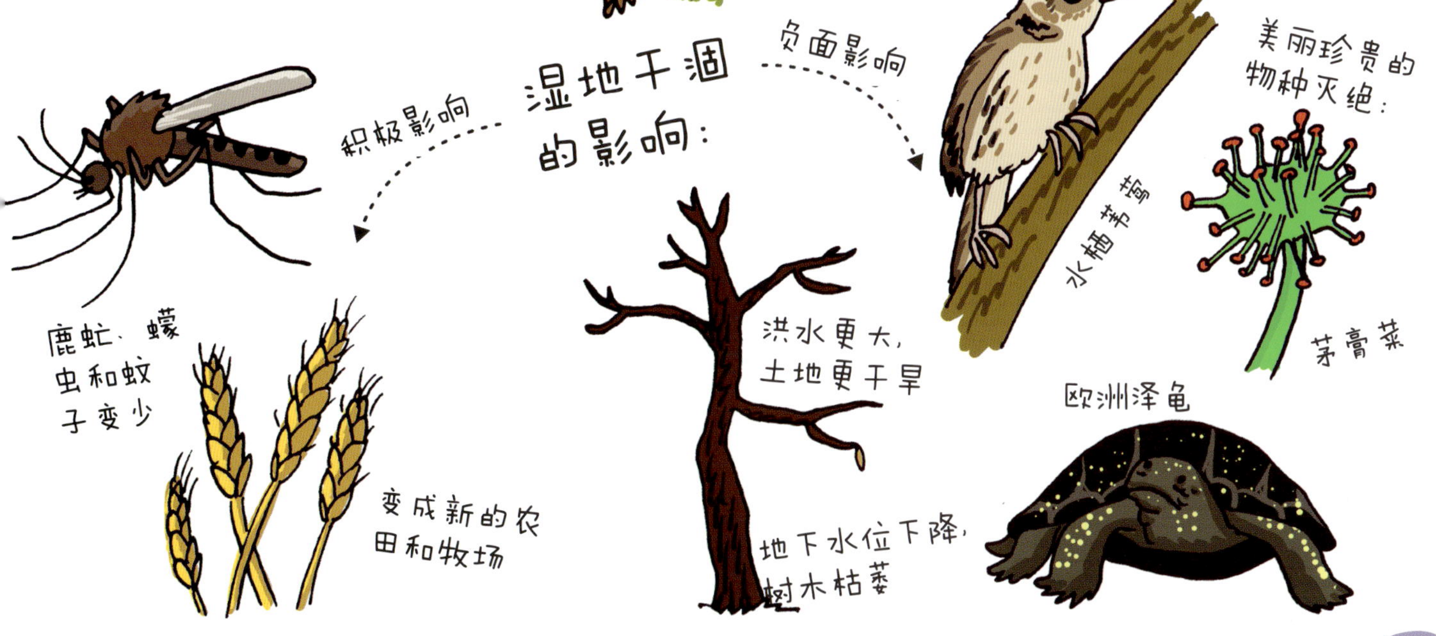
湿地干涸的影响：
积极影响
鹿虻、蠓虫和蚊子变少
变成新的农田和牧场
负面影响
洪水更大，土地更干旱
地下水位下降，树木枯萎
美丽珍贵的物种灭绝：
水栖苇莺
茅膏菜
欧洲泽龟

为什么松鼠耳朵上耸立着一簇毛？

“伊达，‘马’这个词你拼错了，‘蜜蜂’这个词你也拼错了，‘松鼠’这个词还是不对。”我耐心地指出她的拼写错误。

“知道了，爸爸。”伊达应了一声后，就着手开始修改她的家庭作业。

还好我看了一下她的作业本。错误远远不只这些，不过我在这里就不再一一列举了。事实上，只有当孩子们开始学习单词拼写的时候，我才意识到这对他们来说有多难。我已经不记得自己当初是怎么学会这些的了，我只知道它们就是这么写的。与此同时，伊达和卡茨佩尔接下来还要学习单词拼写的一般规则和特殊情况，他们一时还无法全部掌握。唉，任务艰巨啊。当然，我也知道，波兰语单词拼写曾经有过历史上的演变，一些字母和字母组合原来的发音不一样，现在发音却变成了一样，这也给学习带来了很大的困难。因为这个原因，孩子们无法弄清为什么同一个单词这次是这样拼写，下次又变成那样拼写。

我从背后看着伊达，心里感慨着波兰年轻人的这种不幸命运。她已经将大多数错误都修改过来了，不过这时候她却停下了手中的笔，开始仔细观察起她作业本插图上的松鼠。

“爸爸，”她突然问道，“为什么松鼠的耳朵上有这样的东西？”

“这样的一簇毛？”

“对的。其他的动物也有，它们有什么用？”

伊达又提出了一个很难回答的问题。因为欧亚红松鼠的耳朵上有一簇毛，但是北美灰松鼠却没有。北美灰松鼠不光在它们的北美老家生活得很好，最新研究发现，它们居然正在欧洲大陆上对本地的欧亚红松鼠进行着缓慢而有效的驱逐。而猞猁的情况则不同，无论是哪种猞猁，无论它们生活在波兰还是美国，耳朵上都耸立着一簇毛。因此目前还不能断定，为什么这些动物有着这样一簇毛。然而，有一种假说获得了相当多的支持。根据这一假说，这一簇毛是用来提高听力的。它们的毛可以用来捕捉空气振动，并通过这种方式增加到达耳朵的声波数量。因此，猞猁可以更早听到狍子的声音，这样它就可以提前为捕猎做好准备，同时提高捕猎的成功概率。而松鼠则可以通过这种方式更早地发现那些企图靠近的不速之客，从而更好地在丛林中躲避貂之类的食肉动物。这样，松鼠就能获得更大的机会去生存和繁衍后代。

这一点与它的单词拼写没有任何关系。

为什么动物耳朵上会有一簇毛？

精子是怎么进入卵子的？

“哦，不，不要！我不要进到那里去。”卡茨佩尔叫道。

伊达虽然什么都没有说，但是明显看出她也很害怕。她向我们点点头，示意这次她完全支持卡茨佩尔，他们两人都断然拒绝进入那个传出痛苦呻吟声的大厅。我了解这痛苦的呻吟是怎么一回事，因为我也曾经历过自己孩子的诞生——那一刻非常美妙，却也无比煎熬。这次在波士顿科学博物馆孕育厅中放映的分娩纪录片的画面和声音都无比真实，连最小的细节都没有放过，孩子们在那里只瞥了一眼就立刻退了出来，他们很有默契地走去参观展览的其他部分。后来，他们停下来观看介绍人体受精相关知识的影片。在他们眼前的屏幕上，正在播放着精子聚集在卵细胞周围的显微图像，伊达和卡茨佩尔最着迷的时刻是其中一个精子最终穿过卵膜进入到卵细胞内部。

“爸爸，这个精子是怎么进入卵子的？”孩子们问我的时候，眼睛还在一直盯着屏幕看，屏幕上受精卵开始分裂、变大，并形成胚胎。

伊达和卡茨佩尔已经大概知道婴儿是怎么来到这个世界的。人类和绝大多数动物和植物一样，每个体细胞里都有一对染色体组，只有生殖细胞不是这样——注意，这一点很重要！生殖细胞的情况比较特殊，在其形成之前，遗传物质就减少了一半，结果，每个生殖细胞就只有一个染色体组，要想创造出一个新生命，男性（雄性动物）的精子必须与卵细胞结合，即与女性（雌性动物）的卵子结合。这样形成的受精卵就有了一对染色体组——它一半来自父亲，一半来自母亲，这一过程就被称为受精。从这一刻开始，新的生命就开始孕育。

这个过程听起来很简单，但实际上精子与卵细胞的结合之路充满坎坷。许多动物的受精都发生在它们的体外，即周围环境中。珊瑚虫、鱼类、青蛙都是将精子和卵细胞排到水里，精子和卵细胞在水中进行结合，形成的受精卵迅速变成幼体。因为经常得不到照顾，所以大多数幼体还没等到发育成熟就中途夭折。

而人类和其他哺乳动物一样，是体内受精。女性每个月会产生一个不排出体外的卵细胞，产生两个的情况很少见。为了能够受精，男性直接将精子射入女性身体，一次进入女性身体的精子数以亿计，不过最终它们当中只有一个能够与卵子进行结合。

一部分精子会不懈前进去寻找卵细胞，另一部分则会去帮助“胜利者”实现目标。最终精子来到与卡茨佩尔和伊达所看影片中一样的场景里：一群精子聚集在卵细胞周围，并试图进入到卵子里面。为了实现这一目标，它们释放出溶解卵膜的化合物，最后它们当中的某一个成功穿透了这层保护膜。这时，卵子会向外排出能够发生膨胀的物质，从而将其他所有的精子挡在外面。这些精子的命运可以预见，它们会在接下来两天的时间内相继死亡。而进入到卵子里面的唯一一个精子，会将自己的遗传物质与卵子进行结合。发育中的胚胎会待在女性体内 9 个月时间，当他们发育成熟到可以自主呼吸和消化时，他们就会离开妈妈的身体，作为一个新生婴儿来到这个世界。

而这正是把伊达和卡茨佩尔吓到了的那部影片所讲述的内容。

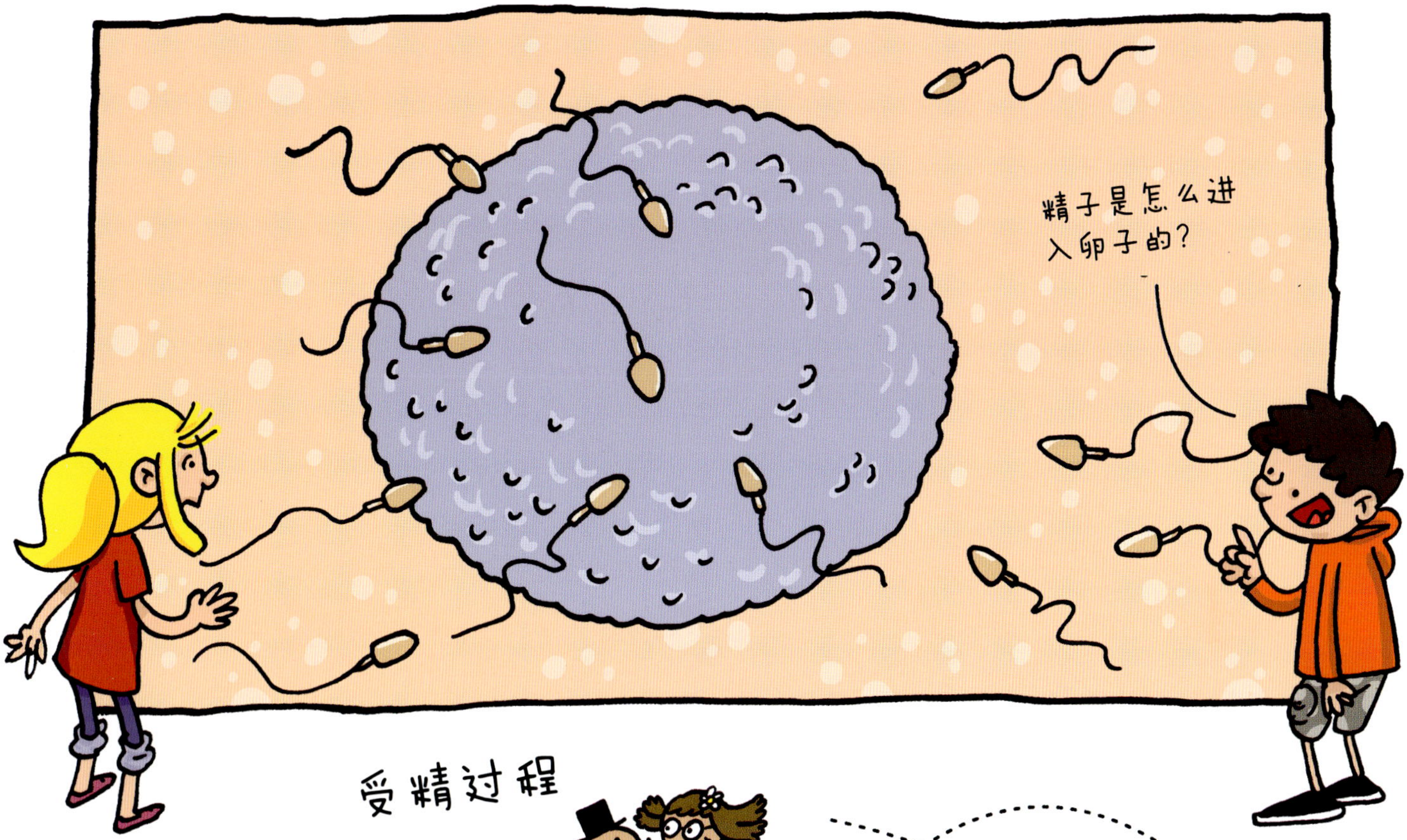
精子是怎么进入卵子的？

受精过程

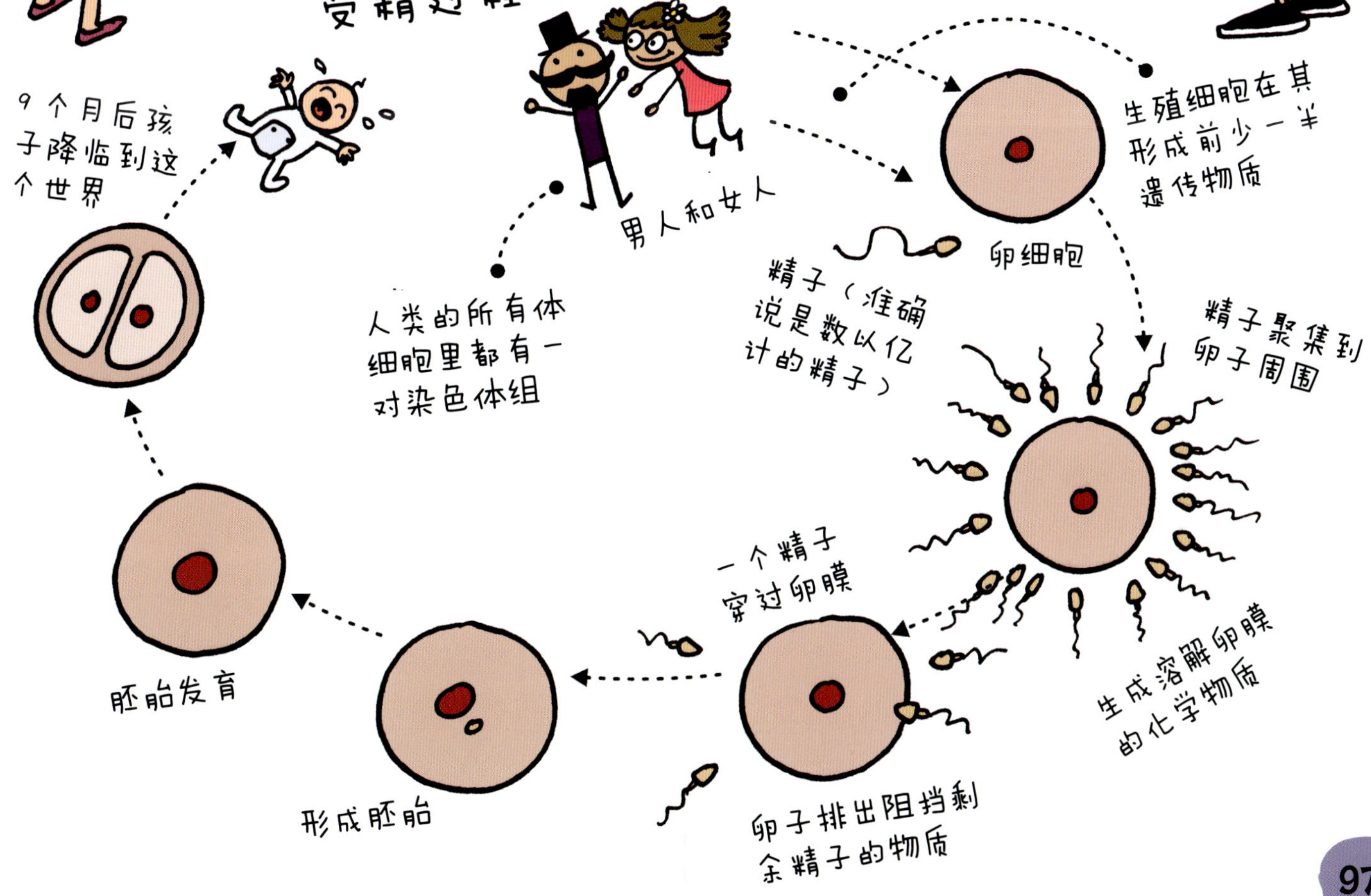
男人和女人
生殖细胞在其形成前少一半遗传物质
卵细胞
精子（准确说是数以亿计的精子）
精子聚集到卵子周围
生成溶解卵膜的化学物质
一个精子穿过卵膜
卵子排出阻挡剩余精子的物质
形成胚胎
胚胎发育
9个月后孩子降临到这个世界
人类的所有体细胞里都有一对染色体组

大人理解孩子吗?

“爸爸，这些研究没有意义，对不对？”卡茨佩尔满怀期待地看着我，他希望我能给出肯定的回答。伊达也望向我，她也指望我能肯定卡茨佩尔所说的话。

“什么叫‘没有意义’？”我驳斥道，“它们恰恰是有意义的！”

我刚听完一个心理学家的讲座回到家里，我对这位心理学家的研究很感兴趣，而且我也急切地想把听到的讲座内容与家人进行分享。这位心理学教授讲到一个例子，在孩子面前放两只玩具小猪，然后假装将牙膏挤到其中一只上面。之后对孩子说：“亲爱的，你能不能把弄脏的小猪清洁一下？”同时将一块抹布递给孩子。接下来发生的就是实验中最重要的一部分：研究者想要观察孩子会清洁哪只玩具小猪——是假装有牙膏挤到上面的那只，还是什么都没有做过的那只。显然大多数孩子都会选择去清洁前者。

接下来的一个实验当中，科学家在孩子面前放上玩具小熊和玩具猴子，他假装让小熊拿着一个空茶壶，并把茶壶放在猴子的上方进行倾斜。之后他问孩子们小熊做了什么，大多数孩子都回答：“小熊把茶倒在了猴子身上。”

伊达和卡茨佩尔完全想不明白，这位著名教授已经是一个大人了，居然会做这么幼稚的游戏，而且居然可以将其称为严肃的科学研究。

“爸爸，他为什么要这么做啊？”

他是为了解决一项重大的科学难题：了解孩子们的游戏世界。所有的孩子都喜欢玩警察与小偷、印第安人与牛仔这样的角色扮演游戏，或者假装进行生日聚会之类的各种活动。在伊达和卡茨佩尔玩耍的时候，我不止一次听到他们嚷道：“好，我现在就是恶龙了！”“不，我要做恶龙，好不好？”“好，那我就是骑士，怎么样？”心理学家认为，孩子们通过这种方式来逃避现实。支配这个虚拟世界的规则与现实世界截然不同，在虚拟世界里，事件之间的具体联系由松散的关联所替代。研究者认为，小孩子们存在着区分虚幻和现实的困惑，他们会把虚构出来的东西当成完全真实的事物。

不过就在最近，正是由于我在讲座上听到的这些实验，我的这些观点也都改变了。心理学家得出结论，支配虚拟世界的规则与支配现实世界的规则非常相似，一个事件与另一个事件之间都具有明显的因果关系。而且，与先前的观点恰恰相反，事实证明孩子们能很好地区分虚幻和现

实。当然，这并不意味着他们不害怕虚构的恐惧，但这和大人也没有多大差别。尽管大人都清楚知道外星人并不存在，可是在看过有关凶残恐怖的外星人电影后，我们回到家后也会感觉很害怕。这就像孩子明知道恶龙并不存在，但是为了以防万一，他还是想要躲避恶龙。

蹒跚学步的孩子虚构了另外一个世界，但这并不会导致他脱离现实世界。相反，他会通过这种方式学习支配日常生活的各种规则，同时探寻一件事物出现变化后会发生什么情况，这在成年后是一项非常有用的技能。忘掉了这一点的成年人应该多向孩子们学习，他们可以教会这些人继续进行学习。

“爸爸，”孩子们在听完我的高深理论后求证道：“这就是说，科学家们做这些实验，是为了了解孩子们是否相信这些虚构的东西？”

“正是如此。”我很高兴他们弄懂了我给他们做的解释。

“爸爸，那他们直接去问，不是更好吗？！”

我深叹一口气，然后试着解释道：“这样做是行不通的。孩子们肯定不会回答这样的问题，所以才要做这些实验。”

“如果他们这么问我，我肯定会告诉他们的。”卡茨佩尔感到很诧异。

“爸爸，”依达接着问道，“这是不是说，大人不理解孩子？”

“不完全理解。他们努力去理解，但最后还是不能全部理解。”

“不过你是理解我们的，是不是？”

“我很努力地去理解你们。有时能理解，但有时就完全理解不了。”

设想一下，要是孩子们也能试着去理解大人那就好了，对不对？我们甚至可以一起玩这样一个游戏。比如，我就是卡茨佩尔，好不好？卡茨佩尔就是我，他每天早上必须喊我起床，给我做早饭，还要送我去学校，好不好？伊达就是妈妈，妈妈就是伊达，好不好？然后我会说，我不喜欢早餐吃这个三明治，我想吃牛奶玉米片，要是牛奶没有了，你们就得去买，因为我不要吃这个三明治！好不好？

为什么肥皂泡是圆形的？

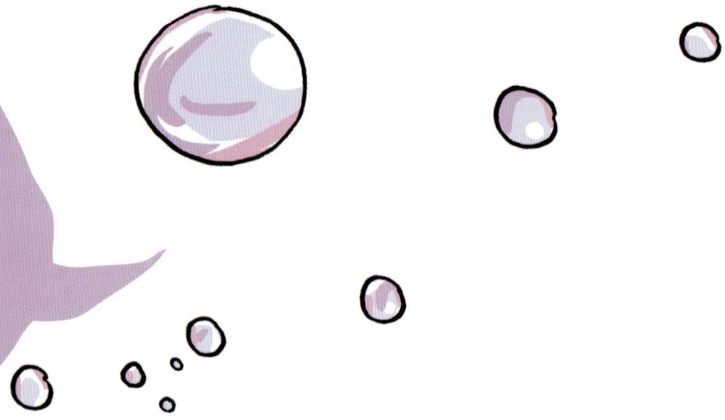

爸爸，现在轮到我们了！”孩子们央求说。

“等一会儿，等一会儿，我再来一次。”我并不打算这么轻易就放手。

我再一次将塑料环浸到充满泡沫的液体里，然后迅速将其举起来并做出挥手的动作。于是，一个彩色的柔性圆筒状气泡在我的周围延展开来。当我停下动作，然后猛地将手中塑料环一抖，圆筒状气泡就颤颤巍巍地与塑料环分离开来，之后变成了一个很大的球形肥皂泡飘浮在孩子们的头顶上。

孩子们叹了口气，说道：“真棒……既然你又做了一次，现在该轮到我们了吧！”

我极不情愿地把塑料环给了孩子们，恋恋不舍地离开了装着肥皂水的容器，并开始环顾四周。大厅里有许多孩子，他们挤在各式各样的碗、碟和水槽周围，把塑料环伸到它们里面去。满是泡沫的肥皂水洒了一地，还溅到了墙上甚至孩子们的衣服上，许多彩色的肥皂泡飘浮在空中。我这才发现我刚刚霸占的是孩子们玩耍的位置，我们所在的这座儿童博物馆里，从地下室到天花板，无一不是供孩子们娱乐和学习使用的，而不是供大人们使用的。不过还好，我刚刚开心玩耍的样子没有被其他大人注意到。

“爸爸！”伊达和卡茨佩尔的叫声打断了我的思绪，他们正站在一个盛满肥皂水的水槽旁边。卡茨佩尔接连从水中取出星形和三角形的工具来制造肥皂泡，可是无论他使用什么形状的工具，吹出的肥皂泡都是圆形的。

“为什么吹出的肥皂泡都是圆形的？”伊达在一旁问道。

肥皂泡之所以是圆的，是由形成肥皂泡的液体特性所决定的，带有肥皂的水分子会强烈地相互吸引。纯水的水分子一样也会相互吸引，但是除了这一特性，它们彼此还会贴得特别近，不愿意分离开来。如果我们将塑料环浸入纯水里，会形成一层薄膜，但是几乎立刻就会破裂，这是因为互相牵引的水分子会猛烈地将薄膜撕裂。这时在水中加入肥皂或者其他洗涤剂，情况就立马有了改观。洗涤剂分子始终由两部分组成，一部分亲水，另一部分憎水。当它们挤到水分子之间，会给那里带来一阵混乱。水分子的拉力会因此减弱，但是请注意，不是消失。所以，如果我们把一个环放入洗涤剂的水溶液中，上面生成的薄膜将更加持久，也更具弹性。当我们开始向它吹气或者是将环挥动起来让空气进去，薄膜就会延展开来。当薄膜从环上脱离出去后就会合拢起来，而形成薄膜的肥皂溶液分子将会互相牵引。这时形成的形状将保证它们最大程度地接近。因此，无论起初肥皂泡是星形的、三角形还是圆筒形的，都会迅速变成科学家所称的球形，也就是孩子们所称的圆形。

无论如何，肥皂泡的游戏真的很好玩，我只是难过它被当作是孩子的娱乐活动。我认为应该在某家博物馆也开一个面向成年人的肥皂泡游戏厅，这样的话，就不会有任何孩子来打扰我们大人玩耍了！

啊哈！
爸爸，什么时候轮到我们？
好一个肥皂泡……
各种制造泡泡的工具
得到的效果一样，都是球形
中间是空气
肥皂泡的泡壁截面
肥皂分子的亲水一端朝向中间
中间是水分子

为什么水不会燃烧？

“噢，谁把平底锅糟蹋成这样？”卡茨佩尔提起锅盖时奇怪地问道。锅盖上面原本有一个很大的塑料提手，现在却成了一团完全看不出形状的塑料块。

“呃，谁做的不要紧……而且不要慌，它很早之前就是这样了……”我像个孩子似的极力辩解道，“你知道我们曾经把这个锅放进烤箱里，一天我们在烘焙蛋糕的时候忘了把它取出来……我突然察觉到有气味，还看到冒烟，你知道吗，锅盖提手开始烧了起来……”

“烧起来了？”卡茨佩尔奇怪道。

“不是那种能看见火的燃烧，而是提手开始熔化，发出嘶嘶声，并且还在冒烟……”

“真的烧起来了吗？可它是塑料做的啊。”卡茨佩尔强调道。

“这又有什么关系呢？”这次轮到我感到奇怪。

“塑料是液体，而液体是不会燃烧的。”卡茨佩尔说道。

“首先，塑料在常温下是固体，不是液体。其次，液体也是能够燃烧的。”

“真的吗？”卡茨佩尔惊讶地说，“但是水就不会燃烧啊。”

“是的，水不会燃烧。但是汽油会燃烧，石油会燃烧，酒精也会燃烧，它们都是液体。大多数液体都是可以燃烧的。”

“那这样的话，为什么水不会燃烧？”

还好我知道这个问题的答案。于是我向卡茨佩尔解释，燃烧的过程是被称作燃料的一种物质与被称作氧化剂的另一种物质的结合。这一过程中会有大量的光和热释放出来，而在我们看来，这就是火焰。

可以作为燃料的物质有成百上千种。而氧化剂通常就只有一种，那就是空气中含量很多的氧气，甚至氧气的波兰语名称都是由“闷烧”这一动词派生出来的，这也反映出它支持燃烧的特点。

氧气与燃料进行反应时，两种成分都会释放出自己的能量，能量的释放以光和热的形式表现出来。燃烧后的残余物能量大大减少，这类残余物是灰烬、二氧化碳气体，或者就是水。这些残余物都不易燃，因此它们可以有效地用于灭火。

“哦，我明白了。”卡茨佩尔听完我的这一番论述后说道，“所以在这种情况下，没有氧气的水是可以燃烧的，对吗，爸爸？”

卡茨佩尔说得有一定道理。水中的氧去除之后的剩余部分确实可以燃烧，而且变得非常易爆。这时就不能再将它定义为“水”的概念了，它已经变成一种被称为氢气的气体。只有在燃烧后，即与氧气发生激烈的化合反应后，它才又表现为液体的形式。

所以可以说，水是氢气燃烧后的灰烬。

爸爸，你用平底锅时是不是出了一点小意外？
我完全不知道你在说什么……
各种液体怎样燃烧？
水
酒精
汽油
燃烧的过程
氢气
+
氧气
在爆炸反应时释放出大量的光和热
结果形成水
（H2O）